2020年陕西高校毕业生就业创业报告

主　编　陆根书
副主编　李珍艳　潘炳超

北京理工大学出版社
BEIJING INSTITUTE OF TECHNOLOGY PRESS

内 容 简 介

本书在对陕西各级各类高校2019届全体毕业生进行全样本大规模网络调查的基础上，从就业状况、就业质量、创业状况、升学与留学、学习经历特征分析、科研经历和能力发展、学校满意度分析等方面客观、准确、全面反映2019届陕西普通高校毕业生的就业创业及发展状况，旨在促进陕西省高校人才培养质量的提升和就业创业服务的改进。本书可供从事大学生就业创业教育与指导服务、教育教学工作的教师及高校和教育主管部门的管理人员参考，也可供对大学生就业创业、学生学习与发展、教育教学评估领域有兴趣的研究者借鉴。

图书在版编目（CIP）数据

2020年陕西高校毕业生就业创业报告／陆根书主编．—北京：北京理工大学出版社，2021.6

ISBN 978-7-5682-9943-5

Ⅰ．①2…　Ⅱ．①陆…　Ⅲ．①高等学校-毕业生-就业-调查报告-陕西-2020　Ⅳ．①G647.38

中国版本图书馆CIP数据核字（2021）第120820号

出版发行／北京理工大学出版社有限责任公司
社　　址／北京市海淀区中关村南大街5号
邮　　编／100081
电　　话／（010）68914775（总编室）
　　　　　（010）82562903（教材售后服务热线）
　　　　　（010）68948351（其他图书服务热线）
网　　址／http：//www.bitpress.com.cn
经　　销／全国各地新华书店
印　　刷／三河市华骏印务包装有限公司
开　　本／787毫米×1092毫米　1/16
印　　张／11
字　　数／239千字
版　　次／2021年6月第1版　2021年6月第1次印刷
定　　价／58.00元

责任编辑／武丽娟
文案编辑／武丽娟
责任校对／刘亚男
责任印制／李志强

编　委　会

主　编： 陆根书

副主编： 李珍艳　潘炳超

编　委：（按姓氏笔画排序，排名不分前后）

白珊珊　刘　敏　李运福

徐　菲　常碧云　温　双

前言

随着近几年全国高校毕业生人数不断的攀升，就业形势日益严峻，高校毕业生就业问题成为社会各界关注的热点。党的十九大报告指出："就业是最大的民生。""要坚持就业优先战略和积极就业政策，实现更高质量和更充分就业。"稳就业、保就业是2020年做好"六稳"工作，落实"六保"任务的首要任务。2020年政府工作报告提出，要"千方百计稳定和扩大就业""要促进市场化社会化就业，高校和属地政府都要提供不断线的就业服务"。陕西省是我国高等教育大省，2019届陕西普通高校毕业生总量约33万人，为推进大学毕业生更高质量和更充分就业，对陕西高校毕业生就业创业状况及其发展态势进行持续跟踪研究具有非常重要的意义。

为客观、准确、全面了解2019届陕西普通高校毕业生的就业创业及发展等方面情况，促进陕西省高校人才培养质量的提升和就业创业服务的改进，受陕西省教育厅学生处委托，西安交通大学中国西部高等教育评估中心（简称"西安交大西部评估中心"）面向全省高校2019届全体毕业生开展了大规模网络问卷调查。为更准确地反映毕业生的真实就业状况，开展调查的时间为毕业生毕业半年之后，即2020年1月至2020年4月。

本调查研究主要采用西安交大西部评估中心自主研制的"陕西高校毕业生就业创业跟踪调查问卷"来进行，调查内容主要包括毕业生个人家庭背景及校园经历，就业状况（就业去向、就业地区、就业单位、就业行业、就业职业、就业能力、求职就业与职业发展），就业质量（就业率、收入水平、专业匹配度、就业满意度、就业保持率），创业状况（创业率、创业教育、创业意向、创业机会识别、创业行为、自主创业、创业阻力），升学与留学（国内升学、国（境）外留学），本专科毕业生学习经历（课程学习经历、学习投入、能力发展），毕业研究生科研经历和能力发展，毕业生学校满意度等。本次调查共回收有效问卷6.3万余份。本报告基于调查回收数据进行数据分析，基于数据和图表呈现分析结果，客观反映毕业生真实的就业创业状态。

报告共包含一个主报告和三个分报告。主报告为2019届陕西高校毕业生就业创业报告，包括概述、就业状况、就业质量、创业状况、升学与留学等内容。分报告一为陕西高校本专科毕业生学习经历特征分析，包含毕业生课程学习经历、学习投入及能力发展比较；分报告二为毕业研究生科研经历和能力发展分析；分报告三为陕西高校毕业生学校满意度分析。

本书在编写过程中，得到了陕西省教育厅学生处、麦可思数据（北京）有限公司的大力支持和倾力帮助，在此，对他们的辛勤付出表示衷心感谢。

由于编者水平有限，书中难免有不妥之处，敬请广大读者提出宝贵意见。

受篇幅所限，本书仅呈现部分分析结果，如需了解更详细的内容，请与我中心（邮箱：pgzx@ xjtu. edu. cn）联系。

编　者

2020 年 10 月

目　录

主报告

分报告

主报告

第一章 概　述

一、调查背景

为客观有效地反映2019届陕西高校毕业生就业创业状态，进一步改进高校毕业生就业创业指导工作，为高校教育教学过程改革、学科专业调整提供参考，受陕西省教育厅学生处委托，西安交大西部评估中心自主研制“陕西高校毕业生就业创业跟踪调查问卷”，围绕陕西省2019届毕业生的就业状况、就业质量、创业状况、升学与留学、本专科毕业生学习经历、毕业研究生科研经历、学校满意度等方面开展调查。调查对象为全省高校2019届全体毕业生，约33万人；调查时间为毕业生毕业半年之后；调查周期为2020年1月—2020年4月；调查形式为大规模网络问卷调查。

二、调查内容

本调查基于自主研制的“陕西高校毕业生就业创业跟踪调查问卷”，对2019届陕西高校全体毕业生在毕业半年后的就业创业状况进行了全样本大规模网络问卷调查。调查内容主要包括：

（1）毕业生个人家庭背景及校园经历。

（2）就业状况（就业去向、就业地区、就业单位、就业行业、就业职业、就业能力、求职就业与职业发展）。

（3）就业质量（就业率、收入水平、专业匹配度、就业满意度、就业保持率）。

（4）创业状况（创业率、创业教育、创业意向、创业机会识别、创业行为、自主创业、创业阻力）。

（5）升学与留学（国内升学、国（境）外留学）。

（6）本专科毕业生学习经历（课程学习经历、学习投入、能力发展）。

（7）毕业研究生科研经历和能力发展（科研经历、能力发展）。

（8）毕业生学校满意度。

三、调查数据

（一）调查对象

2019 届陕西省普通高校毕业生共计 328 936 人，其中，研究生① 30 886 人，本科生 161 376 人，专科生 136 674 人。在实施调查的过程中剔除了基础信息不完整，邮箱地址错误，军事学学科背景，应征入伍或在军事国防、研究机构等涉敏单位就业的毕业生共 19 945 人，实际共发放问卷 308 991 份；共回收有效问卷 63 360 份，回收率为 20.5%。

（二）样本分布

1. 性别分布

2019 届陕西高校毕业生共计 328 936 人，男生、女生实际占比分别为 47.6% 和 52.4%。调查回收有效问卷共 63 360 份，其中，男生 34 643 人，女生 28 717 人，男生、女生占比分别为 54.7% 和 45.3%，男生的答题率略高。图 1-1 为不同性别毕业生有效样本与实际对比。

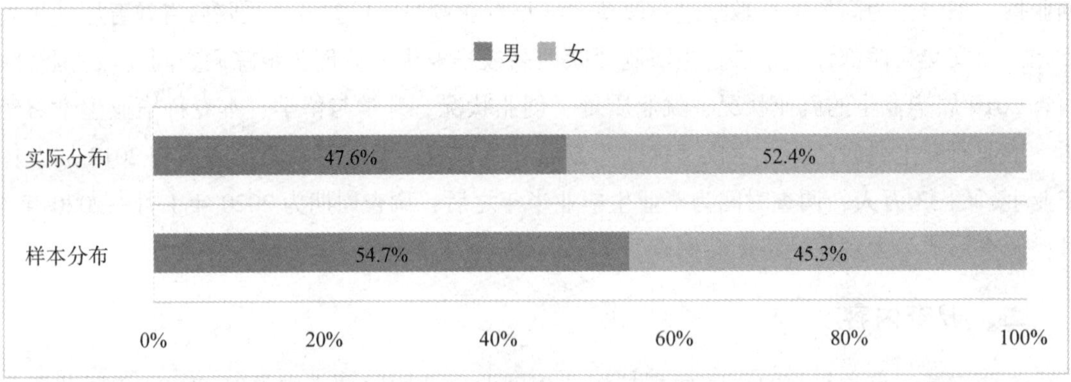

图 1-1　不同性别毕业生有效样本与实际对比

2. 学历分布

2019 届陕西高校毕业生共计 328 936 人，其中研究生共 30 886 人，占比 9.4%；本科生 161 376 人，占比 49.0%；专科生 136 674 人，占比 41.6%。调查回收有效问卷 63 360 份中，研究生 5 898 人，占比 9.3%；本科生 35 716 人，占比 56.4%；专科生 21 746 人，占比 34.3%。研究生的答题率与实际分布基本一致，本科生的答题率较高，专科生的答题率较低。图 1-2 为不同学历毕业生有效样本与实际对比。

① 本书中的研究生均指硕士研究生和博士研究生的总和。

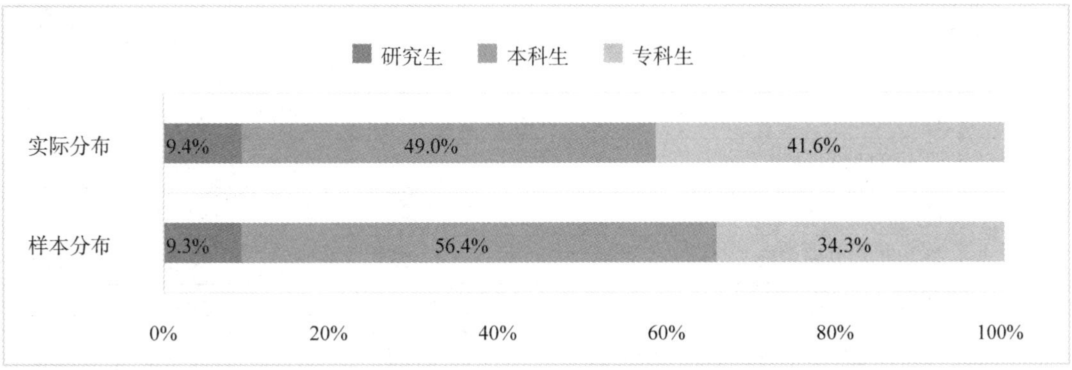

图 1-2 不同学历毕业生有效样本与实际对比

3. 院校类型分布

对于培养研究生的院校，院校类型分为双一流建设高校、陕西省高水平大学、公办普通本科高校（因民办普通本科高校研究生培养规模较少，样本量不足，故不呈现分组）。对于培养本科生的院校，院校类型分为双一流建设高校、陕西省高水平大学、公办普通本科高校、民办本科院校和独立院校。对于培养专科生的院校，院校类型分为中国特色高水平高职学校建设单位、中国特色高水平专业群建设单位、公办高职高专院校、民办高职高专院校、其他举办专科教育的院校。其中，其他举办专科教育的院校是指除高职高专院校外，承担专科生培养任务的普通本科高校和成人高校。

陕西省培养研究生的普通高校共计 27 家，调查数据全部覆盖，其中，双一流建设高校 7 所，陕西省高水平建设高校 12 所，公办普通本科高校 7 所，民办普通本科高校 1 所（因样本量不足，数据分析中不作呈现）。培养本科生的普通高校共计 56 所，调查数据全部覆盖，其中，双一流建设高校 7 所，陕西省高水平大学 12 所，公办普通本科高校 15 所，民办本科院校和独立院校 22 所。培养专科生的院校共计 63 所，调查数据覆盖 60 所，其中，中国特色高水平高职学校建设单位 3 所，中国特色高水平专业群建设单位 4 所，公办高职高专院校 21 所，民办高职高专院校 9 所，其他举办专科教育的院校 23 所。

表 1-1 为不同类型院校毕业生有效样本与实际对比。图 1-3 为不同类型院校毕业研究生有效样本与实际对比；图 1-4 为不同类型院校本科毕业生有效样本与实际对比；图 1-5 为不同类型院校专科毕业生有效样本与实际对比。从院校类型来看，有效样本分布与实际基本一致。

表 1-1 不同类型院校毕业生有效样本与实际对比

学历	院校类型	样本		实际	
		人数/人	占比/%	人数/人	占比/%
研究生	双一流建设高校	3 609	61.3	20 061	65.0
	陕西省高水平大学	1 855	31.5	8 900	28.9
	公办普通本科高校	423	7.2	1 883	6.1

续表

学历	院校类型	样本		实际	
		人数/人	占比/%	人数/人	占比/%
本科生	双一流建设高校	8 157	22. 8	30 608	18. 9
	陕西省高水平大学	10 243	28. 7	43 076	26. 7
	公办普通本科高校	10 135	28. 4	48 669	30. 2
	民办本科院校和独立院校	7 181	20. 1	39 023	24. 2
专科生	中国特色高水平高职学校建设单位	2 923	13. 4	16 375	11. 9
	中国特色高水平专业群建设单位	3 317	15. 3	17 342	12. 7
	公办高职高专院校	9 175	42. 2	56 790	41. 6
	民办高职高专院校	2 371	10. 9	16 535	12. 1
	其他举办专科教育的院校	3 960	18. 2	29 632	21. 7

注：因民办本科院校和独立院校的研究生样本数量较少，故不呈现（下同）。

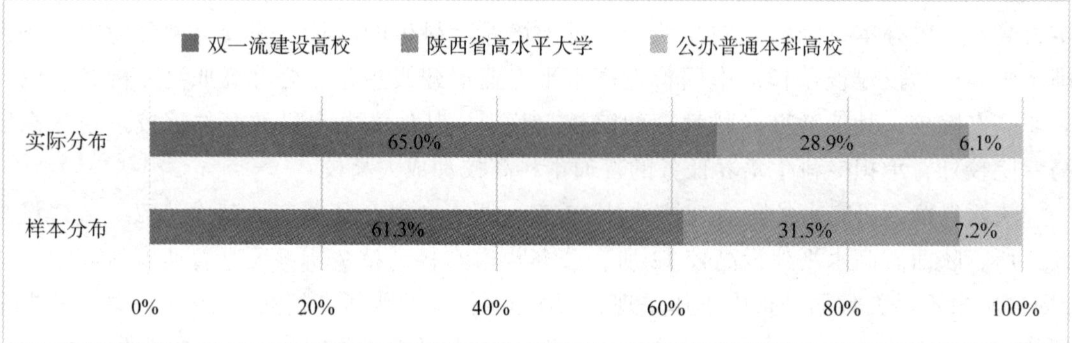

图 1-3　不同类型院校毕业研究生有效样本与实际对比

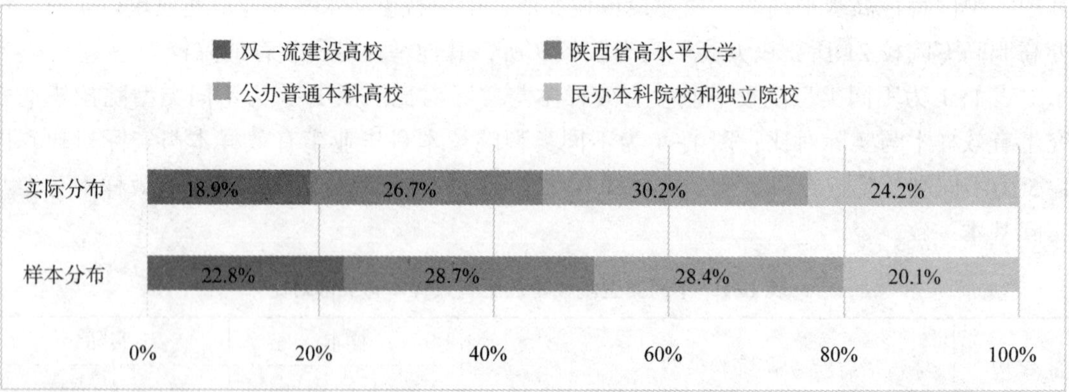

图 1-4　不同类型院校本科毕业生有效样本与实际对比

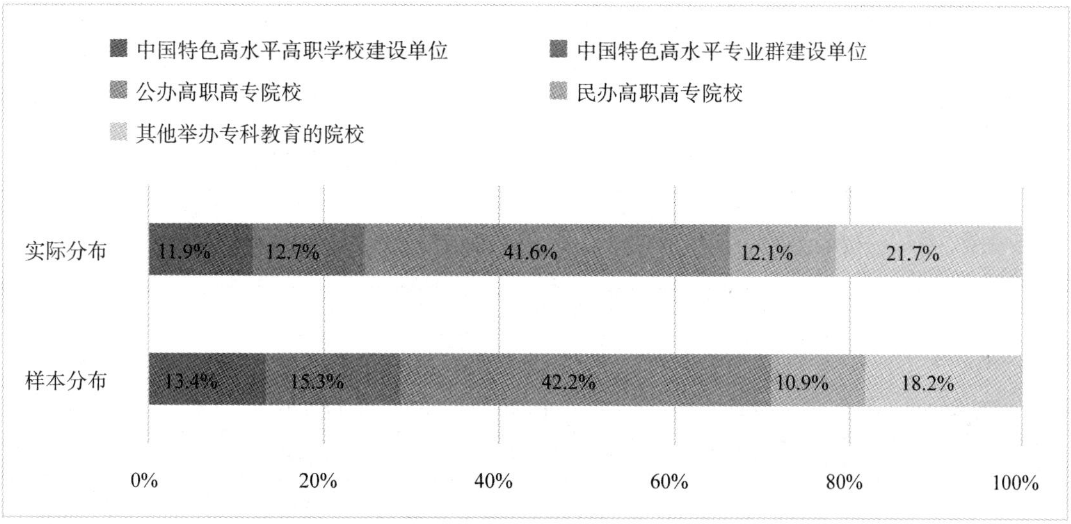

图 1-5 不同类型院校专科毕业生有效样本与实际对比

4. 学科专业分布

（1）不同学科门类毕业研究生样本分布。

表 1-2 为不同学科门类毕业研究生有效样本与实际对比。不同学科门类的毕业研究生调查样本分布与实际基本一致。

表 1-2 不同学科门类毕业研究生有效样本与实际对比

学科门类	样本		实际	
	人数/人	占比/%	人数/人	占比/%
工学	2 841	48. 2	15 571	50. 5
管理学	513	8. 7	3 122	10. 1
理学	476	8. 1	2 262	7. 3
教育学	412	7. 0	2 423	7. 8
农学	345	5. 8	1 303	4. 2
法学	328	5. 6	1 487	4. 8
文学	291	4. 9	1 418	4. 6
医学	217	3. 7	1 086	3. 5
艺术学	216	3. 6	957	3. 1
经济学	146	2. 5	769	2. 5
历史学	78	1. 3	288	0. 9
哲学	35	0. 6	153	0. 5
军事学	—	—	47	0. 2

（2）不同学科门类本科毕业生样本分布。

表1-3为不同学科门类本科毕业生有效样本与实际对比。不同学科门类的本科毕业生调查样本分布与实际基本一致。

表1-3　不同学科门类本科毕业生有效样本与实际对比

学科门类	样本		实际	
	人数/人	占比/%	人数/人	占比/%
工学	14 433	40.4	60 475	37.5
管理学	5 198	14.5	29 628	18.4
艺术学	3 597	10.0	17 476	10.8
文学	3 375	9.5	14 609	9.0
理学	2 577	7.2	10 129	6.3
教育学	1 732	4.9	6 796	4.2
医学	1 492	4.2	7 818	4.8
经济学	1 299	3.6	6 947	4.3
法学	1 161	3.2	4 684	2.9
农学	489	1.4	1 691	1.0
历史学	310	0.9	924	0.6
哲学	53	0.2	174	0.1
军事学	—	—	25	0.1

（3）不同专业大类专科毕业生样本分布。

表1-4为不同专业大类专科毕业生有效样本与实际对比。不同专业大类的专科毕业生调查样本分布与实际基本一致。

表1-4　不同专业大类专科毕业生有效样本与实际对比

专业大类	样本		实际	
	人数/人	占比/%	人数/人	占比/%
财经商贸	3 954	18.2	29 226	21.4
装备制造	3 445	15.8	17 220	12.6
医药卫生	2 763	12.7	24 128	17.7
交通运输	2 679	12.3	13 594	10.0
教育与体育	1 823	8.4	12 011	8.8
电子信息	1 807	8.3	9 687	7.1
土木建筑	1 477	6.8	8 300	6.1
资源与环境	562	2.6	2 891	2.1

续表

专业大类	样本		实际	
	人数/人	占比/%	人数/人	占比/%
公安与司法	449	2.1	1 602	1.2
文化艺术	442	2.0	2 515	1.8
轻工纺织	382	1.8	2 737	2.0
旅游	373	1.7	2 625	1.9
新闻传播	367	1.7	3 025	2.2
能源动力与材料	291	1.3	1 541	1.1
农林牧渔	248	1.1	1 449	1.1
食品药品与粮食	212	1.0	1 687	1.2
生物化工	185	0.8	991	0.7
公共管理与服务	145	0.7	721	0.5
水利	142	0.7	724	0.5

四、主要结论

（一）就业状况

1. 签约就业、国内升学是毕业生就业的主要去向

签约就业、国内升学是毕业生就业的主要去向，两者共占总样本的81.0%。其中，签约就业占比为66.3%，国内升学占比为14.7%。不同学历毕业生中，本科毕业生未就业的比例最高，为16.6%；其次是专科毕业生，为15.3%；毕业研究生未就业的比例最低，仅为5.1%。

2. 大部分毕业生留陕就业

2019届陕西高校中52.7%的毕业生毕业后留在陕西就业，63.6%的毕业生留在西部地区就业。不同学历毕业生中，专科毕业生留陕就业的比例最高，为65.5%；本科毕业生、毕业研究生留陕就业比例分别为49.1%和41.0%。专科毕业生在西部地区就业比例最高，为76.9%；其次是本科毕业生，为60.1%；毕业研究生在西部地区就业的比例为50.4%。

3. 国营、国有企业以及事业单位为主要就业方向

从就业单位性质情况看，民营企业，国有企业，学校、科研机构或其他事业单位为毕业生主要的就业去向，共占总体样本的77.4%。其中，民营企业占比32.8%，国有企业占比27.7%，学校、科研机构或其他事业单位占比为16.9%。

4. 毕业生就业前五名行业

毕业生从事的就业行业前五名分别为教育业（20.4%），建筑业（14.0%），电子电

气设备制造业（含计算机通信、家电等）（7.0%），信息传输、软件和信息技术服务业（6.2%），医疗和社会护理服务业（5.2%）。毕业生在前五类行业就业的比例共占总样本的52.8%。

5. 毕业生就业前五名职业

毕业生从事的就业职业前五名分别为建筑工程（11.2%）、中小学教育（9.3%）、医疗保健/紧急救助（5.3%）、财务/审计/税务/统计（5.3%）、教育/职业培训（5.1%）。毕业生从事这五类职业的比例为36.2%。

6. 毕业生对自身就业能力的评价较高

毕业生对自身就业能力10个维度的平均得分，从高到低依次为学习能力、职业素养、社会适应能力、人际交往能力、团队协作能力、创新能力、沟通能力、成就导向、职业规划能力、领导能力。

7. 毕业生工作技能基本符合工作单位或雇主的要求

在职学习能力、口头表达能力、解决难题能力、阅读理解能力、逻辑推理能力等工作技能倾向于“符合岗位要求”，专业资格证书倾向于“低于岗位要求”。

8. 个人能力为毕业生认为对其就业的最重要影响因素

毕业生认为对其就业的影响因素重要性程度，从高到低依次为个人的能力、学校的人才培养质量、社会关系网络的帮助、就读的专业、就业政策支持、学校提供的实习实践机会、就业服务体系帮助、学校的就业指导工作，且均倾向于“重要”。

9. 就业单位为毕业生提供的职业发展支持力度不足

平均得分从高到低依次为就业单位为员工提供培训机会以及基于工作绩效评估的升迁机会、日常工作中学习新技能的机会、就业单位会对员工可能的发展方向进行规划、就业单位为员工解决职业发展中的困惑提供相应的咨询或支持、日常工作中发挥专业技能的机会。

（二）就业质量

1. 毕业生就业状况总体稳定

陕西高校毕业生就业的总体状况稳定，但距离高质量就业的目标仍有差距。不同学历毕业生的就业质量存在显著差异，毕业研究生的就业质量最好，其次是本科毕业生，再次是专科毕业生。这充分说明，陕西高校毕业生的就业质量呈现出毕业生的学历越高，毕业生的就业质量就越好的发展趋势。

2. 不同类型院校毕业生的就业质量存在明显差异

（1）不同研究生培养高校的毕业生就业质量存在显著差异。双一流建设高校毕业研究生的就业质量最高，其次是陕西省高水平大学的毕业研究生，而公办普通本科高校毕业研究生的就业质量最低。

（2）不同本科院校毕业生的就业质量存在显著差异。双一流建设高校本科毕业生的就业质量最高，其后依次是陕西省高水平大学的本科毕业生和公办普通本科高校的本科毕业生，而民办本科院校和独立学院本科毕业生的就业质量最低。

（3）不同专科教育院校毕业生的就业质量存在显著差异。中国特色高水平高职学校建设单位专科毕业生的就业质量最高，其后依次是公办高职高专院校、中国特色高水平专业群建设单位和其他举办专科教育院校的专科毕业生，而民办高职高专院校专科毕业生的就业质量最低。

3. 不同类型学科/专业毕业生的就业质量存在显著差异

（1）不同学科毕业研究生的就业质量存在明显差异，标准化就业质量指数介于61.40～100.00。就业质量优良的毕业研究生学科的比例接近30%，超过50%的研究生学科的就业质量处于中等偏上水平，而有近15%的毕业研究生学科的就业质量水平相对较低。

（2）不同专业本科毕业生的就业质量存在明显差异，标准化就业质量指数介于62.07～100.00。就业质量优良的本科专业的比例接近35%，超过60%的本科专业的就业质量处于中等偏上水平，而有5%左右的本科专业的就业质量水平相对较低。

（3）不同专业专科毕业生的就业质量存在一定差异，标准化就业质量指数介于70.95～100.00。就业质量优良的专科专业的比例接近57%，而就业质量处于中等偏上水平的专科专业比例为43%左右。

（三）创业状况

1. 陕西高校2017至2019届毕业生自主创业率连续下降

陕西高校2019届毕业生自主创业率为1.3%，近三年自主创业率连续下降。陕西高校2019届本科毕业生自主创业率为0.9%，低于全国2019届本科毕业生的自主创业率1.6%；陕西高校2019届专科毕业生自主创业率为2.2%，同样低于全国2019届高职高专毕业生的自主创业率3.4%①。陕西高校2017至2019届毕业生自主创业率连续三年下降，从2017届的2.0%降低至2019届的1.3%。

（1）毕业生的学历水平越高，自主创业率越低。通过比较研究生、本科生和专科生等不同学历高校毕业生的创业率，发现低学历毕业生的自主创业率高，而高学历毕业生的自主创业率低。

（2）毕业生所在的高校层次越高，自主创业率越低。在双一流建设高校、陕西省高水平大学、公办普通本科高校、民办本科院校和独立院校等四类高校中，随着高校层次的提高，研究生、本科毕业生的创业率呈现逐渐下降的趋势。就专科毕业生而言，中国特色高水平高职学校建设单位、中国特色高水平专业群建设单位的专科毕业生创业率低于民办高职高专院校和其他举办专科教育院校的毕业生。

（3）毕业生所学的学科专业差异对自主创业率有重要影响。根据高校毕业生的学科门类划分，艺术学科、管理学科的研究生创业率最高，分别达2.8%和2.1%；工学学科研究生的创业率最低，仅为0.1%。艺术学的本科毕业生创业率一枝独秀，高达3.7%；而理学、医学本科毕业生的创业率最低，均为0.3%。根据专科毕业生的专业大类划分，文化艺术大

① 全国高校本、专科毕业生自主创业的数据来自麦可思公司发布的《2020年中国大学生就业报告》。

类、轻工纺织大类、公共管理与服务大类专业的毕业生创业率最高，分别为6.8%、5.2%和4.1%；能源动力与材料大类、教育与体育大类、医药卫生大类的毕业生创业率较低，分别为1.0%、1.0%和1.1%；水利大类的毕业生创业率为0%。

2. 陕西高校毕业生接受创业教育的质量不高

陕西高校2019届毕业生对高校的创业教育环境、创业教育效果的评价整体处于“一般”水平。而且，毕业生参加创业教育的比例不高。在创业讲座报告、创业课程、创业培训、创业竞赛和创业实训等不同形式的创业教育参与度中，分别有四至六成“零参与”的毕业生。

（1）高校层次越高，创业教育环境质量也越好；民办高校创业教育环境质量好于一般的公办院校。从高校毕业生对高校创业教育教学、创业环境氛围、创业支持管理、创业实训条件、创业支持服务等五个创业教育环境维度的评价来看，双一流建设高校的毕业研究生评价得分均最高，其次是陕西省高水平大学的毕业研究生，公办普通本科高校的毕业研究生对高校创业教育环境评价得分最低；双一流建设高校、民办本科院校和独立学院的本科毕业生对创业教育环境的评价较高，陕西省高水平大学和公办普通本科高校的本科毕业生对创业教育环境的评价较低；中国特色高水平高职学校建设单位的专科毕业生对创业教育环境评价得分最高，民办高职高专院校的专科毕业生对高校创业教育环境评价得分最低。

（2）专科毕业生的创业教育学习效果好于毕业研究生和本科毕业生。不同类型院校的毕业研究生对创业教育的效果评价没有显著差异。但就本科毕业生而言，民办本科院校和独立院校的本科毕业生对创业课程、创业培训、创业竞赛、创业实训的效果评价最高，其次是公办普通本科高校，再次是陕西省高水平大学，而双一流建设高校的本科毕业生对创业教育效果评价最低。对于专科毕业生而言，中国特色高水平专业群建设单位的专科毕业生对创业讲座报告、创业课程、创业培训的效果评价最高，中国特色高水平高职学校建设单位的专科毕业生对创业竞赛、创业实训的效果评价最高。

（3）毕业生参加创业讲座报告、创业课程的情况好于参加创业培训、创业竞赛和创业实训。毕业生参加创业讲座报告为0次的毕业生占总体的37.5%，表明三分之一以上的学生没有参加过创业讲座报告。39.8%的毕业生未参加过创业课程学习，参加过一门和两门创业课程学习的毕业生分别占总体的37.1%、16.9%。没有参加任何创业培训、创业竞赛、创业实训的各学历水平毕业生占比分别达到51.0%、67.0%和64.0%。

3. 陕西高校毕业生的创业意向、创业机会识别和创业行为处于“一般”水平

（1）学历、院校类型对毕业生创业意向具有重要影响。从不同学历毕业生比较来看，专科毕业生比毕业研究生、本科毕业生具有更强烈的创业意愿。高校层次越低的毕业研究生和本科毕业生的创业意向水平反而越高。在专科毕业生中，民办高职高专院校的专科毕业生创业意向水平最高。

（2）陕西高校毕业生整体对创业机会的敏感性不够，但在不同学历、不同类型院校的毕业生之间存在差异。比较不同学历毕业生的创业机会识别水平，专科毕业生的创业机会识别水平高于毕业研究生和本科毕业生。双一流建设高校的研究生创业机会识别水平低于陕西省高水平大学和公办普通本科高校的研究生；在本科毕业生中，民办本科院校和独立院校本

科毕业生的创业机会识别水平最高；在专科毕业生中，中国特色高水平专业群建设单位和其他举办专科教育院校培养的专科毕业生创业机会识别水平最高。

（3）陕西高校毕业生创业行为活动水平较低，但在不同学历、不同类型院校的毕业生之间存在差异。比较不同学历毕业生的创业行为，专科毕业生的创业行为活动水平最高，其次是毕业研究生，而本科毕业生的创业行为活动水平最低。在毕业研究生中，双一流建设高校的毕业研究生创业行为活动水平最低；院校层次越高，其本科毕业生创业行为活动水平越低，民办本科院校和独立院校本科毕业生的创业行为活动水平最高，双一流建设高校的本科毕业生创业行为活动水平最低；在专科毕业生中，中国特色高水平高职学校建设单位和中国特色高水平专业群建设单位的高职高专院校专科毕业生的创业行为活动水平最高。

4. 陕西高校毕业生自主创业活动层次较低

陕西高校2019届毕业生自主创业状况调查显示，“全职创业”是毕业生自主创业的主流选择，但仍有相当大比例的毕业生选择“兼职创业”。此外，高校毕业生创业者在创业活动中的角色状态、所创办的创业组织机构形式还存在多样化的特点。

（1）从创业企业规模来看，陕西高校毕业生自主创业以“小微创业”为主，雇佣人数为0人、1~5人、6~10人的创业企业占比最大。陕西高校毕业生自主创业的性质属于科技创新型创业的比例较低，创业行业排在前三位的依次是“教育业”“零售业”和“文化、体育和娱乐业”。

（2）陕西高校毕业生自主创业得到的支持来源比较单一，获得家庭支持的比例较高，获得学校支持、社会支持、政府支持的比例很低。

（四）升学与留学

1. 陕西高校2019届毕业生国内升学率较往届持续提升

2019届毕业生总体升学率为14.8%，与2017届、2018届毕业生相比，呈逐年上升的趋势。

（1）专科毕业生中，女生升学率高于男生；本科毕业生与硕士毕业生中，男生升学率均高于女生。比较不同类型院校的毕业生升学率发现，中国特色高水平高职学校建设单位培养的专科毕业生升学率最高，双一流建设高校培养的本科毕业生、硕士毕业生升学率最高。比较不同学科门类或专业大类毕业生的升学率发现，教育与体育大类专科毕业生升学率最高，资源与环境专业大类专科毕业生升学率最低；哲学门类本科毕业生升学率最高，教育学门类的本科毕业生升学率最低；农学门类的硕士毕业生升学率最高，艺术学学科门类的硕士研究生升学率最低。

（2）陕西高校毕业生继续读研/博的群体中，以攻读学术型学位为主。

（3）陕西高校毕业生跨专业攻读硕士学位的比例较低，跨专业攻读博士学位的比例相对较高；跨校攻读硕士/博士学位的比例均高于50.0%。

（4）陕西高校毕业生攻读硕士学位的主要动机是提高就业竞争力，攻读博士学位的主要动机是对科研感兴趣。

2. 陕西高校毕业生留学情况

陕西高校2019届毕业生总体留学率为1.8%，2017、2018、2019届陕西高校毕业生的国（境）外留学率逐年上升。

（1）在本科毕业生、博士毕业生中，女生留学率高于男生，但在硕士毕业生中，男生留学率高于女生。各类型院校中，双一流建设高校本科毕业生、硕士毕业生、博士毕业生的留学率均为最高。不同学科门类的毕业生中，文学类本科毕业生留学率最高，教育学类本科毕业生留学率最低；理学类硕士毕业生留学率最高，哲学与艺术学硕士毕业生留学率最低；博士毕业生留学主要集中在工学、理学学科，且理学博士毕业生留学率高于工学博士毕业生。

（2）陕西高校毕业生国（境）外留学以攻读硕士学位为主。

（3）陕西高校毕业生国（境）外留学跨专业攻读硕士学位的占比为35.6%，跨专业攻读博士学位的比例为25.0%。

（4）陕西高校毕业生国（境）外攻读硕士学位的主要动机是喜欢国外学业环境、提高就业竞争力，攻读博士学位的主要动机则包括喜欢国外学业环境、提高就业竞争力、对科研感兴趣。

（五）本专科毕业生学习经历与能力发展

1. 陕西高校教育教学质量整体水平有待提高

陕西高校教育教学质量介于及格和中等之间，整体水平有待提高。学生的课程学习经历是衡量高等教育质量的重要指标，陕西高校毕业生的课程学习经历各维度的平均得分介于及格和中等水平之间。就整体而言，陕西教育教学质量距离一流还有较大差距，有待进一步提高。

（1）本科毕业生与专科毕业生感知的课程学习经历存在显著差异。本科毕业生与专科毕业生感知的课程学习经历在课程组织、良好教学以及适当的评价这三个维度上没有显著性差异；在独立自主性这一维度上，专科毕业生感知效果优于本科毕业生；除此之外，本科毕业生感知的课程学习经历的其他维度均优于专科毕业生。

（2）女生感知的课程学习经历显著好于男生。

（3）不同层次高校的本科毕业生课程学习经历存在显著差异。双一流建设高校在课程学习经历的各个维度上都显著高于其他高校；陕西省高水平大学与公办普通本科高校的本科毕业生感知的课程学习经历不存在显著差异；民办本科院校和独立院校的本科毕业生感知的课程学习经历显著低于其他类型院校的本科毕业生。

（4）不同类型高校的专科毕业生课程学习经历存在显著差异。公办高职高专院校专科毕业生感知的课程学习经历显著高于民办高职高专院校，但低于中国特色高水平高职学校建设单位与中国特色高水平专业群建设单位。

（5）不同学科门类本科毕业生的课程学习经历存在一定程度的差异。法学、历史学、教育学等学科门类本科毕业生的课程学习经历平均得分要优于全体毕业生的平均状态；管理学、经济学学科门类本科毕业生的课程学习经历平均得分则比全体毕业生的平均状态要差一点。

（6）不同专业大类专科毕业生的课程学习经历存在一定程度的差异。公共管理与服务、新闻传播、公安与司法、土木建筑等专业大类毕业生的课程学习经历要优于全体毕业生的平均值；轻工纺织、文化艺术、医药卫生、电子信息、食品药品与粮食等专业大类专科毕业生的课程学习经历则比全体毕业生的平均值要差一点。

2. 陕西高校毕业生的课程学习经历总体上向好的方向发展

就整体发展趋势而言，陕西本专科毕业生的课程学习经历随着时间的推移表现出向好态势。除“学习资源”维度外，2018、2019 届高职高专毕业生在课程学习经历各个维度上的平均得分均高于 2017 届毕业生；2019 届高职高专毕业生在“动机激发”“学生支持”两个维度上的平均得分略低于 2018 届毕业生，其余九个维度上的平均得分均高于 2018 届毕业生。

3. 陕西高校本专科毕业生学习投入有待进一步提高

陕西高校毕业生在学习投入的五个维度上均倾向于一般，在“缺乏投入”这一维度上倾向于较多，说明陕西高校毕业生在大学学习过程中的学习投入状况理想。

（1）本科毕业生与专科毕业生学习投入存在显著差异。本科毕业生的学习投入在“分析理解”“课外投入”维度上均显著优于专科毕业生，在“学术挑战”“缺乏投入”维度上显著劣于专科毕业生，在“师生互动”维度上无显著差异。

（2）不同性别毕业生学习投入存在显著差异。男生的学习投入在“分析理解”“学术挑战”维度上均显著优于女生，在“课外投入”“缺乏投入”维度上显著劣于女生，在“师生互动”维度上与女生无显著差异。因此，应加大对男生学习投入的关注。

（3）不同层次高校的本科毕业生的学习投入存在显著差异。在“分析理解”维度上，双一流建设高校、陕西省高水平大学显著优于公办普通本科高校、民办本科院校与独立院校；在“课外投入”维度上，双一流建设高校显著优于其他高校；在“缺乏投入”维度上，公办普通本科高校显著优于双一流建设高校与陕西省高水平大学；在“师生互动”与“学术挑战”这两个维度上，不同层次高校之间没有显著性差异。

（4）不同层次高校的专科毕业生的学习投入存在显著差异。在“分析理解”“师生互动”“学术挑战”和“课外投入”这四个维度上，中国特色高水平高职学校建设单位、中国特色高水平专业群建设单位、公办高职高专院校以及其他举办专科教育的院校显著优于民办高职高专院校；在“缺乏投入”维度上，中国特色高水平高职学校建设单位、中国特色高水平专业群建设单位显著优于公办高职高专院校。

（5）不同学科门类本科毕业生的学习投入存在显著差异。法学、教育学、文学、历史学、艺术学学科门类本科毕业生的平均得分均高于全体毕业生的平均值；工学学科门类本科毕业生的平均得分均低于全体毕业生的平均值。

（6）不同专业大类专科毕业生的学习投入存在一定程度的差异。生物化工、交通运输、财经商贸、新闻传播、公安与司法、公共管理与服务等专业大类专科毕业生的平均得分均高于全体毕业生的平均值；资源与环境、轻工纺织、电子信息等专业大类专科毕业生的平均得分均低于全体毕业生的平均值。

4. 陕西高校毕业生能力发展状况较好

陕西高校毕业生在“核心技能”“研究能力”“自我认知能力与全球化能力”这三个维度上均倾向于同意，说明陕西高校学生能力发展状况较好。

（1）本科毕业生的能力发展状况均显著高于专科毕业生。这说明本、专科毕业生教育对于学生能力的培养存在一定差距。

（2）不同性别毕业生能力发展存在显著差异。在“核心技能”与“研究能力”这两个维度上，男生与女生之间并无显著性差异；在“自我认知能力与全球化能力”这一维度上，女生能力发展的均值显著高于男生。就这一结果而言，高校还需要对男生能力的发展给予更多关注。

（3）不同类型院校本科毕业生的能力发展存在显著差异。在能力发展的各个维度上，双一流建设高校、陕西省高水平大学、公办普通本科高校、民办本科院校与独立院校的学生能力发展情况依次减弱。其中，在“核心技能”这一维度上，陕西省高水平大学与公办普通本科高校的差异不具有显著性。

（4）不同层次高校的专科毕业生能力发展存在显著差异。除“核心技能”外，公办高职高专院校与中国特色高水平专业群建设单位的均值差异未通过显著性检验；中国特色高水平高职学校建设单位与中国特色高水平专业群建设单位的专科毕业生能力发展不存在显著性差异。

（5）不同学科门类本科毕业生的能力发展存在显著差异。历史学、教育学、法学、理学、农学等学科门类的本科毕业生平均得分均高于全体毕业生的平均值，哲学、医学、管理学等学科门类本科毕业生平均得分均低于全体毕业生的平均值。

（6）不同专业专科毕业生的能力发展存在一定程度的差异。交通运输、教育与体育、公安与司法、财经商贸、土木建筑、旅游、水利、新闻传播、公共管理与服务等专业大类专科毕业生的平均得分均高于全体毕业生的平均值，轻工纺织、食品药品与粮食、能源动力与材料、文化艺术、医药卫生、资源与环境、电子信息专业大类的专科毕业生平均得分均低于全体毕业生的平均值。

（六）毕业研究生科研经历与能力发展

1. 毕业研究生的科研经历

从毕业研究生的科研经历总体满意度来看，2019 届有 86.8% 的毕业研究生对读研期间的科研经历表示满意，该数据与 2017 届（75.5%）相比提高了 11.3%，但与 2018 届（88.5%）相比下降了 1.7%。

（1）陕西高校 2019 届毕业研究生中，女生对技能发展、研究设施的评价显著低于男生；而对导师指导、研究氛围、论文评审及总体满意度的评价，没有显著性别差异。

（2）博士研究生在科研经历的各个维度上都显著高于硕士研究生。

（3）双一流建设高校毕业研究生在科研经历的各个维度中，仅在研究设施和论文评审两个方面显著优于陕西省高水平大学和公办普通本科高校。与本科毕业生课程学习经历相比，双一流建设高校的优势并未保持到研究生教育阶段。

2. 毕业研究生的科研能力

陕西省 2019 届毕业研究生对其在读研读博期间能力发展状况的评价分“核心技能”“研究能力”“自我认知能力和全球化能力”。其中，对“研究能力”的评价最高，均值达到 4.06；对“自我认知能力和全球化能力”评价最低，为 3.94；对“核心技能”的评价介于二者之间，为 4.02。

（1）女生在“核心技能”和“研究能力”方面显著低于男生。

（2）博士研究生的能力发展显著优于硕士研究生。博士研究生在能力发展的三个维度上均优于硕士研究生。

（3）双一流建设高校毕业研究生能力发展情况略好于其他两类高校，并高于陕西省平均水平。

（4）不同学科的研究生仅在“自我认知能力和全球化能力”方面的评价有显著差异。具体而言，文学、历史学、理学、农学、医学的研究生对其能力发展的评价优于全体毕业研究生的平均状态；教育学、管理学、艺术学与全体毕业研究生的状态持平；哲学、经济学、法学、工学的评价较平均状态差。

（七）学校满意度

1. 2019 届陕西高校毕业生学校满意度整体水平较低

（1）2019 届陕西高校毕业生的学校总体满意度较低，均值为 3.80。这表明陕西高校办学和人才培养质量存在较大的提升空间。

（2）毕业生在 6 个学校满意度指标上的得分均值都存在显著差异。其中，学校总体满意度得分最高，为 3.80；生活服务满意度与教学质量满意度较高，分别为 3.70 与 3.69；学生工作满意度与身心健康咨询服务满意度较低，为 3.60 与 3.59；就业指导服务满意度最低，仅为 3.54。

（3）2017—2019 届陕西高校毕业生的学校满意度呈上升趋势。2017 届毕业生学校总体满意度为 3.64；2018 届毕业生学校总体满意度上升到 3.76；2019 届毕业生学校总体满意度最高，达到 3.80。

2. 毕业女生的学校满意度高于男生

不同性别毕业生的学校满意度存在差异，女生的学校满意度高于男生。女生学校总体满意度为 3.85，各维度的满意度均值集中在 3.58 ~ 3.85；男生学校总体满意度为 3.76，各维度的满意度均值集中在 3.49 ~ 3.76。

3. 不同学历毕业生学校满意度存在差异

不同学历毕业生学校满意度存在差异，毕业生的学历水平越高，学校满意度越高。毕业研究生的学校满意度最高，学校总体满意度最高为 4.04，各维度满意度在 3.79 ~ 4.04；本科毕业生的学校满意度次之，学校总体满意度为 3.81，各维度满意度在 3.51 ~ 3.81；专科毕业生的学校满意度最低，学校总体满意度为 3.68，各维度满意度介于 3.48 与 3.68 之间。

4. 不同类型院校毕业生学校满意度存在差异

（1）毕业研究生所在高校层次越高，学校满意度越高。双一流建设高校毕业研究生学校满意度的五个维度平均值与满意百分比均高于其他类型院校毕业研究生，其学校总体满意度均值为 4.11，满意百分比为 90.6%。陕西省高水平大学毕业研究生与公办普通本科高校毕业研究生满意度差别较小。公办普通本科高校毕业研究生在学校满意度不同维度间的差异最大，各维度满意度均值在 3.56 ~ 3.96；陕西省高水平大学毕业研究生各维度满意度在 3.64 ~ 3.93，双一流建设高校毕业研究生各维度满意度在 3.87 ~ 4.11。

（2）本科毕业生所在院校层次越高，学校满意度越高。双一流建设高校本科毕业生的学校满意度各维度均值与满意百分比均居于首位，其中学校总体满意度最高，为4.00；陕西省高水平大学本科毕业生满意度次之，学校总体满意度均值为3.82；公办本科普通高校排在第三，学校总体满意度均值为3.75；民办本科院校和独立院校居于第四，学校总体满意度均值为3.61。

（3）专科毕业生各维度满意度均值与满意百分比均较低，且不同院校类型之间满意度差异较大。在各维度学校满意度评价中，中国特色高水平高职学校建设单位专科毕业生均值最高，其学校满意度各维度均值在3.74～3.92；中国特色高水平专业群建设单位专科毕业生的学校满意度次之，学校满意度各维度均值在3.62～3.78；公办高职高专院校排在第三，学校满意度各维度均值在3.45～3.65；其他举办专科教育的院校专科毕业生学校满意度排在第四，学校满意度各维度均值在3.38～3.64，该类院校不同维度满意度均值之间差异最大；民办高职高专院校均值最低，学校满意度各维度均值在2.86～3.09。

5. 不同学科专业毕业生的学校满意度存在显著差异

（1）不同学科门类的毕业研究生在各维度学校满意度上存在显著差异。农学、哲学、教育学学科门类的毕业研究生在各维度中满意度均值较高，有三个或三个以上维度满意度均值高于4.00。医学、工学、管理学等学科门类毕业研究生各维度满意度均值较低。

（2）不同学科门类本科毕业生的学校满意度存在差异。哲学和农学学科门类本科毕业生的各维度满意度较高，均有两个维度满意度均值在3.90以上；法学、教育学和理学学科门类本科毕业生均只有学校总体满意度这一维度均值在3.90以上。经济学和艺术学学科门类本科毕业生各维度满意度较低，各维度满意度均值在3.30～3.80。

（3）不同专业大类的专科毕业生学校满意度差异较大。新闻传播大类、公共管理与服务大类专业的专科毕业生学校满意度情况最好，分别有两个满意度得分均值在4.00以上。轻工纺织大类、食品药品与粮食大类、文化艺术大类的专科毕业生学校满意度最低，各满意度均值均低于3.40。

第二章

就业状况

本章主要分析了陕西高校2019届毕业生的就业基本状况，主要包括就业去向分布、就业地区分布、就业单位性质、就业行业分布、就业职业分布、就业能力评价、求职就业与职业发展等内容。

一、就业去向分布

本报告的就业去向是指毕业生毕业半年之后的就业实际状态。就业去向类型包括签约就业、灵活就业、自主创业、国内升学、国（境）外留学、未就业等。

（一）毕业生总体的就业去向分布

图2-1为陕西高校2019届毕业生总体的就业去向分布。签约就业仍为毕业生就业的主要去向，占总样本的66.3%；其次为国内升学，占比为14.7%；签约就业和国内升学的毕业生共占到81%。灵活就业、自主创业、国（境）外留学3种去向的毕业生共占3.9%。未就业的毕业生占比为15.1%，其中，未就业毕业生包括拟升学、拟留学、待就业和其他暂不就业等。

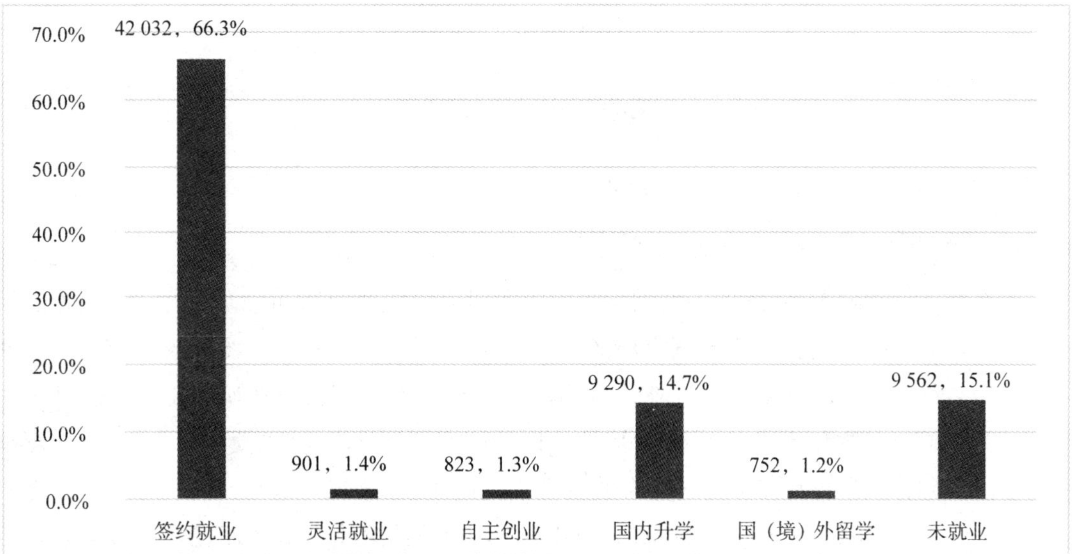

图2-1　陕西高校2019届毕业生总体的就业去向分布（人数，占比）

（二）不同学历毕业生就业去向分布

图 2-2 为不同学历毕业生就业去向分布。其中，毕业研究生的签约就业比例（86.20%）高于专科毕业生（70.8%）和本科毕业生（60.3%）；专科毕业生的灵活就业比例（2.1%）高于本科毕业生（1.2%）和毕业研究生（0.6%）；专科毕业生的自主创业比例（2.2%）高于本科毕业生（0.9%）和毕业研究生（0.6%）；本科毕业生的国内升学比例（19.1%）高于专科毕业生（9.6%）和毕业研究生（6.5%）；本科毕业生的国（境）外留学比例（1.9%）高于毕业研究生（1.0%）和专科毕业生（0.0%）；未就业的本科毕业生比例最高（16.6%），其次为专科毕业生（15.3%），最低的是毕业研究生（5.1%）。

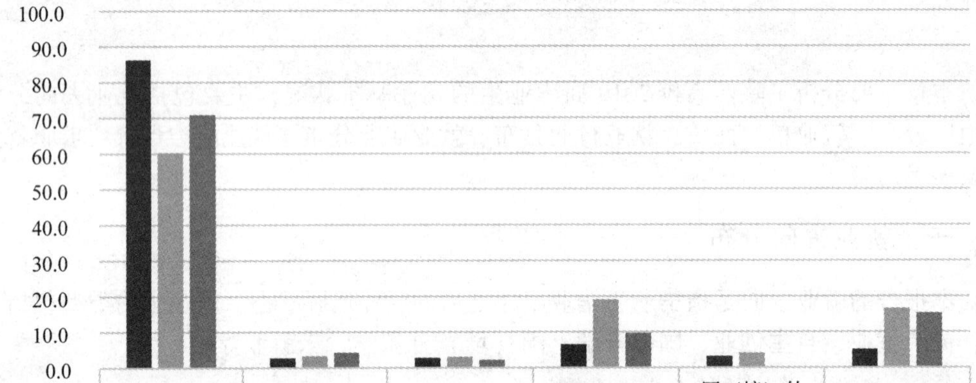

	签约就业	灵活就业	自主创业	国内升学	国（境）外留学	未就业
■研究生	86.2	0.6	0.6	6.5	1.0	5.1
■本科生	60.3	1.2	0.9	19.1	1.9	16.6
■专科生	70.8	2.1	2.2	9.6	0.0	15.3

■研究生 ■本科生 ■专科生

图 2-2　不同学历毕业生就业去向分布（%）

（三）不同类型院校毕业生就业去向分布

1. 不同类型院校毕业研究生就业去向

图 2-3 为陕西高校 2019 届不同类型院校毕业研究生的就业去向分布。其中，陕西省高水平大学毕业研究生签约就业比例（88.0%）最高，其次是双一流建设高校（85.8%）和公办普通本科高校（81.1%）的毕业研究生。公办普通本科高校毕业研究生灵活就业比例（2.4%）最高，其次依次为陕西省高水平大学（0.7%）和双一流建设高校（0.3%）毕业研究生。公办普通本科高校毕业研究生的自主创业比例（2.1%）最高，其次分别为陕西省高水平大学（0.5%）和双一流建设高校（0.5%）毕业研究生。双一流建设高校毕业研究生的国内升学比例（7.8%）最高，其次分别为陕西省高水平大学（4.7%）和公办普通本

科高校（2.8%）毕业研究生。双一流建设高校毕业研究生的国（境）外留学比例（1.4%）最高，其次分别为陕西省高水平大学（0.6%）和公办普通本科高校（0.2%）的毕业研究生。公办普通本科高校毕业研究生的未就业比例（11.4%）最高，其次分别为陕西省高水平大学（5.5%）和双一流建设高校（4.2%）毕业研究生。

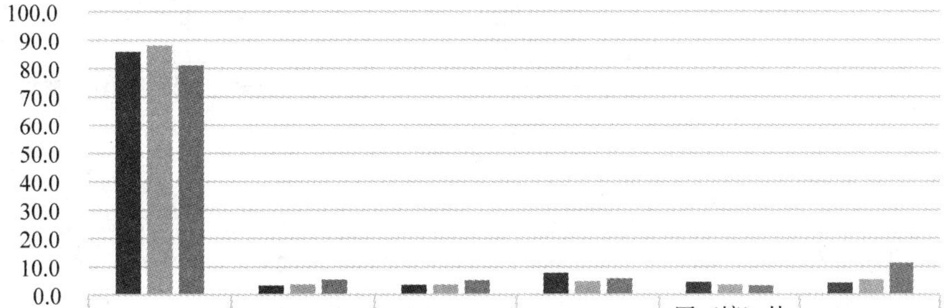

	签约就业	灵活就业	自主创业	国内升学	国（境）外留学	未就业
双一流建设高校	85.8	0.3	0.5	7.8	1.4	4.2
陕西省高水平大学	88.0	0.7	0.5	4.7	0.6	5.5
公办普通本科高校	81.1	2.4	2.1	2.8	0.2	11.4

■ 双一流建设高校 ■ 陕西省高水平大学 ■ 公办普通本科高校

图 2-3 陕西高校 2019 届不同类型院校毕业研究生的就业去向分布（%）

2. 不同类型院校本科毕业生就业去向

图 2-4 为陕西高校 2019 届不同类型院校本科毕业生的就业去向分布。其中，民办本科院校和独立院校本科毕业生签约就业的比例（73.0%）最高，其次依次是公办普通本科高校（65.9%）、陕西省高水平大学（59.2%）和双一流建设高校（43.5%）本科毕业生。公办普通本科高校本科毕业生的灵活就业比例（1.9%）最高，其次分别是民办本科院校和独立院校（1.3%）、陕西省高水平大学（1.0%）和双一流建设高校（0.4%）本科毕业生。民办本科院校和独立院校本科毕业生自主创业的比例（1.4%）最高，其次分别为公办普通本科高校（1.2%）、陕西省高水平大学（0.6%）和双一流建设高校（0.4%）本科毕业生。双一流建设高校本科毕业生的国内升学比例（39.7%）最高，其次分别为陕西省高水平大学（20.6%）、公办普通本科高校（11.7%）和民办本科院校和独立院校（4.0%）本科毕业生。双一流建设高校本科毕业生的国（境）外留学比例（4.0%）最高，其次分别为陕西省高水平大学（2.0%）、公办普通本科高校（1.0%）、民办本科院校和独立院校（0.8%）本科毕业生。民办本科院校和独立院校本科毕业生未就业的比例（19.5%）最高，其次分别是公办普通本科高校（18.3%）、陕西省高水平大学（16.6%）和双一流建设高校（12.0%）本科毕业生。

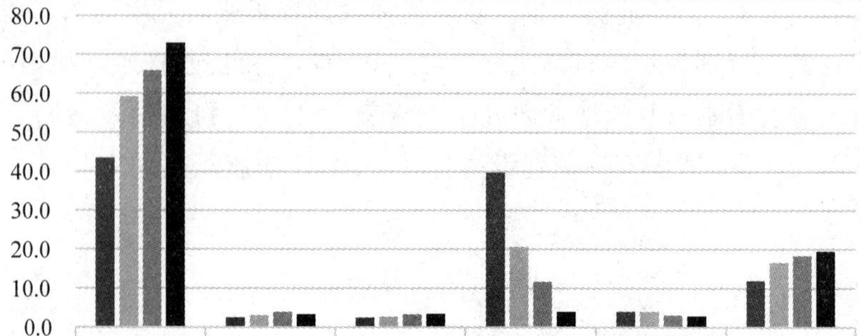

	签约就业	灵活就业	自主创业	国内升学	国（境）外留学	未就业
双一流建设高校	43.5	0.4	0.4	39.7	4.0	12.0
陕西省高水平大学	59.2	1.0	0.6	20.6	2.0	16.6
公办普通本科高校	65.9	1.9	1.2	11.7	1.0	18.3
民办本科院校和独立院校	73.0	1.3	1.4	4.0	0.8	19.5

图 2-4　陕西高校 2019 届不同类型院校本科毕业生的就业去向分布（%）

3. 不同类型院校专科毕业生就业去向

图 2-5 为陕西高校 2019 届不同类型院校专科毕业生的就业去向分布。其中，中国特色高水平高职学校建设单位专科毕业生的签约就业比例（76.9%）最高，其次依次为中国特色高水平专业群建设单位（75.6%）、公办高职高专院校（73.4%）、民办高职高专院校（67.0%）和其他举办专科教育的院校（58.8%）的专科毕业生；其他举办专科教育院校的专科毕业生自主创业和国内升学的比例最高；民办高职高专院校专科毕业生未就业的比例最高，未就业比例最低的院校为中国特色高水平高职学校建设单位。

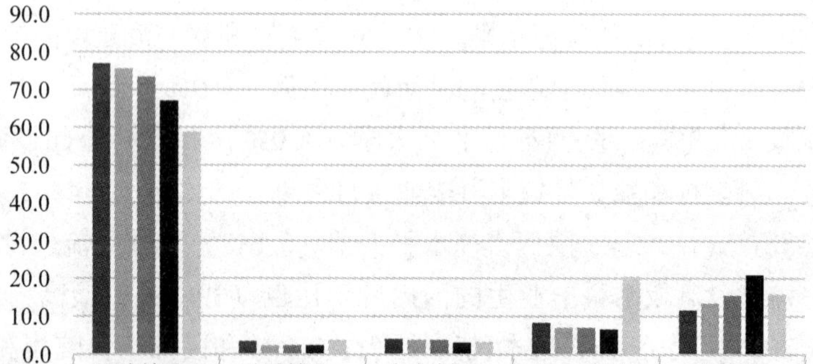

	签约就业	灵活就业	自主创业	国内升学	未就业
中国特色高水平高职学校建设单位	76.9	1.3	1.9	8.3	11.6
中国特色高水平专业群建设单位	75.6	2.3	1.7	7.0	13.4
公办高职高专院校	73.4	2.4	1.7	7.0	15.5
民办高职高专院校	67.0	2.4	3.1	6.6	20.9
其他举办专科教育的院校	58.8	1.6	3.3	20.5	15.8

图 2-5　陕西高校 2019 届不同类型院校专科毕业生的就业去向分布（%）

（四）不同学科专业毕业生就业去向分布

1. 不同学科门类毕业研究生就业去向

表 2-1 为不同学科门类毕业研究生的就业去向分布。管理学门类毕业研究生签约就业的比例（90.3%）最高，农学门类毕业研究生国内升学的比例（13.3%）最高，理学和医学门类毕业研究生国（境）外留学的比例（均为 1.9%）最高，艺术学门类毕业研究生灵活就业的比例（4.2%）、自主创业的比例（2.8%）和未就业的比例（16.2%）都是最高的。

表 2-1　不同学科门类毕业研究生的就业去向分布　%

学科门类	签约就业	灵活就业	自主创业	国内升学	国（境）外留学	未就业
工学	88.6	0.1	0.1	6.5	1.4	3.3
管理学	90.3	0.2	2.1	2.7	0.2	4.5
理学	79.2	0.4	0.9	10.5	1.9	7.1
教育学	89.3	1.0	1.0	1.9	0.5	6.3
农学	78.2	0.9	0.9	13.3	0.3	6.4
法学	85.7	1.2	0.3	4.3	0.3	8.2
文学	89.0	1.4	0.7	4.5	0.3	4.1
医学	78.3	0.9	0.5	11.5	1.9	6.9
艺术学	76.3	4.2	2.8	0.5	0.0	16.2
经济学	84.3	0.0	0.7	8.9	0.7	5.4
历史学	80.8	1.3	0.0	11.5	1.3	5.1
哲学	80.0	2.9	0.0	11.4	0.0	5.7
合计	86.2	0.6	0.6	6.5	1.0	5.1

2. 不同学科门类本科毕业生就业去向

表 2-2 为不同学科门类本科毕业生的就业去向分布。教育学门类本科毕业生签约就业的比例（79.0%）最高，艺术学门类本科毕业生灵活就业的比例（3.1%）、自主创业的比例（3.7%）均为最高，哲学门类本科毕业生国内升学的比例（56.6%）最高，文学门类本科毕业生国（境）外留学的比例（4.1%）最高，法学门类本科毕业生未就业的比例（23.4%）最高。

表 2-2　不同学科门类本科毕业生的就业去向分布　%

学科门类	签约就业	灵活就业	自主创业	国内升学	国（境）外留学	未就业
工学	57.0	0.5	0.5	26.8	1.7	13.5
管理学	70.0	0.7	0.7	8.9	1.6	18.1
艺术学	61.0	3.1	3.7	7.8	2.8	21.6
文学	62.0	1.9	0.5	12.3	4.1	19.2

续表

学科门类	签约就业	灵活就业	自主创业	国内升学	国（境）外留学	未就业
理学	58.0	1.6	0.3	23.0	1.3	15.8
教育学	79.0	2.6	1.2	4.2	0.1	12.9
医学	59.2	1.2	0.3	19.2	0.2	19.9
经济学	58.9	1.3	0.5	12.9	3.3	23.1
法学	46.2	1.2	0.6	26.4	2.2	23.4
农学	31.1	0.4	0.8	51.8	1.8	14.1
历史学	56.1	1.3	0.6	27.4	0.7	13.9
哲学	22.6	0.0	0.0	56.6	3.8	17.0
合计	60.3	1.2	0.9	19.1	1.9	16.6

3. 不同专业大类专科毕业生就业去向

表2-3为不同专业大类专科毕业生的就业去向分布。能源动力与材料大类、水利大类专科毕业生签约就业的比例（均为84.5%）最高，新闻传播大类专科毕业生灵活就业的比例（4.6%）最高，文化艺术大类专科毕业生自主创业的比例（6.8%）最高，教育与体育大类专科毕业生国内升学的比例（23.0%）最高，医药卫生大类专科毕业生未就业的比例（22.2%）最高。

表2-3　不同专业大类专科毕业生的就业去向分布 %

专业大类	签约就业	灵活就业	自主创业	国内升学	国（境）外留学	未就业
财经商贸	62.7	1.9	2.8	14.2	0.0	18.4
装备制造	77.1	1.5	2.0	5.2	0.0	14.2
医药卫生	65.0	3.0	1.1	8.7	0.0	22.2
交通运输	81.6	1.7	1.8	4.5	0.0	10.4
教育与体育	60.2	2.9	1.1	23.0	0.0	12.8
电子信息	69.3	1.4	2.2	11.1	0.0	16.0
土木建筑	79.6	1.3	2.3	5.8	0.0	11.0
资源与环境	79.7	2.1	1.8	3.0	0.0	13.4
公安与司法	65.0	2.0	2.7	10.5	0.0	19.8
文化艺术	62.9	2.3	6.8	12.0	0.0	16.0
轻工纺织	74.6	1.6	5.2	3.4	0.0	15.2
旅游	64.3	3.8	2.7	14.2	0.0	15.0
新闻传播	75.2	4.6	2.5	6.8	0.0	10.9
能源动力与材料	84.5	2.1	1.0	4.1	0.0	8.3

续表

专业大类	签约就业	灵活就业	自主创业	国内升学	国（境）外留学	未就业
农林牧渔	72.2	4.0	2.8	4.1	0.0	16.9
食品药品与粮食	68.9	2.3	3.8	9.4	0.0	15.6
生物化工	80.6	3.2	2.7	4.3	0.0	9.2
公共管理与服务	73.1	1.4	4.1	8.3	0.0	13.1
水利	84.5	0.7	0.0	7.8	0.0	7.0
合计	70.8	2.1	2.2	9.6	0.0	15.3

二、就业地区分布

就业地区主要调查毕业生在不同地区就业的分布状况，以及留在陕西省就业的情况。就业地区划分参照我国行政区域划分标准，具体为：

西部地区：包括西北地区和西南地区；

西北地区：陕西、甘肃、青海、宁夏、新疆；

西南地区：四川、云南、贵州、重庆、西藏；

东部地区：北京、天津、河北、上海、江苏、浙江、福建、山东、广东、广西、海南；

中部地区：山西、内蒙古、安徽、江西、河南、湖北、湖南；

东北地区：辽宁、吉林、黑龙江。

（一）毕业生总体的就业地区分布

1. 不同生源地毕业生留陕就业情况

表 2-4 为 2019 届陕西高校不同生源地毕业生留陕就业情况。选择国内就业的毕业生有效样本 14 786 人中，留陕就业的毕业生人数为 7 796 人，留陕就业的比例为 52.7%。生源所在地为西部地区的毕业生留陕就业的比例最高，为 62.9%，其中，西北地区生源毕业生留陕就业比例为 65.8%，西南地区生源毕业生留陕就业比例为 11.5%；其次，毕业生留陕就业比例次高的生源所在地依次为中部地区（22.0%）和东北地区（18.1%）；毕业生留陕就业比例最低的生源所在地为东部地区，仅为 10.4%。

表 2-4　2019 届陕西高校不同生源地毕业生留陕就业情况

生源所在地	留陕就业/人	省外就业/人	留陕就业比例/%
西部地区	7 230	4 265	62.9
其中：西北地区	7 160	3 725	65.8
其中：西南地区	70	540	11.5
东部地区	135	1 165	10.4
中部地区	401	1 424	22.0
东北地区	30	136	18.1
合计	7 796	6 990	52.7

2. 不同生源地毕业生就业地区分布

表2-5为2019届陕西高校不同生源地毕业生就业地区分布。陕西高校2019届毕业生在西部地区就业比例为63.6%，其中在西北地区和西南地区就业的比例分别为58.4%、5.2%；在东部、中部、东北地区就业的比例分别为28.4%、7.5%、0.6%。其中，生源所在地为东部地区的毕业生回东部就业的比例（85.1%）最高；生源所在地为西部地区的毕业生留在西部就业的比例为76.0%。

表2-5 2019届陕西高校不同生源地毕业生就业地区分布 %

就业地区	生源所在地					
	西部地区	其中：西北地区	其中：西南地区	东部地区	中部地区	东北地区
西部地区	76.0	69.9	6.1	20.0	3.8	0.2
其中：西北地区	76.2	73.0	3.2	19.7	3.8	0.3
其中：西南地区	71.8	13.6	58.2	23.9	4.3	0.0
东部地区	11.9	11.0	0.9	85.1	2.5	0.5
中部地区	26.1	23.8	2.3	38.9	34.6	0.4
东北地区	24.1	19.3	4.8	47.0	3.0	25.9
合计	63.6	58.4	5.2	28.4	7.5	0.6

（二）不同学历毕业生就业地区分布

1. 不同学历毕业生留陕就业情况

表2-6为2019届陕西高校不同学历毕业生留陕就业情况。专科毕业生留陕就业的比例最高，为65.5%；本科毕业生、毕业研究生留陕就业比例分别为49.1%和41.0%。其中，生源所在地为西部地区的毕业研究生、本科毕业生、专科毕业生留陕就业的比例分别为62.8%、59.8%和67.3%。

表2-6 2019届陕西高校不同学历毕业生留陕就业情况

学历	生源所在地	留陕就业/人	省外就业/人	留陕就业比例/%
研究生	西部地区	730	433	62.8
	其中：西北地区	714	337	67.9
	其中：西南地区	16	96	14.3
	东部地区	55	335	14.1
	中部地区	197	625	24.0
	东北地区	7	28	20.0
	合计	989	1 421	41.0

续表

学历	生源所在地	留陕就业/人	省外就业/人	留陕就业比例/%
本科生	西部地区	3 633	2 440	59.8
	其中：西北地区	3 589	2 053	63.6
	其中：西南地区	44	387	10.2
	东部地区	73	807	8.3
	中部地区	156	682	18.6
	东北地区	22	103	17.6
	合计	3 884	4 032	49.1
专科生	西部地区	2 867	1 392	67.3
	其中：西北地区	2 857	1 335	68.2
	其中：西南地区	10	57	14.9
	东部地区	7	23	23.3
	中部地区	48	117	29.1
	东北地区	1	5	16.7
	合计	2 923	1 537	65.5

2. 不同学历毕业生就业地区分布

表 2-7 为 2019 届陕西高校不同学历毕业生就业地区分布。毕业研究生在西部、东部、中部、东北地区就业的比例分别为 50.4%、36.0%、13.2%、0.4%，本科毕业生分别为 60.1%、31.6%、7.7%、0.7%，专科毕业生分别为 76.9%、18.6%、4.0%、0.5%。其中，生源所在地为西部地区的毕业研究生在西部地区就业的比例为 78.2%，生源所在地为西部地区的本科毕业生在西部地区就业的比例为 73.4%，生源所在地为西部地区的专科毕业生在西部地区就业的比例为 79.0%。

表 2-7 2019 届陕西高校不同学历毕业生就业地区分布 %

学历	生源所在地	西部地区	其中：西北地区	其中：西南地区	东部地区	中部地区	东北地区
研究生	西部地区	78.2	69.2	8.9	18.7	3.0	0.2
	其中：西北地区	78.5	75.1	3.4	18.3	3.0	0.2
	其中：西南地区	75.0	14.3	60.7	23.2	1.8	0.0
	东部地区	16.2	14.9	1.3	81.3	2.5	0.0
	中部地区	28.0	24.6	3.4	38.7	33.0	0.3
	东北地区	37.1	20.0	17.1	42.9	5.7	14.3
	合计	50.4	44.5	5.9	36.0	13.2	0.4

续表

学历	生源所在地	西部地区	其中：西北地区	其中：西南地区	东部地区	中部地区	东北地区
本科生	西部地区	73.4	66.1	7.2	22.0	4.5	0.2
	其中：西北地区	73.6	70.2	3.3	21.8	4.5	0.2
	其中：西南地区	70.5	12.5	58.0	24.6	4.9	0.0
	东部地区	9.5	8.8	0.8	87.5	2.4	0.5
	中部地区	22.7	21.1	1.6	39.7	37.2	0.4
	东北地区	20.0	18.4	1.6	48.8	1.6	29.6
	合计	60.1	54.2	5.8	31.6	7.7	0.7
专科生	西部地区	79.0	75.3	3.7	17.5	3.0	0.4
	其中：西北地区	79.1	76.2	2.9	17.5	3.0	0.5
	其中：西南地区	74.6	19.4	55.2	20.9	4.5	0.0
	东部地区	26.7	26.7	0.0	66.7	3.3	3.3
	中部地区	33.3	33.3	0.0	36.4	29.1	1.2
	东北地区	33.3	33.3	0.0	33.3	16.7	16.7
	合计	76.9	73.4	3.5	18.6	4.0	0.5

（三）不同类型院校毕业生就业地区分布

1. 不同类型院校毕业生留陕就业情况

（1）不同类型院校毕业研究生留陕就业情况。

表2-8为2019届陕西高校不同类型院校毕业研究生留陕就业情况。公办普通本科高校研究生留陕就业的比例最高，为66.9%；陕西省高水平大学毕业研究生和双一流建设高校毕业研究生留陕就业的比例分别为47.4%和34.7%。生源所在地为西部地区的毕业研究生留陕就业的比例最高，双一流建设高校、陕西省高水平大学、公办普通本科高校中，生源地为西部地区的毕业研究生留陕就业的比例分别为55.0%、55.0%、82.9%。

表2-8　2019届陕西高校不同类型院校毕业研究生留陕就业情况

院校类型	生源所在地	留陕就业/人	省外就业/人	留陕就业比例/%
双一流建设高校	西部地区	341	279	55.0
	其中：西北地区	330	207	61.5
	其中：西南地区	11	72	13.3
	东部地区	34	238	12.5
	中部地区	126	410	23.5
	东北地区	3	22	12.0
	合计	504	949	34.7

续表

院校类型	生源所在地	留陕就业/人	省外就业/人	留陕就业比例/%
陕西省高水平大学	西部地区	297	135	55.0
	其中：西北地区	295	117	71.6
	其中：西南地区	2	18	10.0
	东部地区	17	88	16.2
	中部地区	58	189	23.5
	东北地区	4	6	40.0
	合计	376	418	47.4
公办普通本科高校	西部地区	92	19	82.9
	其中：西北地区	89	13	87.3
	其中：西南地区	3	6	33.3
	东部地区	3	9	25.0
	中部地区	12	25	32.4
	东北地区	0	0	0
	合计	107	53	66.9

（2）不同类型院校本科毕业生留陕就业情况。

表2-9为2019届陕西高校不同类型院校本科毕业生留陕就业情况。公办普通本科高校本科毕业生留陕就业的比例最高，为65.1%，其中西部地区生源本科毕业生留陕就业比例为73.7%；其次，民办本科院校和独立院校本科毕业生留陕就业的比例为58.3%，西部地区生源本科毕业生留陕就业比例为69.3%。陕西省高水平大学本科毕业生留陕就业的比例为42.0%，西部地区生源本科毕业生留陕就业的比例为49.2%；双一流建设高校本科毕业生留陕就业的比例为21.4%，西部地区生源本科毕业生留陕就业比例为31.6%。

表2-9 2019届陕西高校不同类型院校本科毕业生留陕就业情况

院校类型	生源所在地	留陕就业/人	省外就业/人	留陕就业比例/%
双一流建设高校	西部地区	238	514	31.6
	其中：西北地区	228	335	40.5
	其中：西南地区	10	179	5.3
	东部地区	14	269	4.9
	中部地区	32	243	11.6
	东北地区	7	40	14.9
	合计	291	1 066	21.4

续表

院校类型	生源所在地	留陕就业/人	省外就业/人	留陕就业比例/%
陕西省高水平大学	西部地区	935	965	49.2
	其中：西北地区	922	889	50.9
	其中：西南地区	13	76	14.6
	东部地区	21	200	9.5
	中部地区	42	195	17.7
	东北地区	6	29	17.1
	合计	1 004	1 389	42.0
公办普通本科高校	西部地区	1 474	525	73.7
	其中：西北地区	1 472	456	76.3
	其中：西南地区	2	69	2.8
	东部地区	18	153	10.5
	中部地区	32	116	21.6
	东北地区	6	25	19.4
	合计	1 530	819	65.1
民办本科院校和独立院校	西部地区	986	436	69.3
	其中：西北地区	967	373	72.2
	其中：西南地区	19	63	23.2
	东部地区	20	185	9.8
	中部地区	50	128	28.1
	东北地区	3	9	25.0
	合计	1 059	758	58.3

（3）不同类型院校专科毕业生留陕就业情况。

表2-10为2019届陕西高校不同类型院校专科毕业生留陕就业情况。中国特色高水平专业群建设单位专科毕业生留陕就业的比例最高，为74.9%；其次，其他举办专科教育的院校专科毕业生留陕就业比例为66.5%；中国特色高水平高职学校建设单位专科毕业生留陕就业的比例为63.6%；民办高职高专院校专科毕业生留陕就业的比例为61.8%；公办高职高专院校专科毕业生留陕就业的比例为61.7%。

表2-10　2019届陕西高校不同类型院校专科毕业生留陕就业情况

院校类型	留陕就业/人	省外就业/人	留陕就业比例/%
中国特色高水平高职学校建设单位	485	278	63.6
中国特色高水平专业群建设单位	713	239	74.9
公办高职高专院校	1 097	680	61.7

续表

院校类型	留陕就业/人	省外就业/人	留陕就业比例/%
民办高职高专院校	204	126	61.8
其他举办专科教育的院校	424	214	66.5

注：生源所在地为东北地区的专科生样本数量偏少，故不呈现。

2. 不同类型院校毕业生就业地区分布

（1）不同类型院校毕业研究生就业地区分布。

表2-11为2019届陕西高校不同类型院校毕业研究生就业地区分布。公办普通本科高校毕业研究生在西部地区就业比例最高，为74.4%，其次为陕西省高水平大学（53.7%）和双一流建设高校（46.0%）；毕业研究生在东部地区、中部地区、东北地区就业的比例排序刚好相反，双一流建设高校毕业研究生在东部地区、中部地区、东北地区就业的比例（39.7%、13.8%、0.5%）最高，其次为陕西省高水平大学（33.9%、12.0%、0.4%），公办普通本科高校的比例（13.7%、11.9%、0.0%）最低。

表2-11 2019届陕西高校不同类型院校毕业研究生就业地区分布 %

院校类型	西部地区	其中：西北地区	其中：西南地区	东部地区	中部地区	东北地区
双一流建设高校	46.0	38.9	7.1	39.7	13.8	0.5
陕西省高水平大学	53.7	49.5	4.2	33.9	12.0	0.4
公办普通本科高校	74.4	70.0	4.4	13.7	11.9	0.0

（2）不同类型院校本科毕业生就业地区分布。

表2-12所为2019届陕西高校不同类型院校本科毕业生就业地区分布。公办普通本科高校本科毕业生在西部地区就业的比例（73.8%）最高，其次分别为民办本科院校和独立院校（67.8%）、陕西省高水平大学（51.4%）和双一流建设高校（41.1%）。本科毕业生在东部地区、中部地区就业的比例排序刚好相反，双一流建设高校本科毕业生在东部地区、中部地区就业的比例（44.1%、13.5%）最高，其次为陕西省高水平大学（39.9%、8.3%）、民办本科院校和独立院校（26.0%、5.7%），公办普通本科高校的比例（20.1%、5.2%）最低。但在东北地区就业的比例，则由高到低依次是双一流建设高校（1.3%）、公办普通本科高校（0.8%）、民办本科院校和独立院校（0.5%）、陕西省高水平大学（0.4%）。

表2-12 2019届陕西高校不同类型院校本科毕业生就业地区分布 %

生源所在地	西部地区	其中：西北地区	其中：西南地区	东部地区	中部地区	东北地区
双一流建设高校	41.1	30.5	10.6	44.1	13.5	1.3
陕西省高水平大学	51.4	45.9	5.5	39.9	8.3	0.4
公办普通本科高校	73.8	69.6	4.2	20.1	5.2	0.8
民办本科院校和独立院校	67.8	63.1	4.7	26.0	5.7	0.5

（3）不同类型院校专科毕业生就业地区分布。

表2-13为2019届陕西高校不同类型院校专科毕业生就业地区分布。中国特色高水平专业群建设单位专科毕业生在西部地区就业的比例（80.2%）最高，中国特色高水平高职学校建设单位专科毕业生在东部地区就业的比例（23.4%）最高，其他举办专科教育的院校专科毕业生在中部地区就业的比例（5.3%）最高，中国特色高水平高职学校建设单位和公办高职高专院校专科毕业生在东北地区就业的比例（均为0.8%）最高。

表2-13　2019届陕西高校不同类型院校专科毕业生就业地区分布　　%

院校类型	西部地区	其中：西北地区	其中：西南地区	东部地区	中部地区	东北地区
中国特色高水平高职学校建设单位	71.7	67.5	4.2	23.4	4.1	0.8
中国特色高水平专业群建设单位	80.2	77.7	2.5	17.3	2.4	0.1
公办高职高专院校	77.0	72.4	4.6	17.7	4.5	0.8
民办高职高专院校	78.5	76.1	2.4	17.9	3.3	0.3
其他举办专科教育的院校	77.3	75.4	1.9	17.2	5.3	0.2

（四）不同学科专业毕业生就业地区分布

1. 不同学科专业毕业生留陕就业情况

（1）不同学科门类毕业研究生留陕就业情况。

表2-14为2019届陕西高校不同学科门类毕业研究生留陕就业情况。毕业研究生留陕就业比例超过50%（含）的学科门类依次为哲学、医学、法学、教育学、艺术学。低于全省毕业研究生留陕就业比例均值（41.0%）的学科依次为农学、工学、管理学、文学、历史学。

表2-14　2019届陕西高校不同学科门类毕业研究生留陕就业情况

学科门类	留陕就业/人	省外就业/人	留陕就业比例/%
哲学	11	4	73.3
医学	55	32	63.2
法学	64	62	50.8
教育学	84	82	50.6
艺术学	42	42	50.0
经济学	31	32	49.2
理学	80	95	45.7
历史学	12	18	40.0
文学	50	76	39.7
管理学	83	136	37.9
工学	446	744	37.5
农学	34	103	24.8
总计	992	1 426	41.0

（2）不同学科门类本科毕业生留陕就业情况。

表2-15为2019届陕西高校不同学科门类本科毕业生留陕就业情况。教育学本科毕业生留陕就业的比例最高，达到81.5%；其次为医学，留陕就业比例为76.2%。低于全省本科毕业生留陕就业比例均值（49.2%）的学科有农学、艺术学、工学、历史学。

表2-15　2019届陕西高校不同学科门类本科毕业生留陕就业情况

学科门类	留陕就业/人	省外就业/人	留陕就业比例/%
教育学	475	108	81.5
医学	288	90	76.2
文学	461	320	59.0
法学	106	83	56.1
管理学	707	585	54.7
经济学	137	127	51.9
理学	265	259	50.6
历史学	37	49	43.0
工学	1 139	1 858	38.0
艺术学	271	518	34.3
农学	19	43	30.6
总计	3 907	4 042	49.2

注：因哲学学科本科毕业生样本量较少，故不呈现，下同。

（3）不同专业大类专科毕业生留陕就业情况。

表2-16为2019届陕西高校不同专业大类专科毕业生留陕就业情况。专科毕业生留陕就业比例最高的五个专业大类分别为公安与司法、公共管理与服务、教育与体育、旅游和农林牧渔大类。留陕就业比例最低的五个专业大类分别为水利、能源动力与材料、交通运输、资源与环境和土木建筑大类。

表2-16　2019届陕西高校不同专业大类专科毕业生留陕就业情况

专业大类	留陕就业/人	省外就业/人	留陕就业比例/%
公安与司法	113	15	88.3
公共管理与服务	37	5	88.1
教育与体育	231	44	84.0
旅游	65	18	78.3
农林牧渔	31	9	77.5
医药卫生	358	122	74.6
财经商贸	591	202	74.5
生物化工	32	11	74.4
电子信息	270	104	72.2
轻工纺织	40	16	71.4
新闻传播	41	17	70.7

续表

专业大类	留陕就业/人	省外就业/人	留陕就业比例/%
文化艺术	42	18	70.0
食品药品与粮食	24	12	66.7
装备制造	491	290	62.9
土木建筑	183	147	55.5
资源与环境	59	71	45.4
交通运输	272	352	43.6
能源动力与材料	36	60	37.5
水利	15	27	35.7
合计	2 931	1 540	65.6

2. 不同学科专业毕业生就业地区分布

（1）不同学科门类毕业研究生就业地区分布。

表2-17为2019届陕西高校不同学科门类毕业研究生就业地区分布。全省毕业研究生在西部地区就业平均比例为50.5%，哲学、医学、教育学、法学、历史学、经济学、理学、艺术学等学科门类的毕业研究生西部就业的比例高于全省平均值。全省毕业研究生在东部地区就业平均比例为36.0%，工学和管理学学科门类的毕业研究生在东部地区就业的比例高于全省平均值。全省毕业研究生在中部地区就业平均比例为13.2%，艺术学、农学、法学、教育学、理学、文学等学科门类的毕业研究生在中部地区就业的比例高于全省平均值。全省毕业研究生在东北地区就业平均比例为0.3%，法学、经济学、管理学、理学、教育学等学科门类的毕业研究生在东北地区就业的比例高于全省平均值。

表2-17　2019届陕西高校不同学科门类毕业研究生就业地区分布　　%

学科门类	西部地区	其中：西北地区	其中：西南地区	东部地区	中部地区	东北地区
哲学	73.3	73.3	0.0	20.0	6.7	0.0
医学	72.4	67.8	4.6	20.7	6.9	0.0
教育学	64.4	56.0	8.4	20.5	14.5	0.6
法学	59.6	54.8	4.8	23.8	15.1	1.5
历史学	56.7	56.7	0.0	23.3	20.0	0.0
经济学	55.6	54.0	1.6	31.7	11.1	1.6
理学	52.5	49.1	3.4	32.6	14.3	0.6
艺术学	52.4	50.0	2.4	25.0	22.6	0.0
文学	50.0	46.8	3.2	35.7	14.3	0.0
农学	47.4	34.3	13.1	30.7	21.9	0.0
工学	46.0	39.4	6.6	42.4	11.4	0.2
管理学	45.6	40.6	5.0	41.1	12.3	1.0
合计	50.5	44.5	6.0	36.0	13.2	0.3

（2）不同学科门类本科毕业生就业地区分布。

表2-18为2019届陕西高校不同学科门类本科毕业生就业地区分布。全省本科毕业生在西部地区就业的平均比例为60.2%，教育学、医学、历史学、法学、文学、管理学、经济学、理学等学科门类的本科毕业生在西部地区就业的比例高于全省平均值。全省本科毕业生在东部地区就业的平均比例为31.5%，艺术学、工学、农学、经济学等学科门类的本科毕业生在东部地区就业的比例高于全省平均值。全省本科毕业生在中部地区就业的平均比例为7.6%，农学、艺术学、历史学、工学、理学等学科门类的本科毕业生在中部地区就业的比例高于全省平均值。全省本科毕业生在东北地区就业的平均比例为0.7%，法学、理学、农学、医学等学科门类的本科毕业生在东北地区就业的比例高于全省平均值。

表2-18　2019届陕西高校不同学科门类本科毕业生就业地区分布　%

学科门类	西部地区	其中：西北地区	其中：西南地区	东部地区	中部地区	东北地区
教育学	90.8	87.0	3.8	5.7	3.5	0.0
医学	85.7	79.1	6.6	9.3	4.2	0.8
历史学	73.3	62.8	10.5	17.4	9.3	0.0
法学	71.4	65.6	5.8	20.1	5.8	2.7
文学	70.5	64.7	5.8	23.6	5.4	0.5
管理学	66.6	59.8	6.8	26.7	6.3	0.4
经济学	62.9	58.0	4.9	31.8	5.3	0.0
理学	62.4	59.2	3.2	26.7	9.0	1.9
农学	53.2	40.3	12.9	32.3	12.9	1.6
工学	48.6	42.1	6.5	41.5	9.2	0.7
艺术学	42.5	38.4	4.1	46.1	10.8	0.6
合计	60.2	54.3	5.9	31.5	7.6	0.7

（3）不同学科专业专科毕业生就业地区分布。

表2-19为2019届陕西高校不同专业大类专科毕业生就业地区分布。全省专科毕业生在西部地区就业的平均比例为76.9%，公安与司法、教育与体育、公共管理与服务、医药卫生、财经商贸、农林牧渔、文化艺术、生物化工、新闻传播、旅游大类和电子信息等专业大类的专科毕业生在西部地区就业的比例高于全省平均值。全省专科毕业生在东部地区就业的平均比例为18.6%，资源与环境、食品药品与粮食、水利、交通运输、装备制造、土木建筑、轻工纺织、能源动力与材料、旅游大类和电子信息等专业大类的专科毕业生在东部地区就业的比例高于全省平均值。全省专科毕业生在中部地区就业的平均比例为4.0%，农林牧渔、能源动力与材料、交通运输、水利、生物化工、文化艺术、土木建筑、资源与环境、新闻传播和装备制造等专业大类的专科毕业生在中部地区就业的比例高于全省平均值。全省专科毕业生在东北地区就业的平均比例为0.5%，水利、生物化工、轻工纺织、土木建筑、新闻传播、资源与环境、能源动力与材料、公安与司法和交通运输等专业大类的专科毕业生在东北地区就业的比例高于全省平均值。

表 2-19　2019 届陕西高校不同专业大类专科毕业生就业地区分布　%

专业大类	西部地区	其中：西北地区	其中：西南地区	东部地区	中部地区	东北地区
公安与司法	93.8	93.8	0.0	5.5	0.0	0.7
教育与体育	90.5	89.8	0.7	8.0	1.1	0.4
公共管理与服务	90.5	88.1	2.4	7.1	2.4	0.0
医药卫生	87.1	82.7	4.4	11.9	1.0	0.0
财经商贸	85.0	82.0	3.0	12.5	2.4	0.1
农林牧渔	82.5	80.0	2.5	7.5	10.0	0.0
文化艺术	81.6	78.3	3.3	11.7	6.7	0.0
生物化工	81.4	79.1	2.3	9.3	7.0	2.3
新闻传播	81.0	79.3	1.7	12.1	5.2	1.7
旅游大类	79.5	79.5	0.0	19.3	1.2	0.0
电子信息	77.0	75.1	1.9	19.3	3.7	0.0
轻工纺织	75.0	71.4	3.6	21.4	1.8	1.8
装备制造	71.2	67.9	3.3	24.5	4.2	0.1
土木建筑	70.3	62.1	8.2	21.8	6.1	1.8
能源动力与材料	68.7	67.7	1.0	20.8	9.4	0.9
食品药品与粮食	66.7	66.7	0.0	33.3	0.0	0.0
交通运输	64.6	59.8	4.8	26.8	7.9	0.7
资源与环境	57.7	51.5	6.2	35.4	5.4	1.5
水利	57.1	47.6	9.5	31.0	7.1	4.8
合计	76.9	73.4	3.5	18.6	4.0	0.5

三、就业单位性质

就业单位性质主要包括民营企业，国有企业，学校、科研机构或其他事业单位，政府机构，个体户，外资/独资企业，中外合资/中外合作企业，非政府或非营利组织（NGO 等），其他等类别。仅就业去向类型为“签约就业”或“灵活就业”的毕业生群体回答就业单位性质的题目，毕业生就业单位性质的有效问卷数为 14 784 份，其中，毕业研究生有效问卷 2 410 份，本科毕业生有效问卷 7 967 份，专科毕业生有效问卷 4 407 份。

（一）毕业生总体的就业单位性质分布

图 2-6 为 2019 届陕西高校毕业生就业单位性质分布情况。毕业生就业的单位性质主体为民营企业（32.8%），国有企业（27.7%），学校、科研机构或其他事业单位（16.9%），这三类共占了总体毕业生的 77.4%。政府机构、个体户、外资/独资企业、中外合资/中外合作企业、非政府或非营利组织（NGO 等）、其他等就业单位性质仅占了总体毕业生的 22.6%。

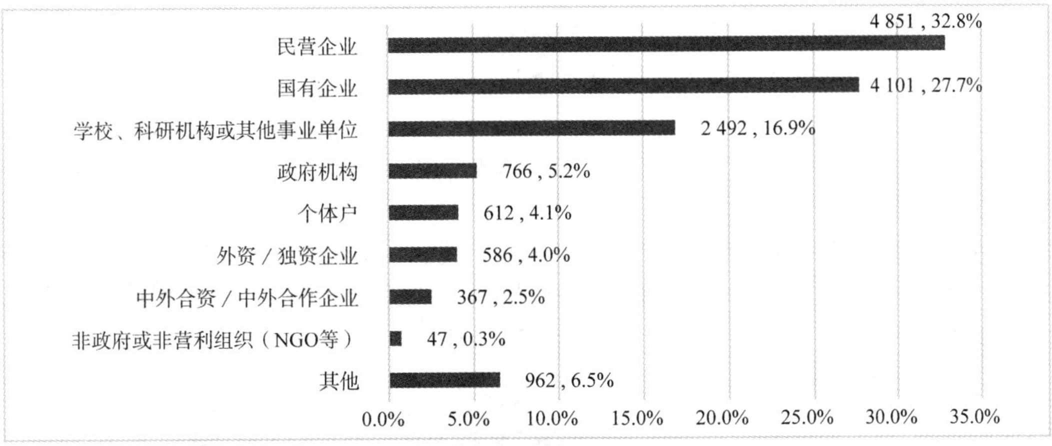

图 2-6 2019 届陕西高校毕业生就业单位性质分布情况

（二）不同学历毕业生的就业单位性质

图 2-7 为 2019 届陕西高校不同学历毕业生就业单位性质分布情况。本科毕业生和专科毕业生在民营企业就业的比例较毕业研究生高，毕业研究生在学校、科研机构或其他事业单位就业的比例较本科毕业生和专科毕业生高得多，专科毕业生通过个体户就业的比例比毕业研究生和本科毕业生高。

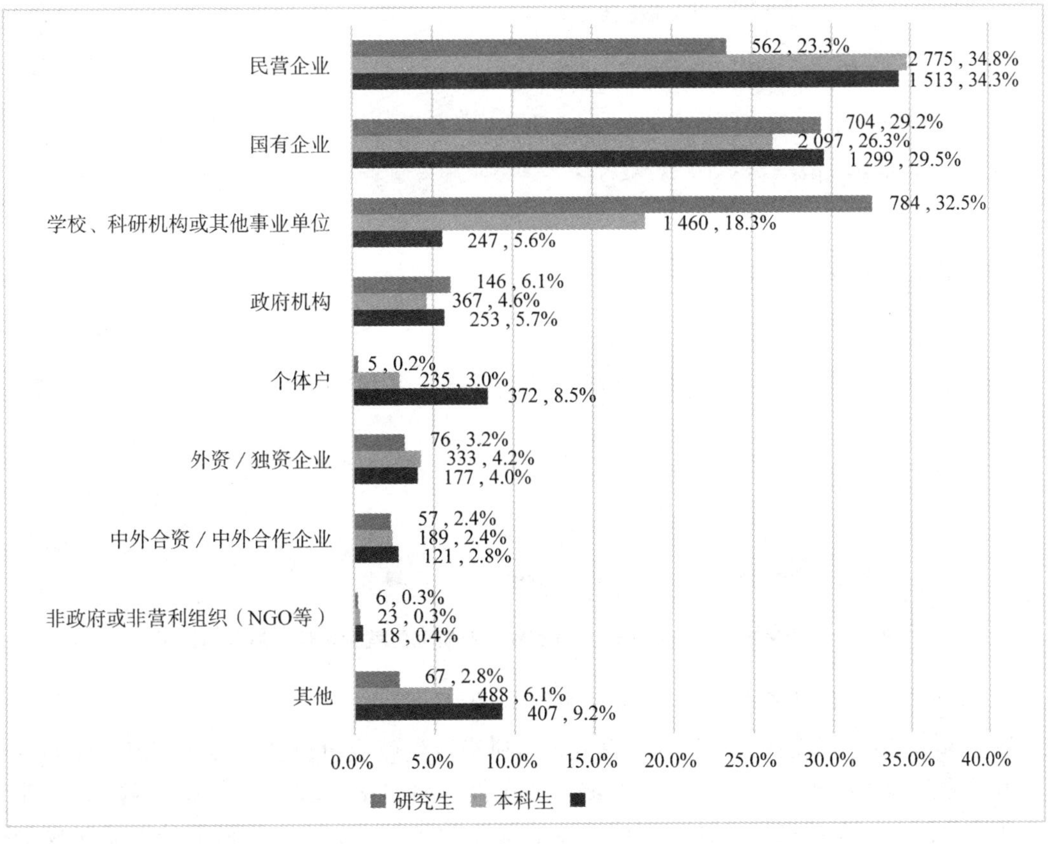

图 2-7 2019 届陕西高校不同学历毕业生就业单位性质分布情况

（三）不同类型院校毕业生的就业单位性质

1. 不同类型院校毕业研究生就业单位性质

图 2-8 为 2019 届陕西高校不同类型院校毕业研究生就业单位性质分布情况。公办普通本科高校毕业研究生在学校、科研机构或其他事业单位就业的比例（49.1%）最高，其次为双一流建设高校（37.4%）、陕西省高水平大学（20.6%）。陕西省高水平大学研究生在国有企业就业的比例（39.0%）最高，其次为双一流建设高校（25.0%）和公办普通本科高校（18.9%）；陕西省高水平大学研究生在民营企业就业的比例（27.6%）最高，其次为公办普通本科高校（23.3%）和双一流建设高校（21.0%）。

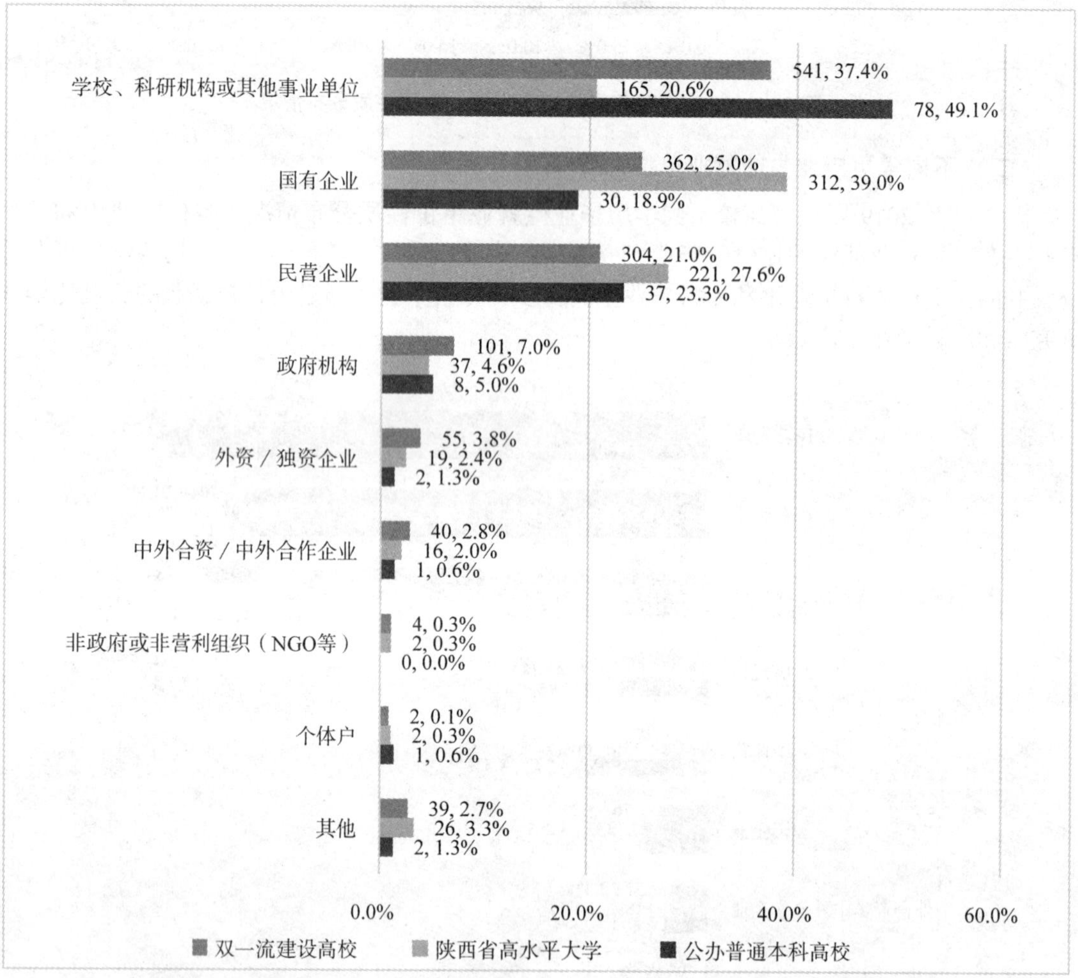

图 2-8　2019 届陕西高校不同类型院校毕业研究生就业单位性质分布情况

2. 不同类型院校的本科毕业生就业单位性质

图 2-9 为 2019 届陕西高校不同类型院校本科毕业生就业单位性质分布情况。民办本科院校和独立院校本科毕业生在民营企业就业的比例（41.5%）较其他类型院校本科毕业生高，陕西省高水平大学本科毕业生在国有企业就业的比例（34.6%）较其他类型院校本科毕业生高，公办普通本科高校本科毕业生在学校、科研机构或其他事业单位就业的比例

（32.4%）较其他类型院校本科毕业生高。

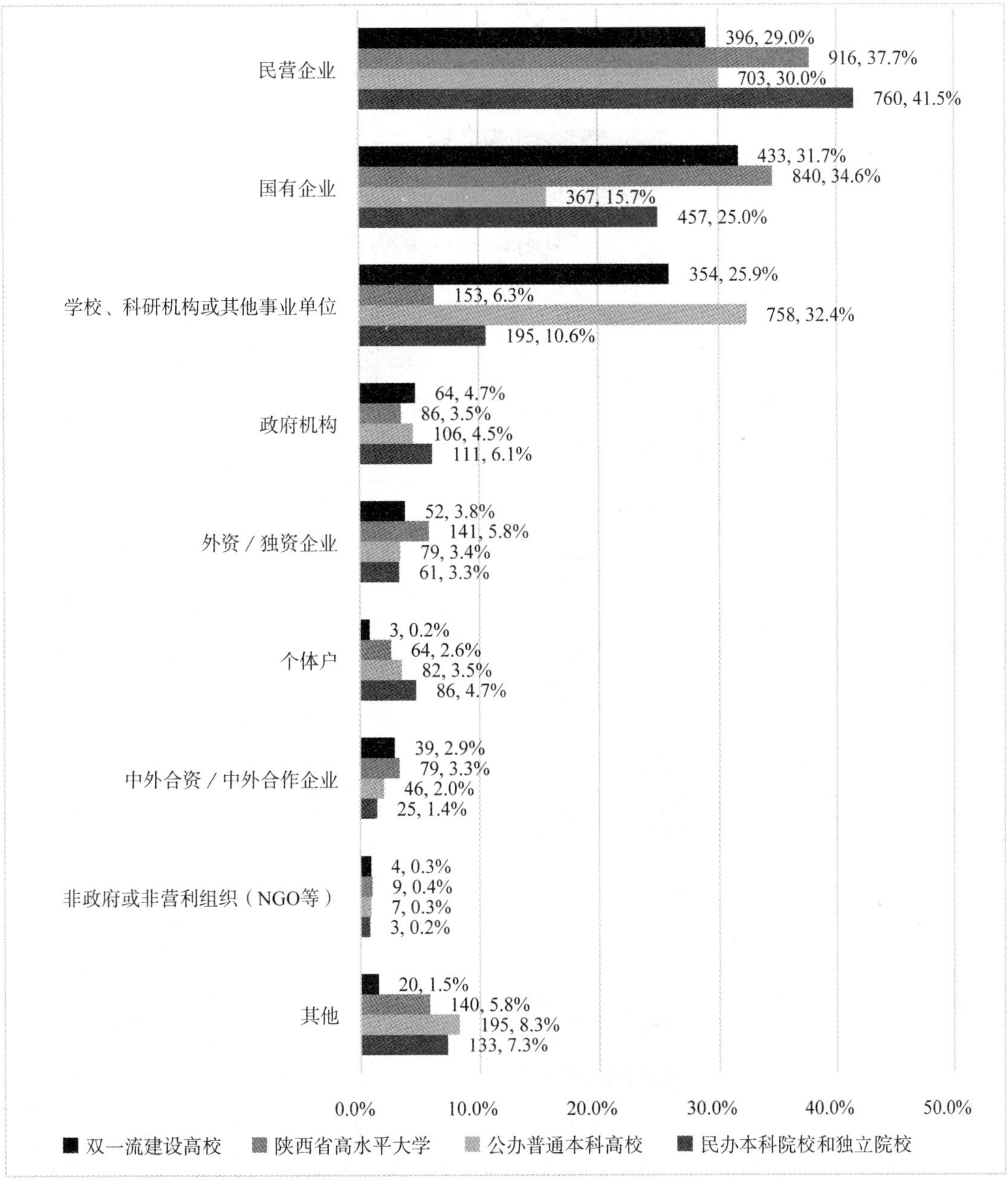

图 2-9　2019 届陕西高校不同类型院校本科毕业生就业单位性质分布情况

3. 不同类型院校专科毕业生就业单位性质

图 2-10 为 2019 届陕西高校不同类型院校专科毕业生就业单位性质分布情况。民办高职高专院校专科毕业生在民营企业就业的比例（48.2%）较其他类型院校专科毕业生高，公办高职高专院校专科毕业生在国有企业就业的比例（39.9%）较其他类型院校专科毕业生高，民办高职高专院校专科毕业生个体户就业的比例（12.0%）较其他类型院校专科毕业生高。

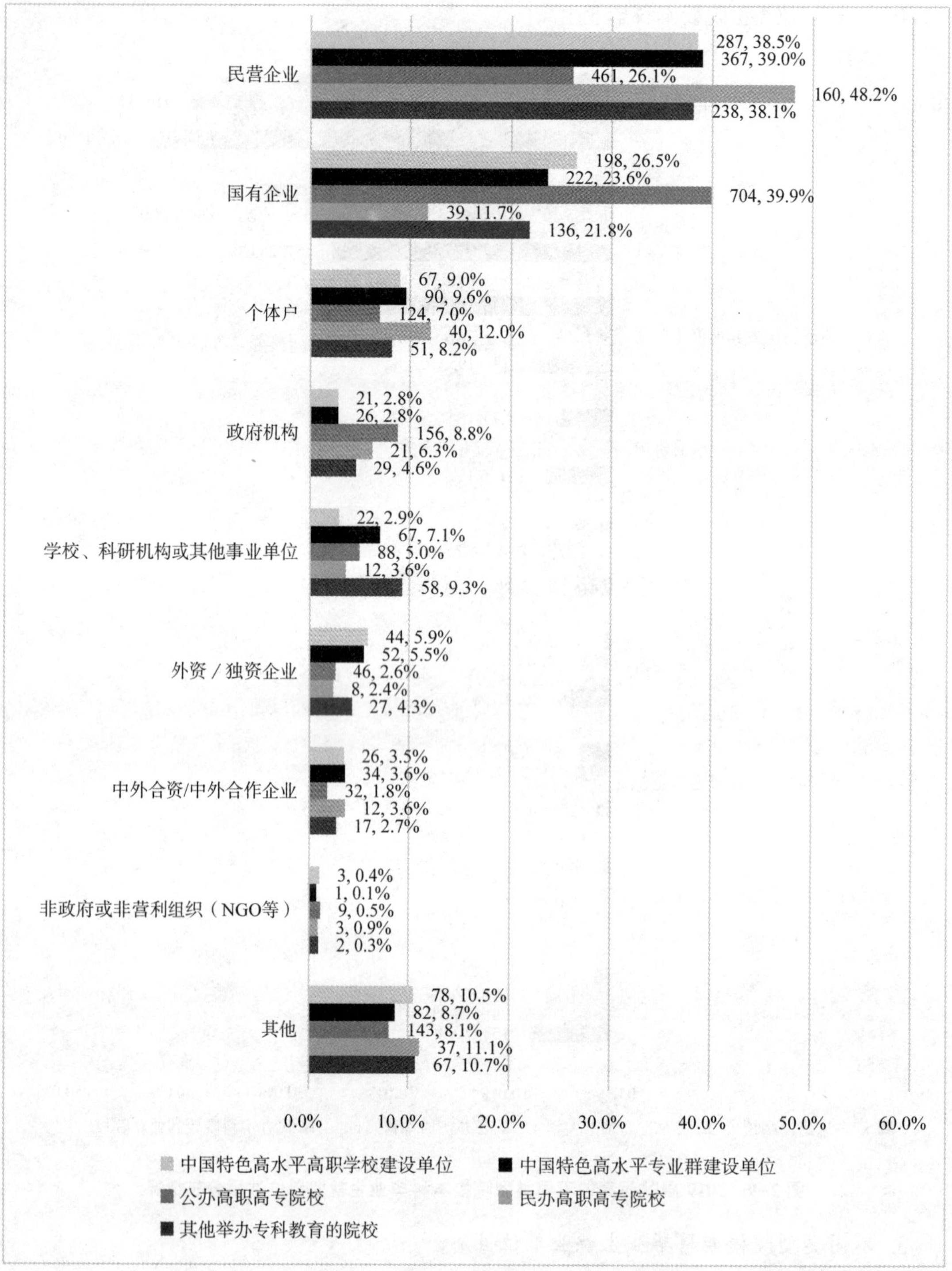

图 2-10　2019 届陕西高校不同类型院校专科毕业生就业单位性质分布情况

（四）不同学科专业毕业生的就业单位性质

1. 不同学科门类的毕业研究生就业单位性质

表 2-20 为不同学科门类毕业研究生就业单位性质分布。历史学、教育学、哲学等学科门类毕业研究生在学校、科研机构或其他事业单位就业的比例较高，工学、经济学、管理学等学科门类毕业研究生在国有企业就业的比例较高，工学、经济学、农学等学科门类毕业研究生在民营企业就业的比例较高，农学、管理学、经济学等学科门类毕业研究生在政府机构就业的比例较高，经济学、工学、管理学等学科门类毕业研究生在外资/独资企业就业的比例较高，经济学、理学、工学等学科门类毕业研究生在中外合资/中外合作企业就业的比例较高，法学、医学、文学等学科门类毕业研究生在非政府或非营利组织（NGO 等）就业的比例较高，文学、教育学、工学等学科门类毕业研究生个体户就业的比例较高。

表 2-20 不同学科门类毕业研究生就业单位性质分布 %

学科门类	学校、科研机构或其他事业单位	国有企业	民营企业	政府机构	外资/独资企业	中外合资/中外合作企业	非政府或非营利组织（NGO 等）	个体户	其他
工学	15.6	42.2	29.3	2.1	4.7	3.1	0.1	0.3	2.6
管理学	19.1	36.3	20.0	14.9	4.2	2.3	0.0	0.0	3.2
理学	60.8	11.4	18.2	4.0	0.6	4.0	0.0	0.0	1.0
教育学	79.0	1.2	9.6	6.6	0.6	0.0	0.0	0.6	2.4
农学	43.5	11.6	21.7	18.8	2.2	0.0	0.0	0.0	2.2
文学	43.7	19.0	19.8	8.7	1.6	2.4	0.8	0.8	3.2
法学	36.8	20.8	16.8	12.0	0.0	1.6	2.4	0.0	9.6
医学	58.6	14.9	19.5	2.3	1.1	0.0	1.1	0.0	2.5
艺术学	68.6	5.8	20.9	4.7	0.0	0.0	0.0	0.0	0.0
经济学	22.2	31.7	22.2	14.3	4.8	4.8	0.0	0.0	0.0
历史学	80.6	3.2	3.2	12.9	0.0	0.0	0.0	0.0	0.1
哲学	73.3	13.3	0.0	0.0	0.0	0.0	0.0	0.0	13.4
合计	32.6	29.3	23.4	6.1	3.2	2.4	0.2	0.2	2.6

2. 不同学科门类的本科毕业生就业单位性质

表 2-21 为不同学科门类本科毕业生就业单位性质分布。艺术学、农学、管理学学科门类本科毕业生在民营企业就业的比例较高，工学、经济学、哲学等学科门类本科毕业生在国有企业就业的比例较高，教育学、历史学、理学等学科门类本科毕业生在学校、科研机构或其他事业单位就业的比例较高，哲学、农学、法学等学科门类本科毕业生在政府机构就业的比例较高，工学、文学、管理学等学科门类本科毕业生在外资/独资企业就业的比例较高，艺术学、文学、管理学等学科门类本科毕业生个体户就业的比例较高，法学、医学、文学等学科门类本科毕业生在非政府或非营利组织（NGO 等）就业的比例较高。

表 2-21 不同学科门类本科毕业生就业单位性质分布 %

学科门类	民营企业	国有企业	学校、科研机构或其他事业单位	政府机构	外资/独资企业	个体户	中外合资/中外合作企业	非政府或非营利组织(NGO 等)	其他
工学	36.1	43.0	3.4	2.5	5.5	1.8	3.5	0.2	4.0
管理学	42.1	30.8	4.6	5.2	4.2	3.4	2.1	0.2	7.4
文学	34.5	10.5	29.8	6.5	5.5	3.7	1.5	0.5	7.5
艺术学	46.0	8.5	20.8	4.7	2.7	8.0	1.9	0.4	7.0
教育学	10.8	1.4	78.3	2.6	0.7	1.7	0.2	0.2	4.1
理学	30.0	10.2	42.1	3.8	2.8	2.5	1.9	0.0	6.7
医学	27.4	14.8	29.3	7.3	3.0	3.2	3.5	0.5	11.0
经济学	38.5	33.6	4.2	8.8	3.1	1.5	1.5	0.0	8.8
法学	21.0	18.8	22.0	17.2	2.7	1.6	0.5	3.2	13.0
历史学	18.1	1.2	61.4	6.0	2.4	2.4	0.0	0.0	8.5
农学	44.3	18.0	11.5	19.7	3.3	0.0	0.0	0.0	3.2
哲学	0.0	33.3	33.3	33.3	0.0	0.0	0.0	0.0	0.1
合计	34.8	26.3	18.3	4.6	4.2	2.9	2.4	0.3	6.2

3. 不同专业大类专科毕业生就业单位性质分析

表 2-22 为不同专业大类专科毕业生就业单位性质分布。农林牧渔、公共管理与服务、电子信息等专业大类专科毕业生在民营企业就业的比例较高，交通运输、水利、能源动力与材料等专业大类专科毕业生在国有企业就业的比例较高，农林牧渔、文化艺术、轻工纺织等专业大类专科毕业生个体户就业的比例较高，公安与司法、公共管理与服务、医药卫生等专业大类专科毕业生在政府机构就业的比例较高，新闻传播、教育与体育、文化艺术等专业大类专科毕业生在学校、科研机构或其他事业单位就业的比例较高，文化艺术、装备制造、电子信息等专业大类专科毕业在外资/独资企业就业的比例较高，食品药品与粮食、旅游、装备制造等专业大类专科毕业生在中外合资/中外合作企业就业的比例较高，医药卫生、旅游、装备制造等专业大类专科毕业生在非政府或非营利组织（NGO 等）就业的比例较高。

表 2-22 不同专业大类专科毕业生就业单位性质分布 %

专业大类	民营企业	国有企业	个体户	政府机构	学校、科研机构或其他事业单位	外资/独资企业	中外合资/中外合作企业	非政府或非营利组织(NGO 等)	其他
财经商贸	47.2	11.1	10.3	5.9	3.1	4.1	3.5	0.3	14.5
装备制造	34.7	33.4	7.6	2.2	2.2	7.8	4.9	0.5	6.7
交通运输	14.6	68.9	3.6	1.8	1.8	2.0	2.3	0.5	4.5

续表

专业大类	民营企业	国有企业	个体户	政府机构	学校、科研机构或其他事业单位	外资/独资企业	中外合资/中外合作企业	非政府或非营利组织（NGO 等）	其他
医药卫生	42.6	9.7	11.2	8.3	11.0	2.5	0.8	1.5	12.4
电子信息	48.4	14.6	10.7	2.7	2.7	7.4	4.7	0.0	8.8
土木建筑	30.1	50.3	6.7	2.1	1.2	0.9	0.3	0.0	8.4
教育与体育	31.9	5.9	12.5	3.7	28.6	2.2	1.5	0.4	13.3
资源与环境	22.6	64.7	0.8	2.3	0.8	3.0	1.5	0.0	4.3
公安与司法	6.5	2.4	2.4	73.4	0.8	1.6	0.0	0.0	12.9
能源动力与材料	20.6	67.0	3.1	2.1	1.0	2.1	2.1	0.0	2.0
旅游	30.5	18.3	15.9	3.7	2.4	7.3	7.3	1.2	13.4
文化艺术	47.6	4.8	20.6	1.6	11.1	7.9	0.0	0.0	6.4
新闻传播	32.2	1.7	5.1	1.7	52.5	1.7	0.0	0.0	5.1
轻工纺织	38.9	27.8	16.7	0.0	3.7	5.6	1.9	0.0	5.4
生物化工	22.7	56.8	6.8	2.3	0.0	0.0	2.3	0.0	9.1
水利	18.6	67.4	2.3	7.0	0.0	0.0	0.0	0.0	4.7
公共管理与服务	50.0	7.5	7.5	15.0	5.0	2.5	2.5	0.0	10.0
农林牧渔	51.3	5.1	23.1	5.1	2.6	2.6	0.0	0.0	10.2
食品药品与粮食	47.2	25.0	5.6	0.0	8.3	0.0	8.3	0.0	5.6
合计	34.3	29.5	8.4	5.7	5.6	4.0	2.7	0.4	9.4

四、就业行业分布

就业行业是指毕业生就业流向不同行业的分布情况。本报告的行业类别按照麦可思中国就业行业分类体系，陕西高校 2019 届毕业生调查样本共覆盖了 33 个就业行业大类。仅就业去向类型为“签约就业”或“灵活就业”的毕业生群体回答就业行业的题目，有关毕业生就业行业的有效问卷数为 14 633 份。

（一）毕业生总体的就业行业分布

图 2-11 为陕西高校 2019 届毕业生就业行业分布。陕西高校毕业生就业的主要行业有教育业，建筑业，电子电气设备制造业（含计算机、通信、家电等），信息传输、软件和信息技术服务业，医疗和社会护理服务业等，在前五种行业就业的毕业生人数占比达到 52.8%。

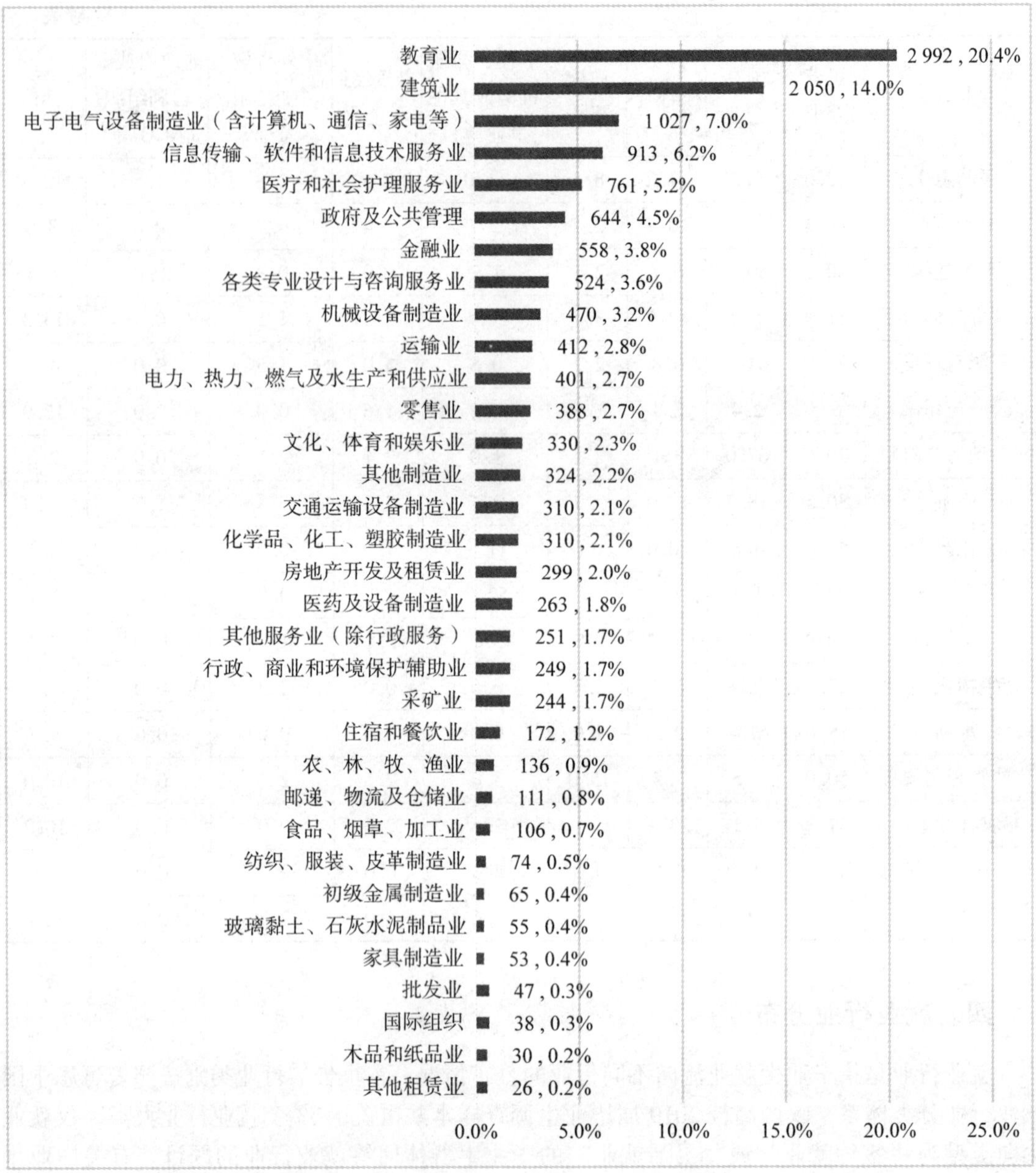

图 2-11　陕西高校 2019 届毕业生就业行业分布

（二）不同学历毕业生的就业行业分布

图 2-12 为陕西高校 2019 届不同学历毕业生就业行业分布。毕业研究生在教育业、电子电气设备制造业（含计算机、通信、家电等）、金融业、各类专业设计与咨询服务业就业的比例较本科毕业生和专科毕业生高；本科毕业生在建筑业，信息传输、软件和信息技术服务业，文化、体育和娱乐业就业的比例较毕业研究生和专科毕业生高；专科毕业生在医疗和社会护理服务业，机械设备制造业，运输业，电力、热力、燃气及水生产和供应业，零售业和其他行业就业的比例较毕业研究生和本科毕业生高。

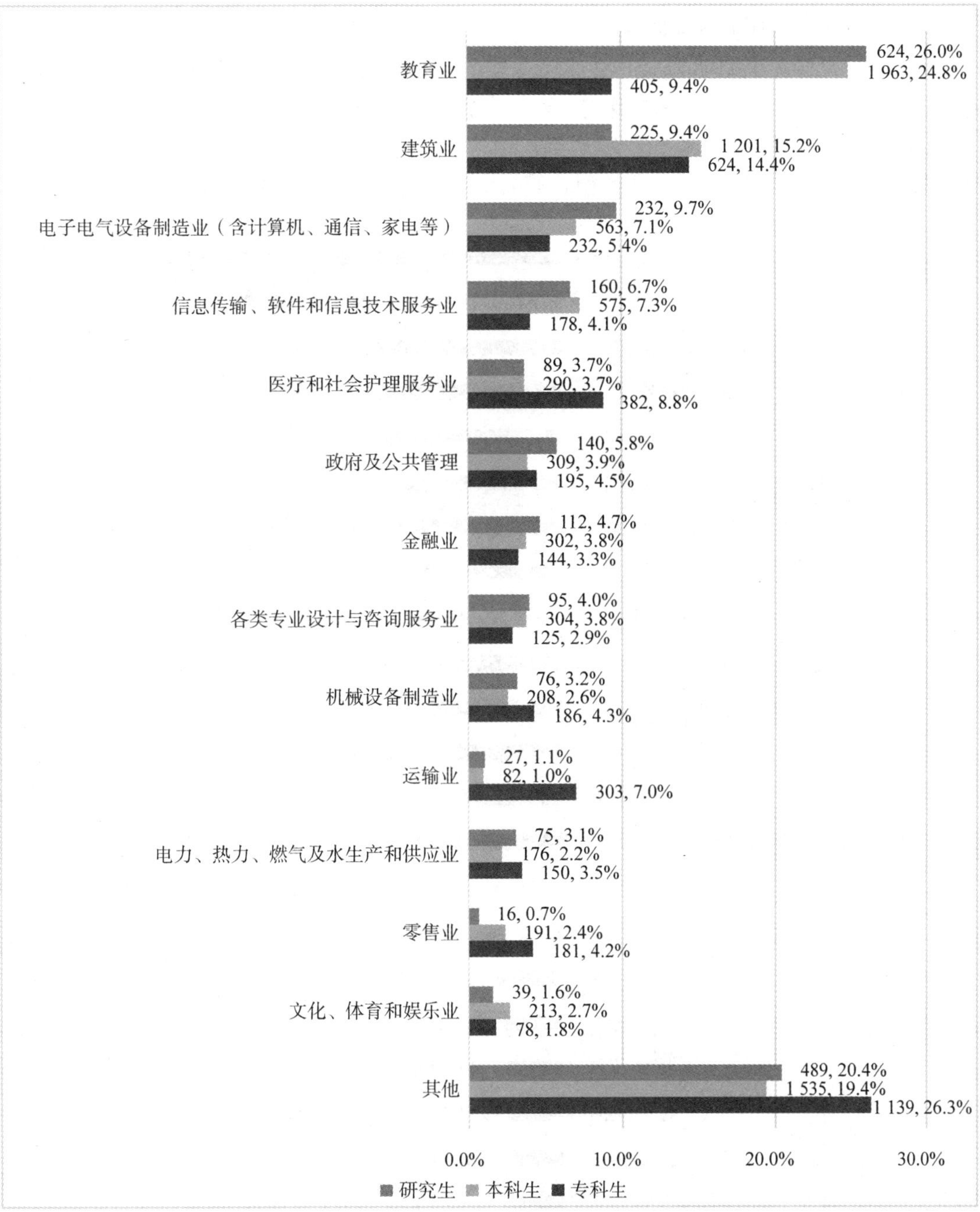

图 2-12 陕西高校 2019 届不同学历毕业生就业行业分布

五、就业职业分布

就业职业是指毕业生就业从事的不同职业类别情况，本报告的职业类别按照麦可思中国就业职业分类体系，陕西高校 2019 届毕业生调查样本共覆盖了 51 个就业职业大类。仅就业去向类型为“签约就业”或“灵活就业”的毕业生群体回答就业职业的题目，有关毕业生就业职业的有效问卷数为 15 197 份。

（一）毕业生总体的就业职业分布

图 2-13 为 2019 届陕西高校毕业生就业职业分布情况。陕西高校毕业生就业的主要职业有建筑工程、中小学教育、医疗保健/紧急救助、财务/审计/税务/统计、教育/职业培训、电气/电子（不包括计算机）、行政/后勤、销售、计算机与数据处理、互联网开发及应用、幼儿与学前教育等，前 11 种职业类型就业的毕业生人数占比达到 62.7%。

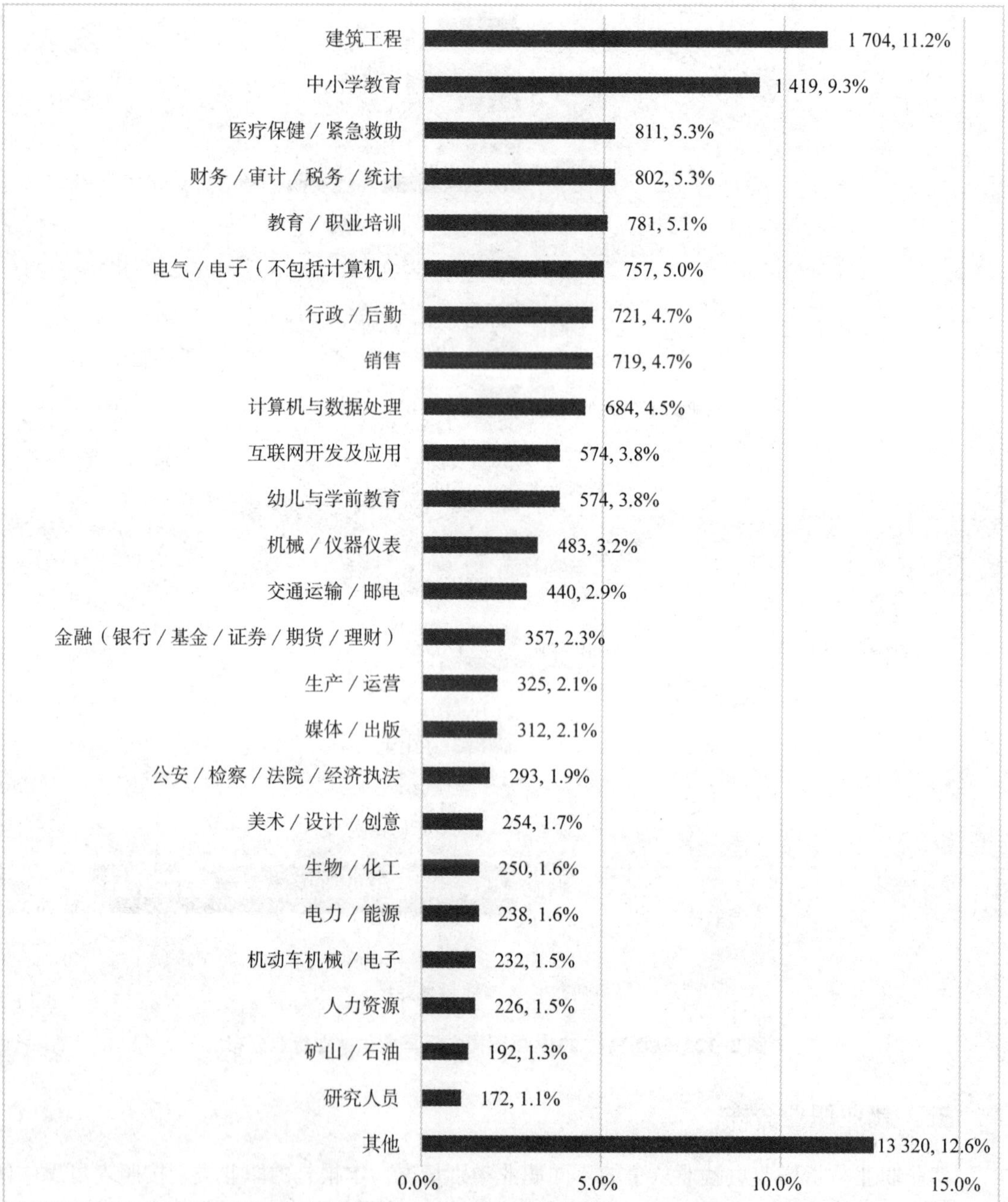

图 2-13　2019 届陕西高校毕业生就业职业分布

（二）不同学历毕业生的就业职业分布

图 2-14 为 2019 届陕西高校不同学历毕业生就业职业分布。毕业研究生从事教育/职业培训、电气/电子（不包括计算机）、行政/后勤、计算机与数据处理等的职业比例较本科毕业生和专科毕业生更高，本科毕业生从事中小学教育、互联网开发与应用、幼儿与学前教育等职业的比例较毕业研究生和专科毕业生更高，专科毕业生从事医疗保健/紧急救助、销售、机械/仪器仪表、交通运输/邮电等职业的比例较毕业研究生和本科毕业生更高。

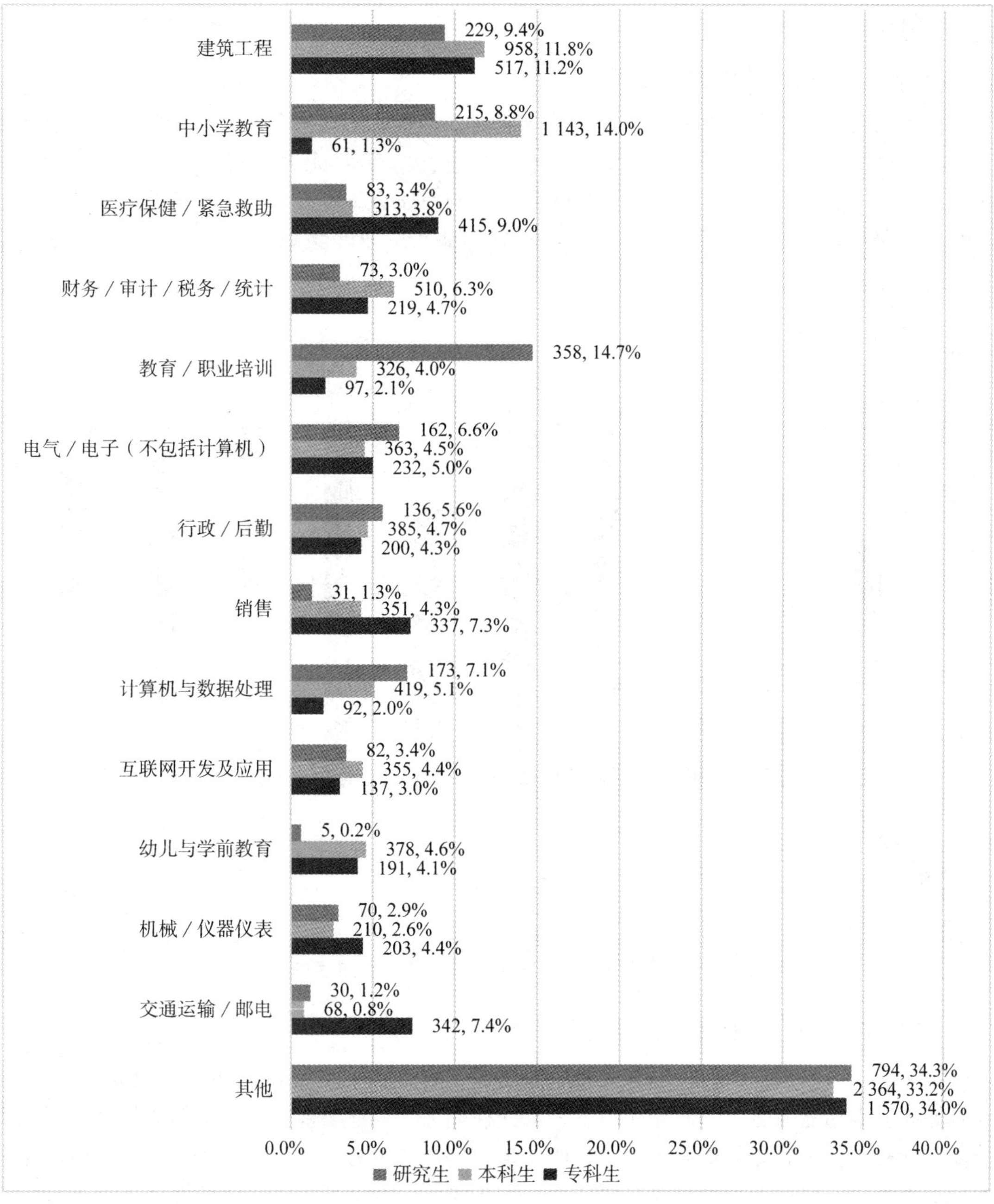

图 2-14　2019 届陕西高校不同学历毕业生就业职业分布

六、就业能力评价

就业能力是指毕业生在就业过程中所需要的各种能力水平状况。陕西高校毕业生就业创业跟踪调查中关于毕业生就业能力的调查共包括职业规划能力、创新能力、领导能力、社会适应能力、沟通能力、成就导向、职业素养、学习能力、人际交往能力、团队协作能力等10个维度26个测量题目，毕业生对这些题目的回答分为“非常不同意”“不同意”“不确定”“同意”和“非常同意”5个等级，并分别被赋值1、2、3、4、5分。报告分析了毕业生在不同维度就业能力的平均得分情况。

(一) 毕业生总体的就业能力总体情况

图2-15为陕西高校2019届毕业生就业能力各维度的平均得分情况。全省毕业生就业能力在10个维度上的平均得分为3.84。其中，毕业生在学习能力、职业素养、社会适应能力、人际交往能力、团队协作能力、创新能力、沟通能力等维度上的平均得分高于毕业生就业能力10个维度的平均得分（3.84），而在领导能力、职业规划能力、成就导向等维度上的平均得分低于毕业生就业能力10个维度的平均得分（3.84）。

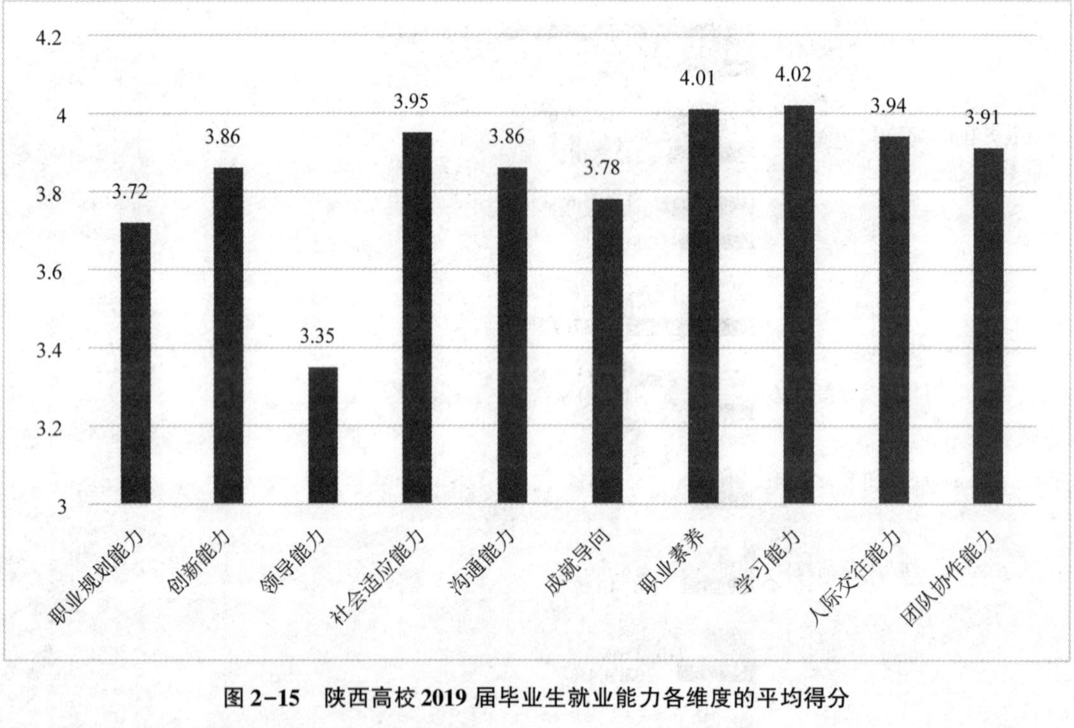

图2-15 陕西高校2019届毕业生就业能力各维度的平均得分

(二) 不同学历毕业生就业能力比较分析

图2-16为不同学历毕业生就业能力的比较。毕业研究生在创新能力、职业规划能力、成就导向、沟通能力、团队协作能力、人际交往能力、职业素养、学习能力等维度的平均得分高于本科毕业生和专科毕业生；专科毕业生在领导能力维度的平均得分高于毕业研究生和本科毕业生；专科毕业生在成就导向、团队协作能力、社会适应能力、职业素养等维度的平均得分高于本科毕业生。

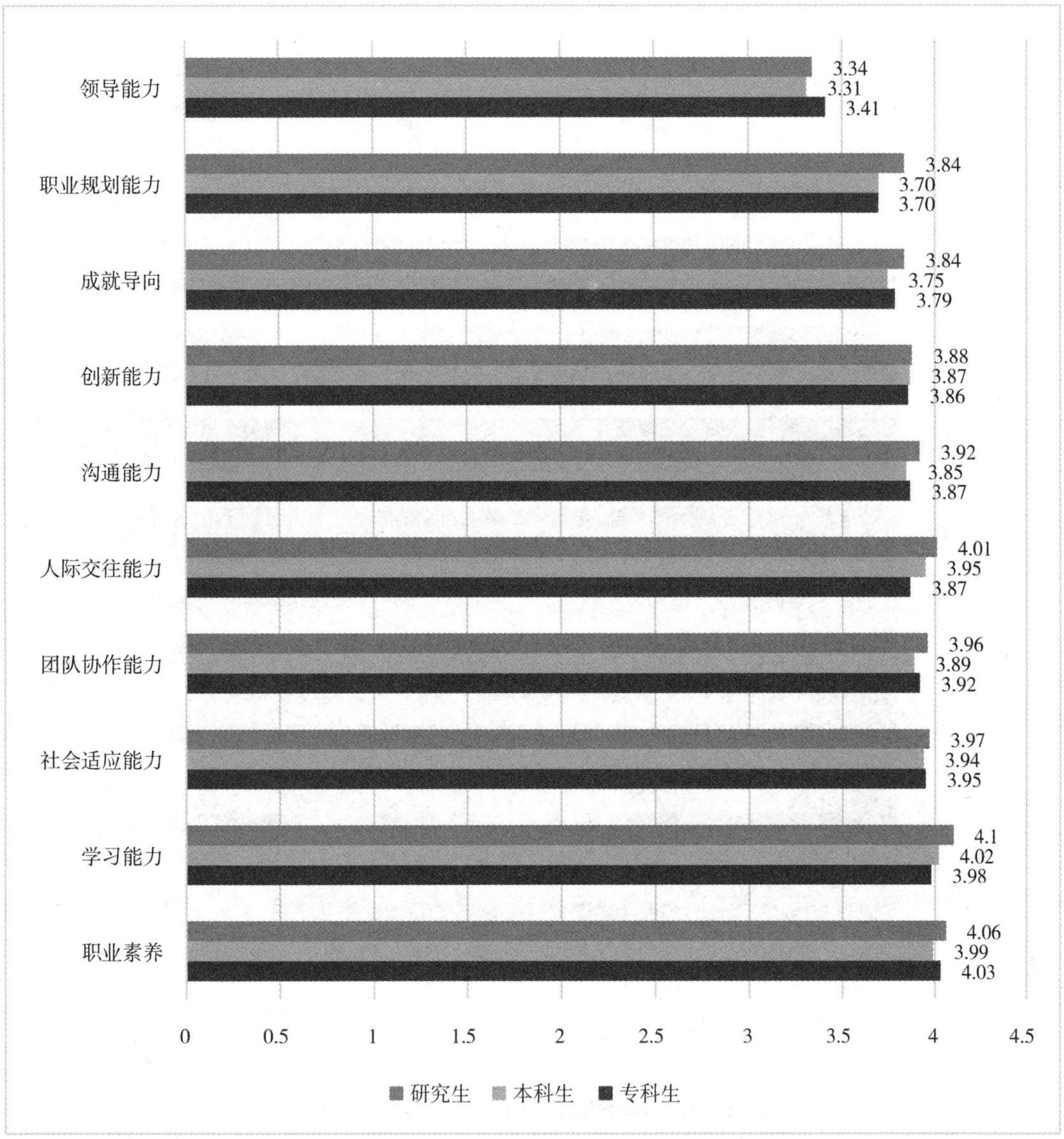

图 2-16　不同学历毕业生就业能力的比较

（三）不同类型院校毕业生就业能力比较分析

1. 不同类型院校研究生就业能力的比较

图 2-17 为不同类型院校研究生就业能力的比较。双一流建设高校毕业研究生在学习能力、人际交往能力、社会适应能力、团队协作能力、沟通能力、创新能力、成就导向、职业规划能力、领导能力等维度的平均得分高于陕西省高水平大学和公办普通本科高校毕业研究生；公办普通本科高校毕业研究生在职业素养维度上的平均得分高于双一流建设高校和陕西省高水平大学毕业研究生；公办普通本科高校毕业研究生在学习能力、职业规划能力两个维度上的平均得分高于陕西省高水平大学毕业研究生。

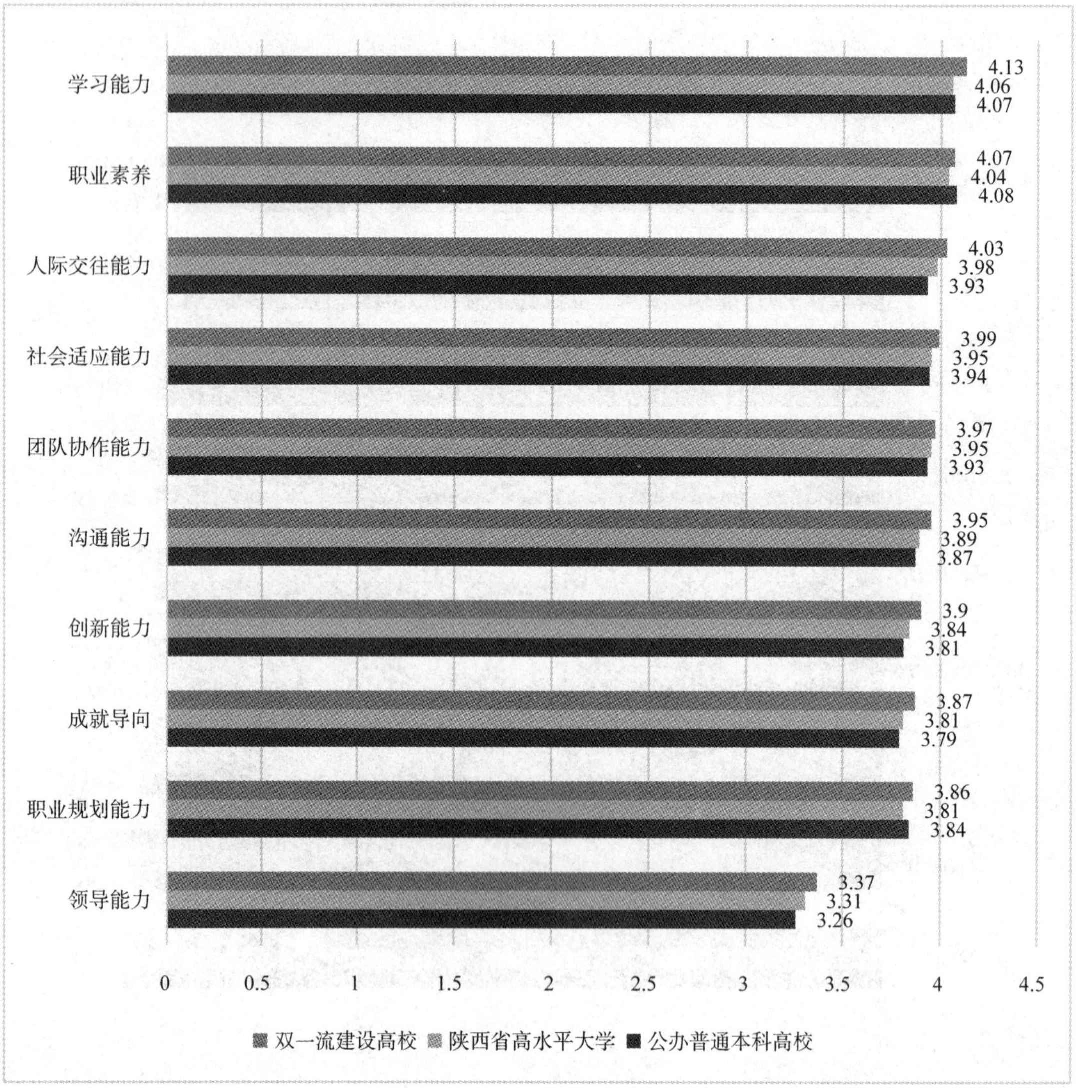

图 2-17　不同类型院校研究生就业能力的比较

2. 不同类型院校本科毕业生就业能力的比较

图 2-18 为不同类型院校本科毕业生就业能力的比较。民办本科院校和独立院校本科毕业生在学习能力、职业素养、社会适应能力、团队协作能力、沟通能力、职业规划能力、领导能力等各维度上的平均得分略高于其他类型院校本科毕业生；双一流建设高校本科毕业生在人际交往能力维度上的平均得分略高于其他类型院校本科毕业生；陕西省高水平大学本科毕业生在创新能力维度上的平均得分略高于其他类型院校本科毕业生，在成就导向维度上的平均得分与民办本科院校和独立院校本科毕业生持平，且略高于双一流建设高校和公办普通本科高校本科毕业生。

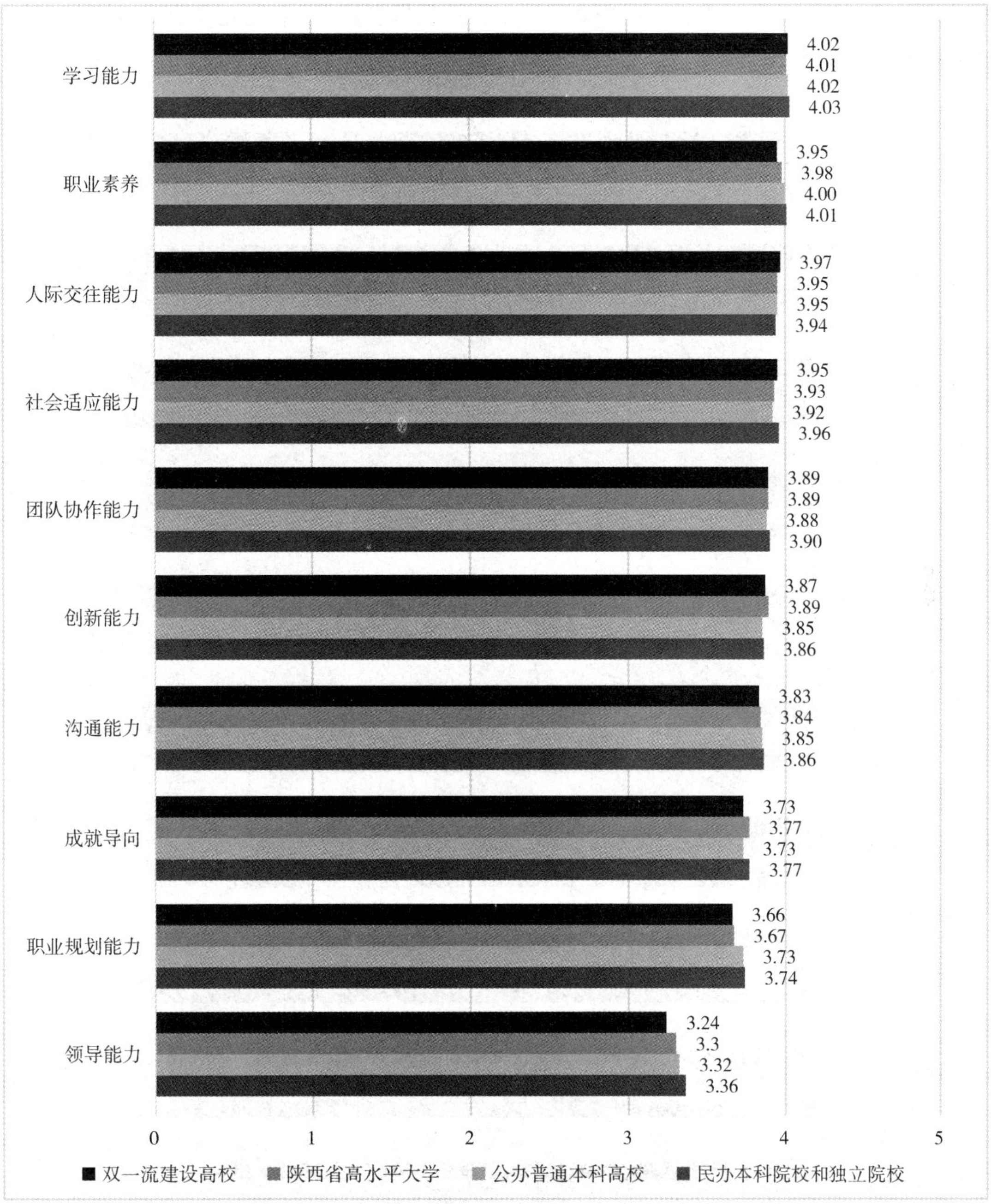

图 2–18　不同类型院校本科毕业生就业能力的比较

3. 不同类型院校专科毕业生的就业能力

图 2–19 为不同类型院校专科毕业生就业能力的比较。其他举办专科教育的院校的专科毕业生在学习能力、社会适应能力、团队协作能力、沟通能力、创新能力、成就导向等维度上的平均得分均高于其他类型院校专科毕业生；在职业素养维度上与民办高职高专院校持平，高于其他类型院校专科毕业生；在人际交往能力维度上与中国特色高水平高职学校建设

单位持平，高于其他类型院校专科毕业生。中国特色高水平专业群建设单位专科毕业生在职业规划能力、领导能力维度上的平均得分高于其他类型院校专科毕业生。

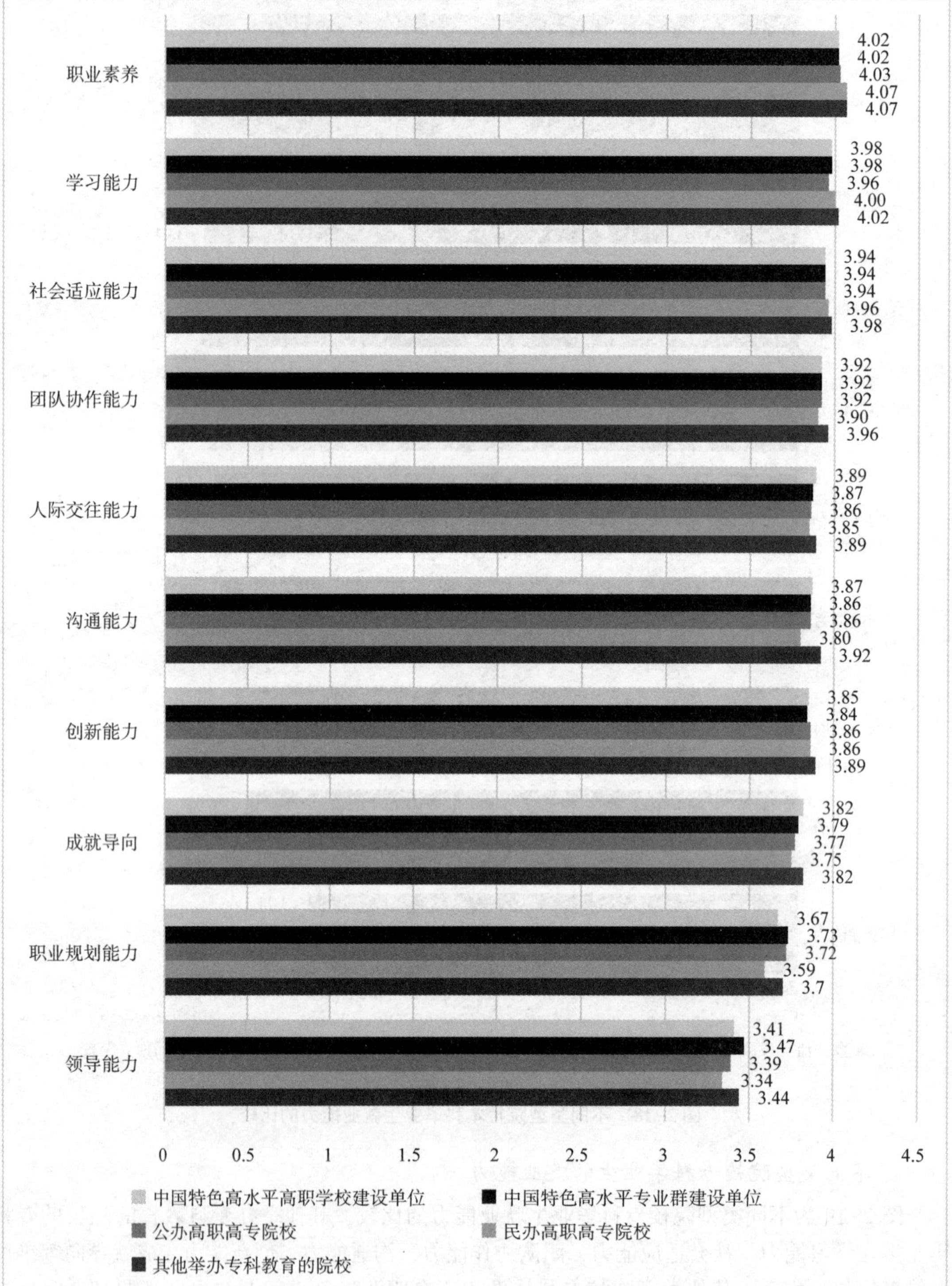

图 2-19　不同类型院校专科毕业生就业能力的比较

（四）不同学科专业毕业生就业能力比较分析

1. 不同学科门类毕业研究生就业能力比较

表2-23为不同学科门类毕业研究生就业能力的比较。文学、历史学、哲学等学科门类毕业研究生在学习能力维度上的平均得分相较其他学科更高，艺术学、哲学、历史学等学科门类毕业研究生在职业素养维度上的平均得分相较其他学科更高，文学、历史学、教育学等学科门类毕业研究生在人际交往能力维度上的平均得分相较其他学科更高，哲学、历史学、文学等学科门类毕业研究生在社会适应能力维度上的平均得分相较其他学科更高，艺术学、文学、经济学等学科门类毕业研究生在团队协作能力维度上的平均得分相较其他学科更高，哲学、艺术学、经济学等学科门类研究生在沟通能力维度上的平均得分相较其他学科更高，艺术学、经济学、文学等学科门类毕业研究生在创新能力维度上的平均得分相较其他学科更高，理学、哲学、管理学等学科门类毕业研究生在成就导向维度上的平均得分相较其他学科更高，哲学、历史学、教育学、管理学等学科门类毕业研究生在职业规划能力维度上的平均得分相较其他学科更高，管理学、理学、法学等学科门类毕业研究生在领导能力维度上的平均得分相较其他学科更高。

表2-23 不同学科门类毕业研究生就业能力的比较

学科门类	学习能力	职业素养	人际交往能力	社会适应能力	团队协作能力	沟通能力	创新能力	成就导向	职业规划能力	领导能力
文学	4.27	4.13	4.10	4.03	4.00	3.97	3.96	3.83	3.71	3.32
历史学	4.23	4.14	4.09	4.04	3.98	4.00	3.73	3.65	4.02	3.25
哲学	4.21	4.15	4.00	4.06	3.92	4.08	3.89	3.92	4.06	3.25
艺术学	4.16	4.17	4.00	3.99	4.01	4.03	4.05	3.87	3.86	3.34
经济学	4.16	4.04	4.06	4.03	3.99	4.00	3.96	3.88	3.80	3.34
管理学	4.14	4.13	4.05	4.03	3.97	3.99	3.90	3.90	3.89	3.45
教育学	4.13	4.10	4.07	3.96	3.95	3.91	3.89	3.81	3.89	3.34
理学	4.12	4.12	4.01	3.96	3.94	3.95	3.87	3.93	3.84	3.44
法学	4.10	4.05	4.02	3.96	3.94	4.00	3.82	3.73	3.87	3.41
农学	4.08	3.96	4.01	3.91	3.98	3.87	3.86	3.82	3.83	3.30
工学	4.06	4.03	3.98	3.97	3.95	3.89	3.87	3.85	3.84	3.33
医学	4.06	3.96	3.94	3.84	3.90	3.88	3.63	3.74	3.81	3.13
总计	4.10	4.06	4.01	3.97	3.96	3.92	3.88	3.84	3.84	3.34

2. 不同学科门类本科毕业生就业能力的比较

表2-24为不同学科门类本科毕业生就业能力的比较。艺术学、教育学、经济学等学科门类本科毕业生在学习能力维度上的平均得分相较其他学科更高，哲学、艺术学、教育学等学科门类本科毕业生在职业素养维度上的平均得分相较其他学科更高，艺术学、哲学、文学等学科门类本科毕业生在人际交往能力维度上的平均得分相较其他学科更高，哲学、艺术学、经济学

等学科门类本科毕业生在社会适应能力维度上的平均得分相较其他学科更高，艺术学、经济学、法学等学科门类本科毕业生在团队协作能力维度上的平均得分相较其他学科更高，艺术学、教育学、经济学等学科门类本科毕业生在创新能力维度上的平均得分相较其他学科更高，经济学、艺术学、文学等学科门类本科毕业生在沟通能力维度上的平均得分相较其他学科更高，艺术学、经济学、法学等学科门类本科毕业生在成就导向维度上的平均得分相较其他学科更高，哲学、艺术学、教育学等学科门类本科毕业生在职业规划能力维度上的平均得分相较其他学科更高，哲学、经济学、艺术学等门类本科毕业生在领导能力维度上的平均得分相较其他学科更高。

表2-24　不同学科门类本科毕业生就业能力的比较

学科门类	学习能力	职业素养	人际交往能力	社会适应能力	团队协作能力	创新能力	沟通能力	成就导向	职业规划能力	领导能力
艺术学	4.10	4.07	4.04	4.02	3.99	4.04	3.96	3.82	3.86	3.39
教育学	4.06	4.02	3.97	3.92	3.89	3.93	3.85	3.73	3.80	3.37
经济学	4.04	4.01	3.94	4.00	3.95	3.91	3.97	3.78	3.65	3.41
法学	4.04	3.91	3.99	3.98	3.94	3.83	3.84	3.77	3.73	3.26
文学	4.04	3.99	3.99	3.97	3.93	3.86	3.93	3.71	3.71	3.36
农学	4.03	3.92	3.97	3.86	3.92	3.81	3.87	3.67	3.55	3.18
理学	4.02	3.98	3.93	3.9	3.88	3.80	3.80	3.70	3.67	3.25
哲学	4.00	4.17	4.00	4.33	3.83	3.56	3.89	3.33	4.11	4.00
工学	4.00	3.99	3.93	3.93	3.88	3.86	3.82	3.77	3.64	3.30
管理学	3.99	3.95	3.95	3.91	3.83	3.82	3.79	3.74	3.70	3.25
历史学	3.96	3.93	3.88	3.76	3.74	3.77	3.70	3.55	3.65	3.22
医学	3.95	3.94	3.87	3.88	3.85	3.71	3.81	3.74	3.75	3.36
总计	4.02	3.99	3.95	3.94	3.89	3.87	3.85	3.75	3.70	3.31

3. 不同专业大类专科毕业生就业能力的比较

表2-25为不同专业大类专科毕业生就业能力的比较。农林牧渔、公安与司法、轻工纺织等专业大类专科毕业生在职业素养维度上的平均得分相较其他学科更高，文化艺术、土木建筑、财经商贸等专业大类专科毕业生在学习能力维度上的平均得分相较其他学科更高，轻工纺织、公安与司法、装备制造等专业大类专科毕业生在社会适应能力维度上的平均得分相较其他学科更高，水利、轻工纺织、公安与司法等专业大类专科毕业生在团队协作能力维度上的平均得分相较其他学科更高，公安与司法、文化艺术、土木建筑等专业大类专科毕业生在人际交往能力维度上的平均得分相较其他学科更高，轻工纺织、公安与司法、交通运输等专业大类专科毕业生在沟通能力维度上的平均得分相较其他学科更高，文化艺术、公安与司法、土木建筑等专业大类专科毕业生在创新能力维度上的平均得分相较其他学科更高，公安与司法、文化艺术、土木建筑等专业大类专科毕业生在成就导向维度上的平均得分相较其他

学科更高，公安与司法、公共管理与服务、文化艺术等专业大类专科毕业生在职业规划能力维度上的平均得分相较其他学科更高，公安与司法、轻工纺织、生物化工等专业大类专科毕业生在领导能力维度上的平均得分相较其他学科更高。

表 2-25 不同专业大类专科毕业生就业能力的比较

专业大类	职业素养	学习能力	社会适应能力	团队协作能力	人际交往能力	沟通能力	创新能力	成就导向	职业规划能力	领导能力
农林牧渔	4.14	3.84	3.97	3.90	3.84	3.79	3.69	3.78	3.62	3.48
公安与司法	4.12	3.98	4.03	3.99	3.97	3.92	3.97	3.95	3.88	3.68
轻工纺织	4.09	3.86	4.06	4.06	3.72	4.00	3.85	3.72	3.45	3.57
文化艺术	4.09	4.13	3.88	3.88	3.95	3.86	3.99	3.86	3.79	3.32
装备制造	4.07	3.99	3.98	3.93	3.87	3.89	3.85	3.81	3.63	3.42
医药卫生	4.06	3.98	3.96	3.92	3.88	3.89	3.83	3.78	3.79	3.35
财经商贸	4.05	4.02	3.95	3.92	3.88	3.87	3.87	3.81	3.72	3.43
公共管理与服务	4.05	3.94	3.95	3.83	3.88	3.82	3.81	3.78	3.80	3.37
资源与环境	4.03	3.93	3.92	3.94	3.82	3.83	3.84	3.76	3.67	3.40
土木建筑	4.03	4.03	3.96	3.92	3.93	3.84	3.91	3.84	3.72	3.37
生物化工	4.03	3.97	3.91	3.83	3.78	3.86	3.89	3.75	3.72	3.55
交通运输	4.02	3.97	3.98	3.95	3.89	3.91	3.86	3.79	3.73	3.47
电子信息	4.01	3.93	3.97	3.92	3.86	3.84	3.86	3.78	3.67	3.39
能源动力与材料	3.99	3.83	3.88	3.92	3.79	3.84	3.76	3.71	3.69	3.39
旅游	3.97	3.97	3.87	3.88	3.77	3.80	3.80	3.71	3.60	3.37
教育与体育	3.97	4.00	3.85	3.89	3.86	3.84	3.85	3.70	3.70	3.36
食品药品与粮食	3.90	3.83	3.78	3.70	3.63	3.60	3.68	3.61	3.48	3.21
新闻传播	3.89	4.00	3.80	3.82	3.84	3.75	3.88	3.62	3.68	3.20
水利	3.79	3.90	3.79	4.19	3.72	3.75	3.72	3.68	3.55	3.42
总计	4.03	3.98	3.95	3.92	3.87	3.87	3.86	3.79	3.70	3.41

七、求职就业与职业发展

陕西高校毕业生就业跟踪调查中关于求职就业与职业发展的调查主要包括以下内容。

（1）毕业生在获得目前这份工作时，哪些方面符合工作单位或雇主的要求？该调查项目分为“没有明确要求”“低于岗位要求”“符合岗位要求”和“超过岗位要求”4 个等级，毕业生选择这些回答时分别被赋值 1、2、3、4 分。

（2）哪些因素对您就业具有重要影响，以及重要程度？该调查项目分为“非常不重要”

“不重要”“不确定”“重要”和“非常重要”5个等级，毕业生选择这些回答时分别被赋值1、2、3、4、5分。

（3）就业单位是否会对员工可能的发展方向进行规划？该调查项目分为“非常不符合”“不符合”“不确定”“符合”和“非常符合”5个等级，毕业生选择这些回答时分别被赋值1、2、3、4、5分。

（4）就业单位是否为员工提供培训机会以及基于工作绩效评估的升迁机会？该调查项目分为“非常不符合”“不符合”“不确定”“符合”和“非常符合”5个等级，毕业生选择这些回答时分别被赋值1、2、3、4、5分。

（5）就业单位是否为员工解决职业发展中的困惑提供相应的咨询或支持？该调查项目分为“非常不符合”“不符合”“不确定”“符合”和“非常符合”5个等级，毕业生选择这些回答时分别被赋值1、2、3、4、5分。

（一）毕业生总体的求职就业与职业发展情况

1. 毕业生获得目前这份工作时，工作技能符合工作单位或雇主要求的情况

图2-20为2019届陕西高校毕业生工作技能符合工作单位或雇主要求的情况。全省高校毕业生的在职学习能力、解决难题能力、口头表达能力、逻辑推理能力、阅读理解能力等工作技能均倾向于“符合岗位要求”，在专业资格证书方面倾向于“低于岗位要求”。整体而言，2019届陕西高校毕业生的工作技能基本符合工作单位或雇主的要求。

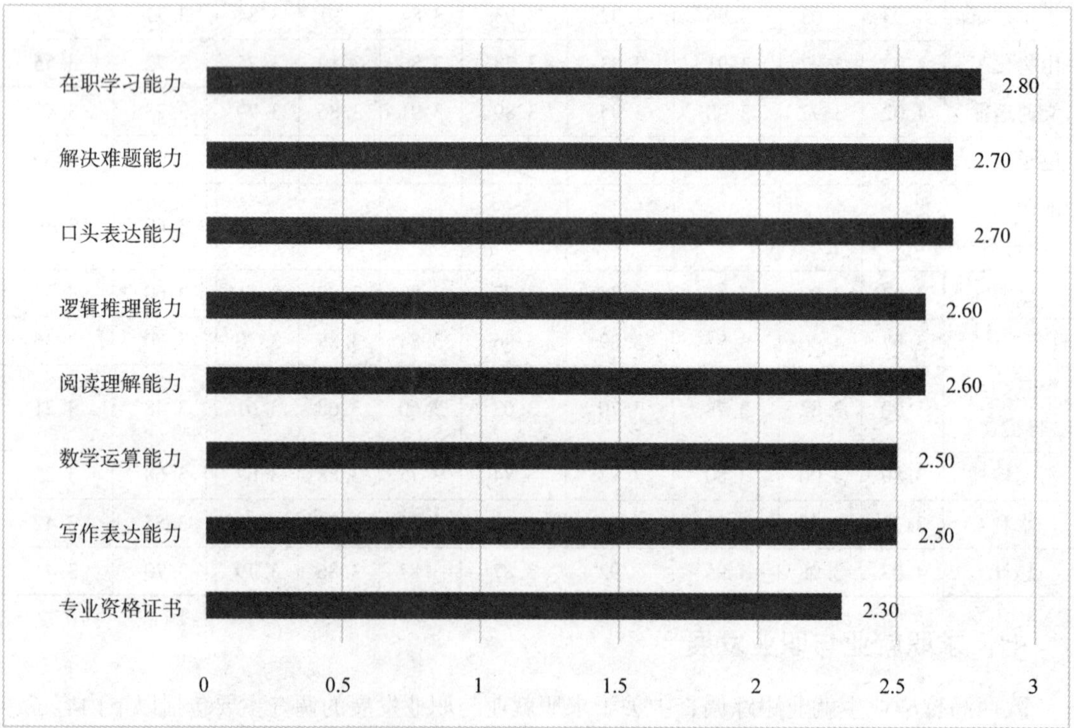

图2-20　2019届陕西高校毕业生工作技能符合工作单位或雇主要求的情况

2. 不同因素对毕业生就业影响的重要性程度

图2-21为2019届陕西高校毕业生就业影响因素的重要性程度。2019届陕西高校毕业

生认为，对其就业影响的因素的重要性依次为个人能力、学校人才培养质量、社会关系网络帮助、就业政策支持、就读专业、学校提供实习实践机会、就业服务体系帮助、学校就业指导工作，且均倾向于“重要”。

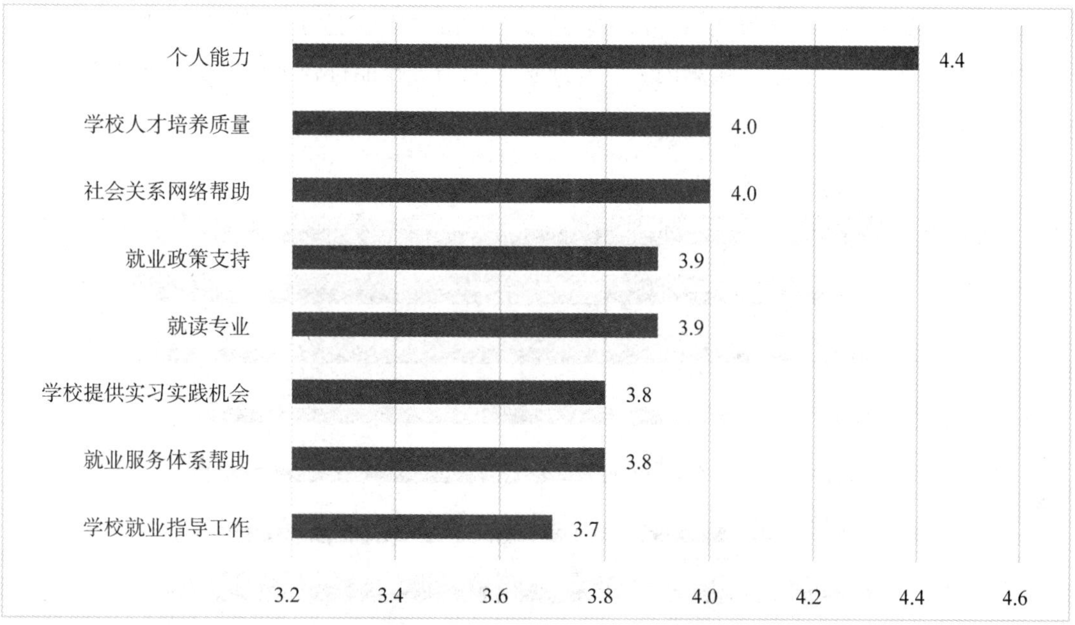

图 2-21　2019 届陕西高校毕业生就业影响因素的重要性程度

3. 就业单位为毕业生提供的职业发展支持情况

图 2-22 为就业单位为 2019 届陕西高校毕业生提供的职业发展支持情况。毕业生平均得分从高到低依次为培训机会以及基于工作绩效评估的升迁机会、学习新技能的机会、职业发展方向规划、职业发展困惑的咨询或支持、发挥专业技能的机会，得分区间为 3. 1 至 3. 5，介于“不确定”和“符合”之间。

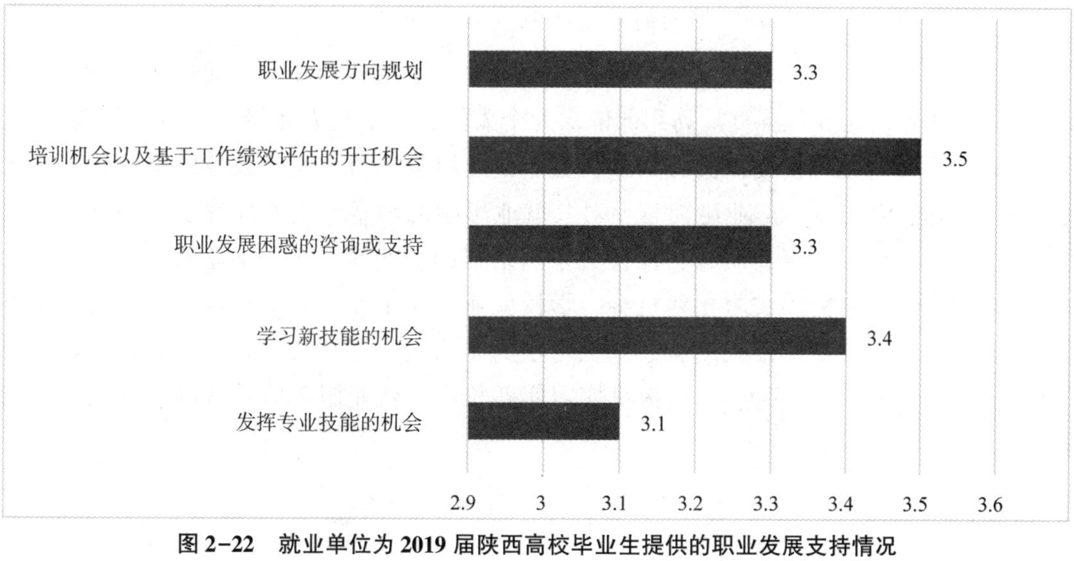

图 2-22　就业单位为 2019 届陕西高校毕业生提供的职业发展支持情况

（二）不同学历毕业生的求职就业情况

1. 毕业生获得目前这份工作时，工作技能符合工作单位或雇主要求的情况

图 2-23 为不同学历毕业生工作技能符合工作单位或雇主要求的情况。本科毕业生在获得目前这份工作时，在职学习能力、口头表达能力、解决难题能力、阅读理解能力、逻辑推理能力、写作表达能力、数学运算能力、专业资格证书等技能符合工作单位或雇主要求的程度均高于专科毕业生。

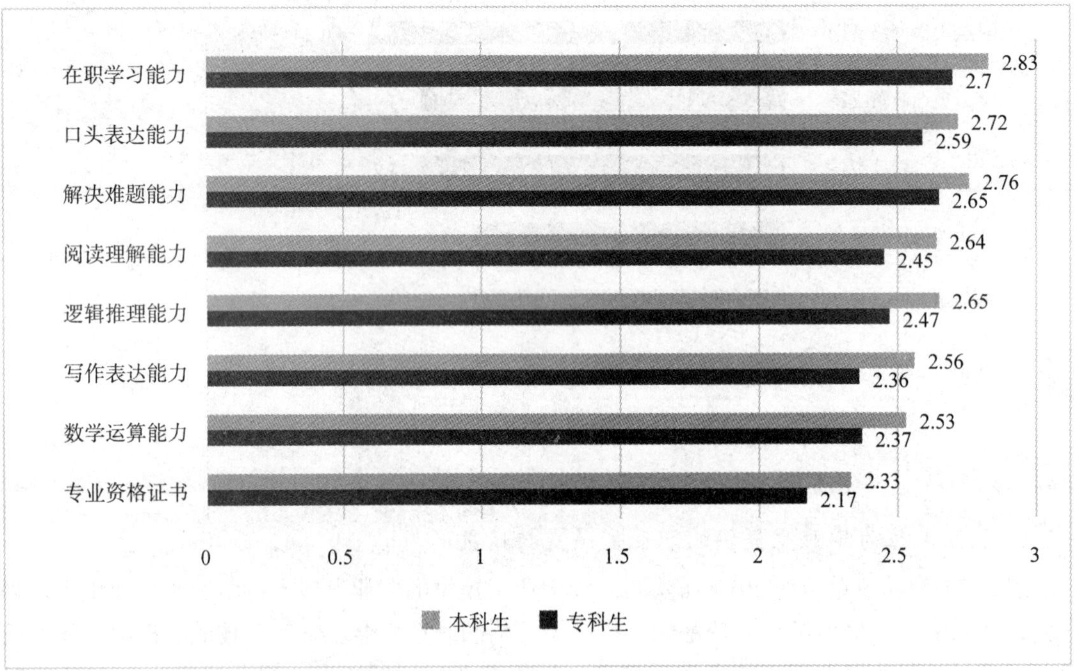

图 2-23　不同学历毕业生工作技能符合工作单位或雇主要求的情况

2. 不同因素对毕业生就业影响的重要性程度

图 2-24 为不同学历毕业生就业影响因素的重要性程度。对于毕业研究生而言，对其就业影响的因素的重要性程度从高到低依次为个人能力、学校人才培养质量、就读专业、社会关系网络帮助、学校提供实习实践机会、就业政策支持、就业服务体系帮助、学校就业指导工作；对于本科毕业生而言，对其就业影响的因素的重要性程度从高到低依次为个人能力、学校人才培养质量、社会关系网络帮助、就读专业、就业政策支持、就业服务体系帮助、学校提供实习实践机会、学校就业指导工作；对于专科毕业生而言，对其就业影响的因素的重要性程度从高到低依次为个人能力、社会关系网络帮助、就业政策支持、学校人才培养质量、学校提供实习实践机会、就业服务体系帮助、学校就业指导工作、就读专业。

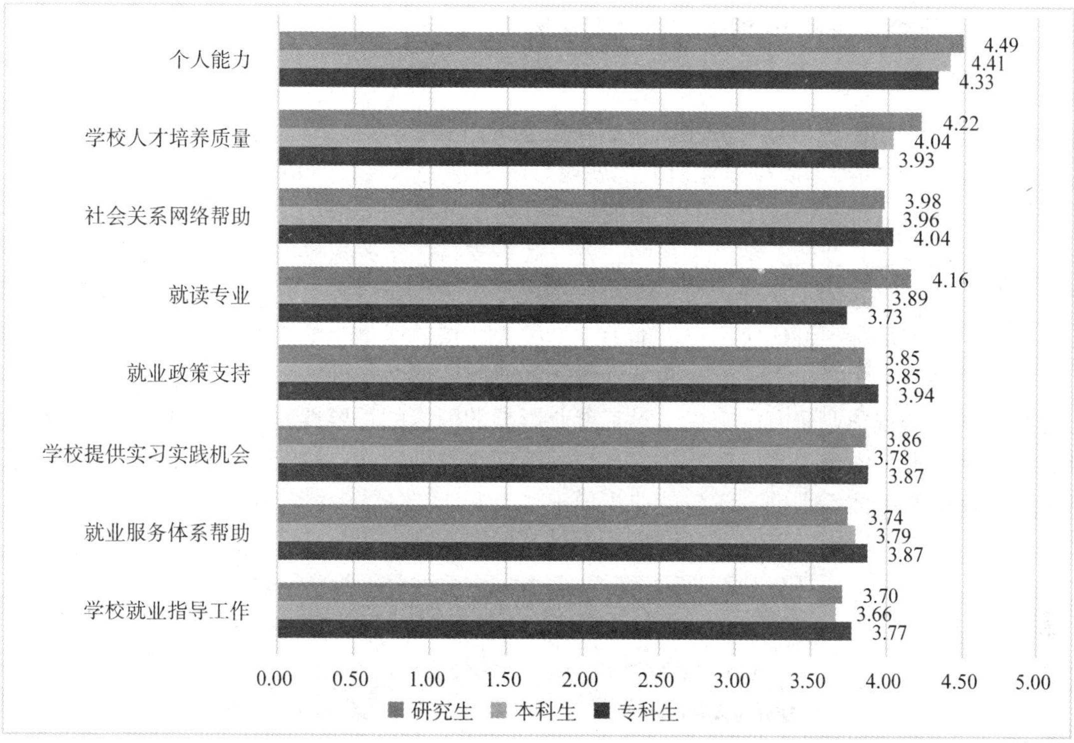

图 2-24 不同学历毕业生就业影响因素的重要性程度

3. 就业单位为毕业生提供的职业发展支持情况

图 2-25 为就业单位为不同学历毕业生提供的职业发展支持情况。就业单位向毕业研究生提供职业发展方向规划、培训机会以及基于工作绩效评估的升迁机会、为职业发展中的困惑提供咨询或支持、学习新技能的机会、发挥专业技能的机会均高于本科毕业生和专科毕业生。

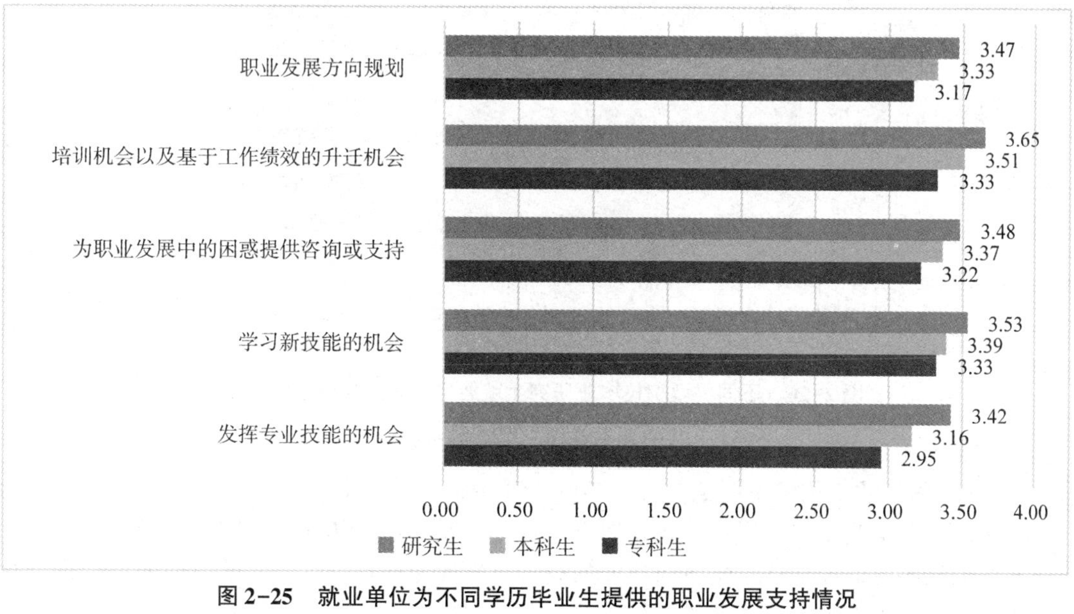

图 2-25 就业单位为不同学历毕业生提供的职业发展支持情况

（三）不同类型院校毕业生的求职就业情况

1. 不同类型院校研究生的求职就业与职业发展

（1）不同类型院校毕业研究生就业影响因素的重要性程度。

图2-26为不同类型院校毕业研究生就业影响因素的重要性程度。对于双一流建设高校毕业研究生来说，对其就业影响的因素的重要性程度从高到低依次为个人能力、学校人才培养质量、就读专业、社会关系网络帮助、就业政策支持、学校提供实习实践机会、学校就业指导工作、就业服务体系帮助；对于陕西省高水平大学毕业研究生来说，对其就业影响的因素的重要性程度从高到低依次为个人能力、学校人才培养质量、就读专业、社会关系网络帮助、学校提供实习实践机会、就业政策支持、就业服务体系帮助、学校就业指导工作；对于公办普通本科高校毕业研究生来说，对其就业影响的因素的重要性程度从高到低依次为个人能力、就读专业、学校人才培养质量、社会关系网络帮助、就业政策支持、学校提供实习实践机会、就业服务体系帮助、学校就业指导工作。

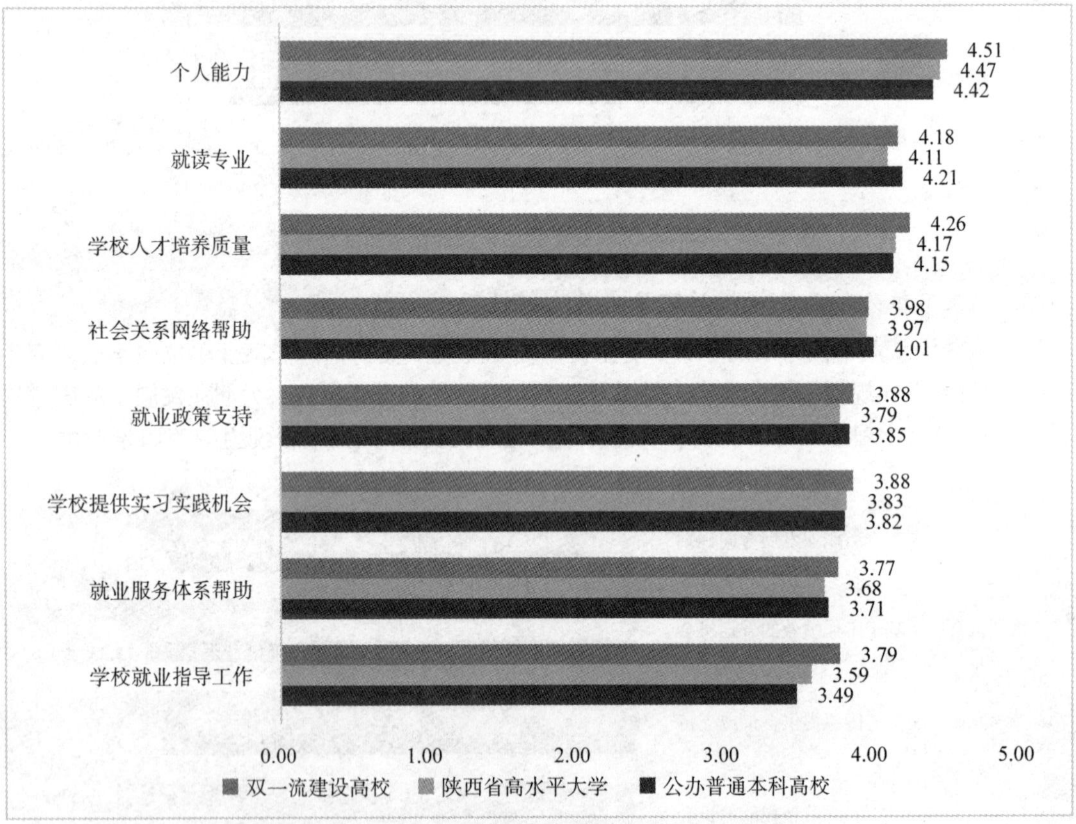

图2-26　不同类型院校毕业研究生就业影响因素的重要性程度

（2）就业单位为毕业研究生提供的职业发展支持情况。

图2-27为就业单位对不同类型院校毕业研究生提供的职业发展支持情况。就业单位为双一流建设高校毕业研究生提供职业发展方向规划、培训机会及基于工作绩效的升迁机会、职业发展困惑的咨询或支持、学习新技能的机会、发挥专业技能的机会等方面的平均得分均超过陕西省高水平大学和公办普通本科高校毕业研究生。

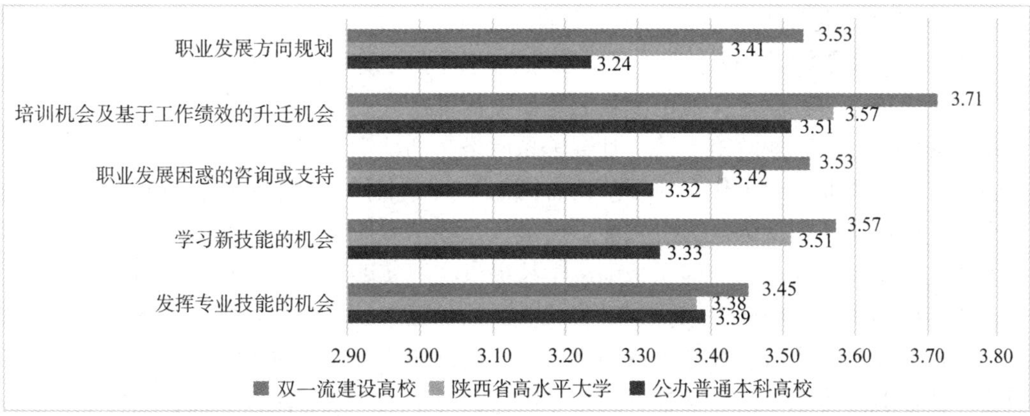

图 2-27 就业单位对不同类型院校研究生提供的职业发展支持情况

2. 不同类型院校本科毕业生的求职就业与职业发展

(1) 本科毕业生获得目前这份工作时，工作技能符合工作单位或雇主要求的情况。

图 2-28 为不同类型院校本科毕业生工作技能符合工作单位或雇主要求的情况。双一流建设高校本科毕业生在在职学习能力、解决难题能力、逻辑推理能力、阅读理解能力、数学运算能力等方面符合雇主要求的程度高于其他类型院校本科毕业生；写作表达能力与公办普通本科高校本科毕业生持平，高于其他类型院校本科毕业生。公办普通本科高校本科毕业生在口头表达能力、专业资格证书等方面符合雇主要求的程度高于其他类型院校本科毕业生。

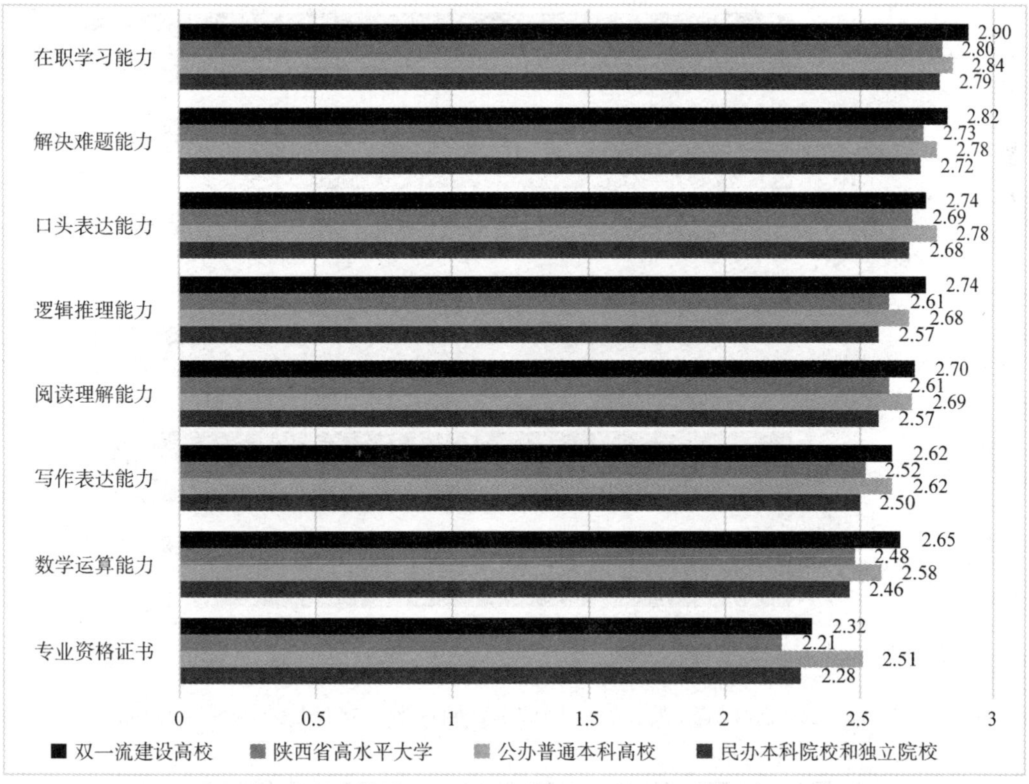

图 2-28 不同类型院校本科毕业生工作技能符合工作单位或雇主要求的情况

（2）不同类型院校本科毕业生就业影响因素的重要性程度。

图 2-29 为不同类型院校本科毕业生就业影响因素的重要性程度。对于双一流建设高校本科毕业生来说，对其就业影响的因素的重要性程度从高到低依次为个人能力、学校人才培养质量、就读专业、就业政策支持、社会关系网络帮助、学校提供实习实践机会、就业服务体系帮助、学校就业指导工作；对于陕西省高水平大学本科毕业生来说，对其就业影响的因素的重要性程度从高到低依次为个人能力、学校人才培养质量、社会关系网络帮助、就读专业、就业政策支持、就业服务体系帮助、学校提供实习实践机会、学校就业指导工作；对于公办普通本科高校本科毕业生来说，对其就业影响的因素的重要性程度从高到低依次为个人能力、学校人才培养质量、社会关系网络帮助、就读专业、就业政策支持、学校提供实习实践机会、就业服务体系帮助、学校就业指导工作；对于民办本科院校和独立院校本科毕业生来说，对其就业影响的因素的重要性程度从高到低依次为个人能力、社会关系网络帮助、学校人才培养质量、就业政策支持、就读专业、就业服务体系帮助、学校提供实习实践机会、学校就业指导工作。

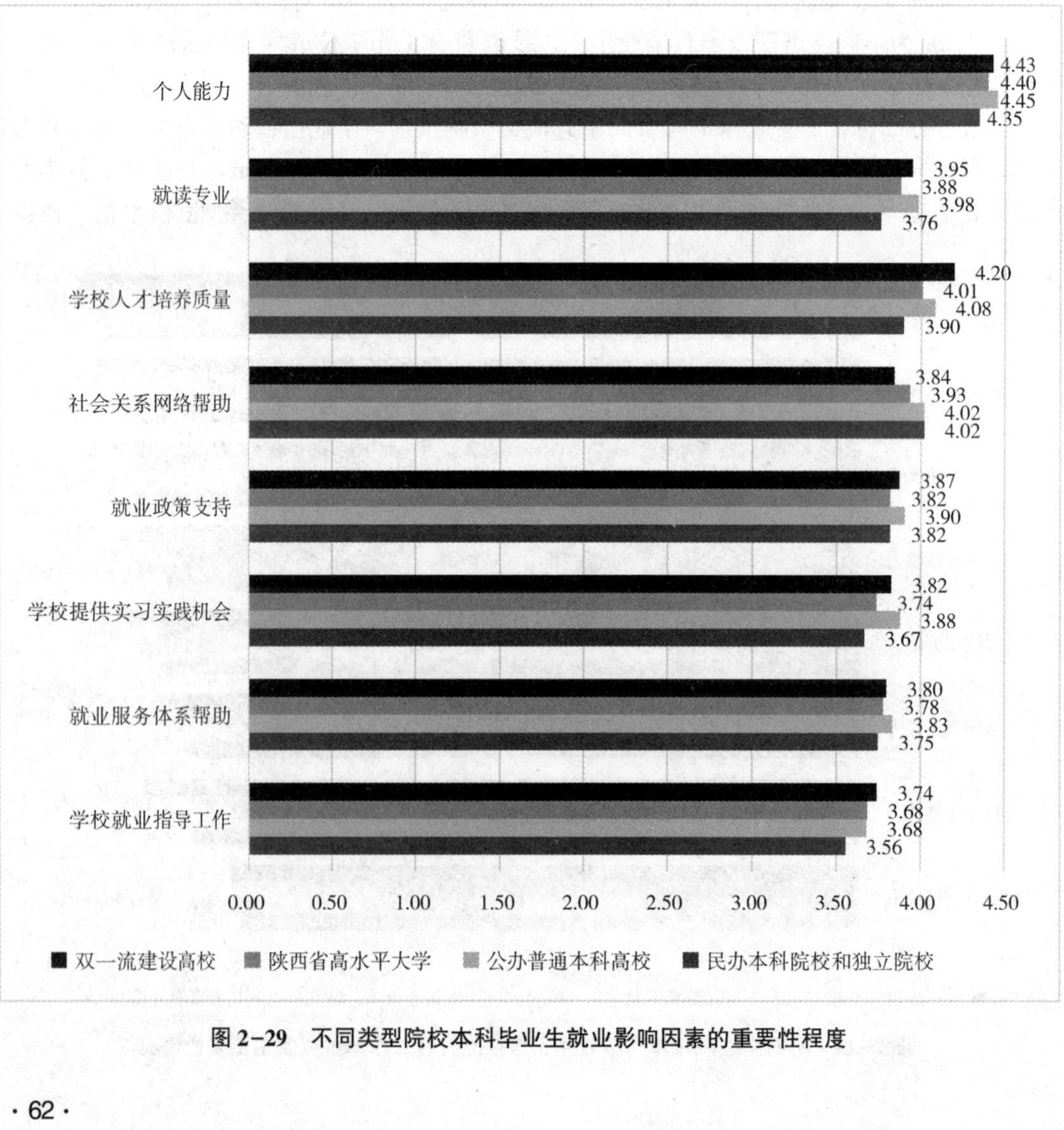

图 2-29　不同类型院校本科毕业生就业影响因素的重要性程度

（3）就业单位为本科毕业生提供的职业发展支持情况。

图 2-30 为就业单位对不同类型院校本科毕业生提供的职业发展支持情况。就业单位为双一流建设高校本科毕业生提供发挥专业技能的机会、提供学习新技能的机会、提供职业发展困惑的咨询或支持、提供培训机会及基于工作绩效的升迁机会、提供职业发展方向规划等方面的平均得分均超过其他类型院校本科毕业生。

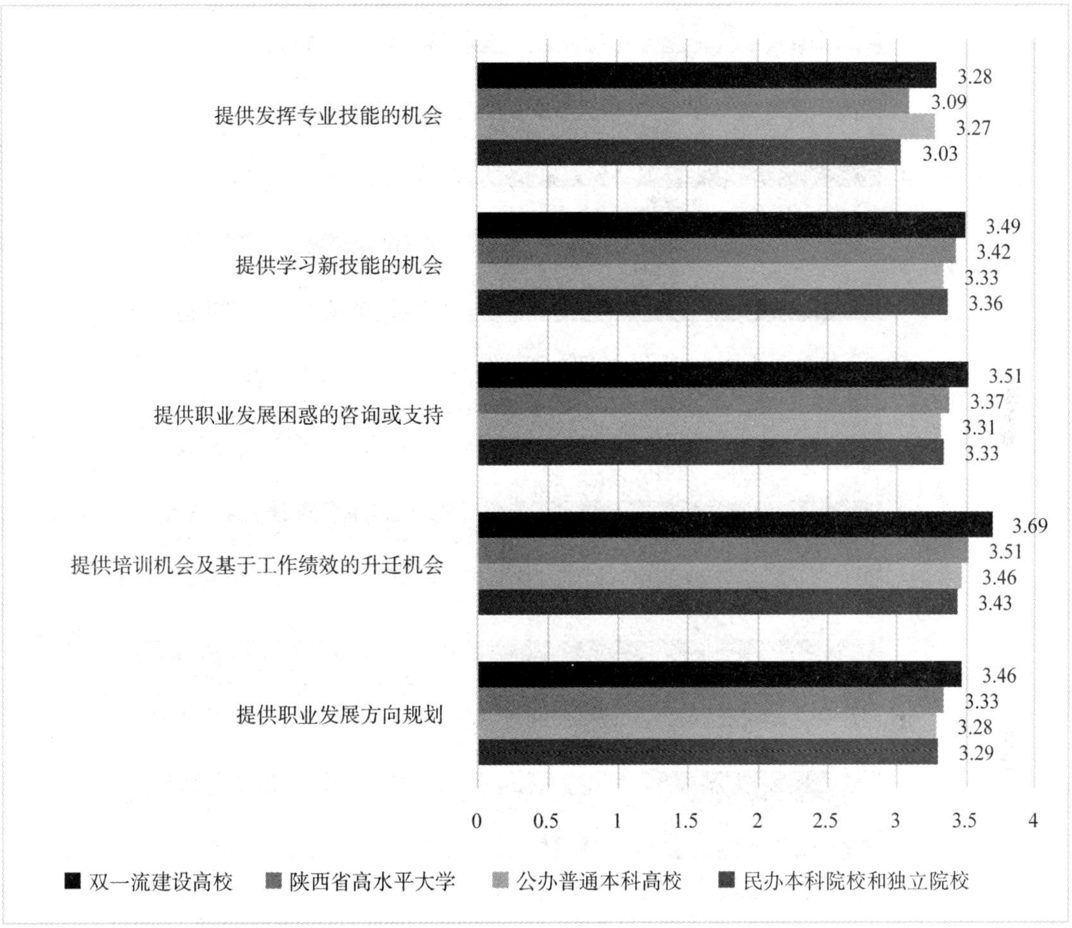

图 2-30　就业单位对不同类型院校本科毕业生提供的职业发展支持情况

3. 不同类型院校专科毕业生的求职就业与职业发展

（1）专科毕业生获得目前这份工作时，工作技能符合工作单位或雇主要求的情况。

图 2-31 为不同类型院校专科毕业生工作技能符合工作单位或雇主要求的情况。其他举办专科教育的院校的专科毕业生在阅读理解能力、逻辑推理能力、口头表达能力、解决难题能力、在职学习能力等方面符合工作单位或雇主要求的程度高于其他类型院校专科毕业生；民办高职高专院校和公办高职高专院校的专科毕业生在数学运算能力、写作表达能力等方面符合工作单位或雇主要求的程度高于其他类型院校专科毕业生；公办高职高专院校在专业资格证书方面符合工作单位或雇主要求的程度高于其他类型院校专科毕业生。

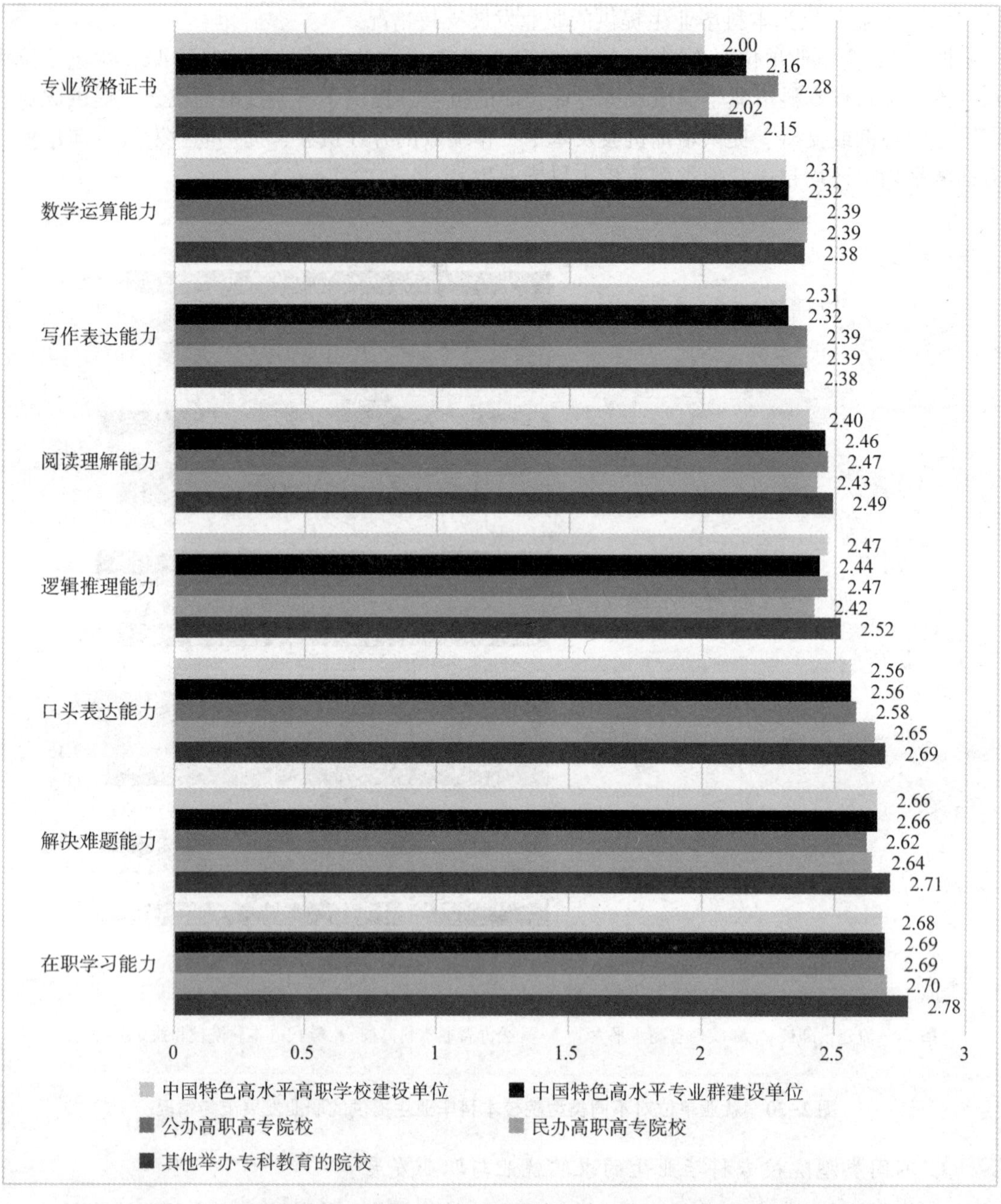

图 2-31　不同类型院校专科毕业生工作技能符合工作单位或雇主要求的情况

（2）不同类型院校专科毕业生就业影响因素的重要性程度。

图 2-32 为不同类型院校专科毕业生就业影响因素的重要性程度。对于中国特色高水平高职学校建设单位专科毕业生来说，对其就业影响的因素的重要性程度从高到低依次为个人能力、社会关系网络帮助、学校人才培养质量、学校提供实习实践机会、就业政策支持、就业服务体系帮助、学校就业指导工作、就读专业；对于中国特色高水平专业群建设单位专科毕业生来说，对其就业影响的因素的重要性程度从高到低依次为个人能力、社会关系网络帮助、就业政策支持、学校人才培养质量、就业服务体系帮助、学校

提供实习实践机会、学校就业指导工作、就读专业；对于公办高职高专院校专科毕业生来说，对其就业影响的因素的重要性程度从高到低依次为个人能力、社会关系网络帮助、学校人才培养质量、就业政策支持、学校提供实习实践机会、就业服务体系帮助、学校就业指导工作、就读专业；对于民办高职高专院校专科毕业生来说，对其就业影响的因素的重要性程度从高到低依次为个人能力、社会关系网络帮助、就业政策支持、就业服务体系帮助、学校人才培养质量、学校提供实习实践机会、就读专业、学校就业指导工作；对于其他举办专科教育的院校的专科毕业生来说，对其就业影响的因素的重要性程度从高到低依次为个人能力、学校人才培养质量、社会关系网络帮助、就读专业、就业政策支持、学校提供实习实践机会、就业服务体系帮助、学校就业指导工作。

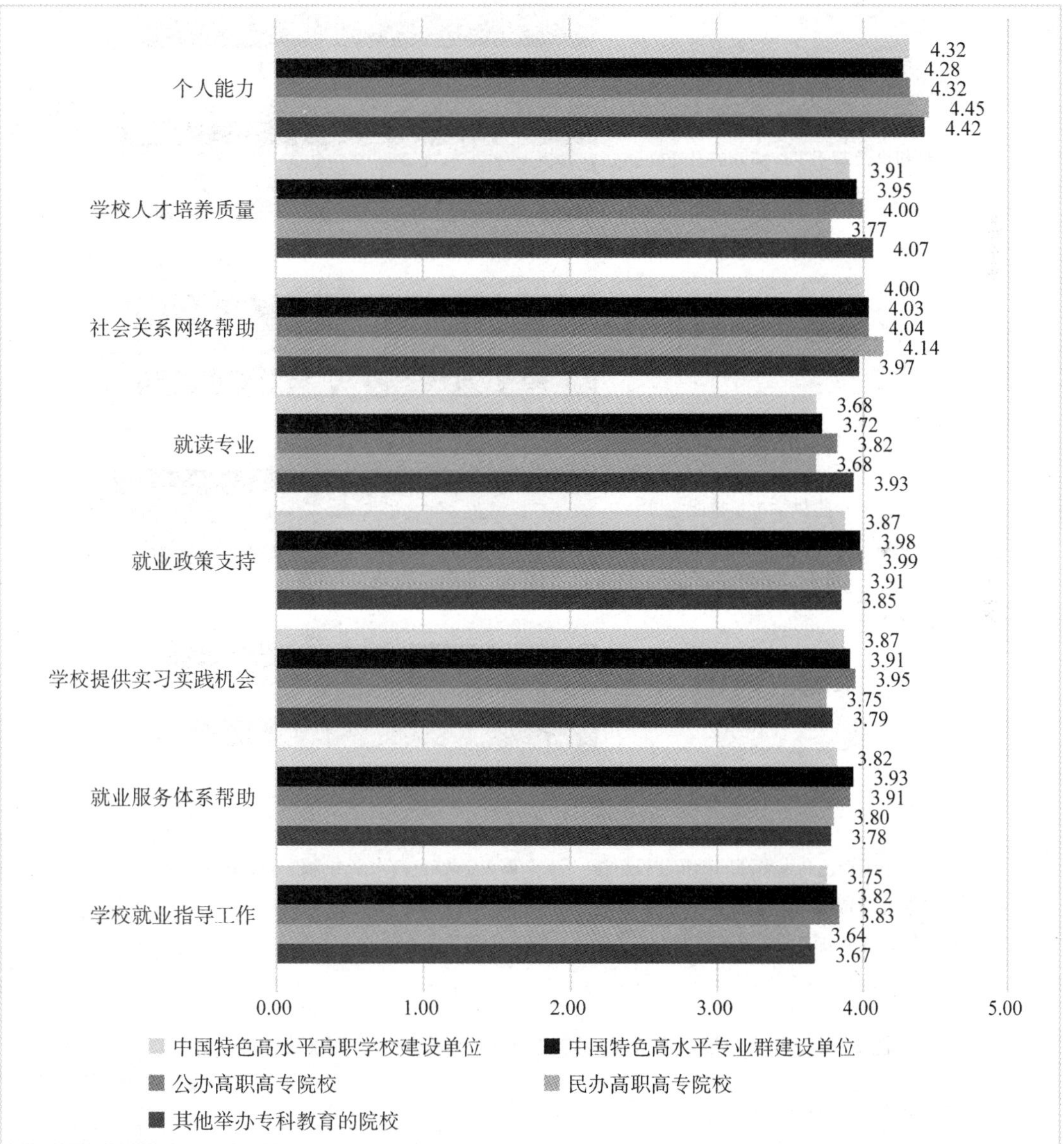

图 2-32 不同类型院校专科毕业生就业影响因素的重要性程度

（3）就业单位为专科毕业生提供的职业发展支持情况。

图 2-33 为就业单位对不同类型院校专科毕业生提供的职业发展支持情况。就业单位为中国特色高水平高职学校建设单位专科毕业生提供职业发展方向规划、提供培训机会及基于工作绩效的升迁机会、提供职业发展困惑的咨询或支持、提供学习新技能的机会等方面的平均得分均超过其他类型院校专科毕业生；就业单位为公办高职高专院校专科毕业生提供发挥专业技能的机会的平均得分超过其他类型院校专科毕业生。

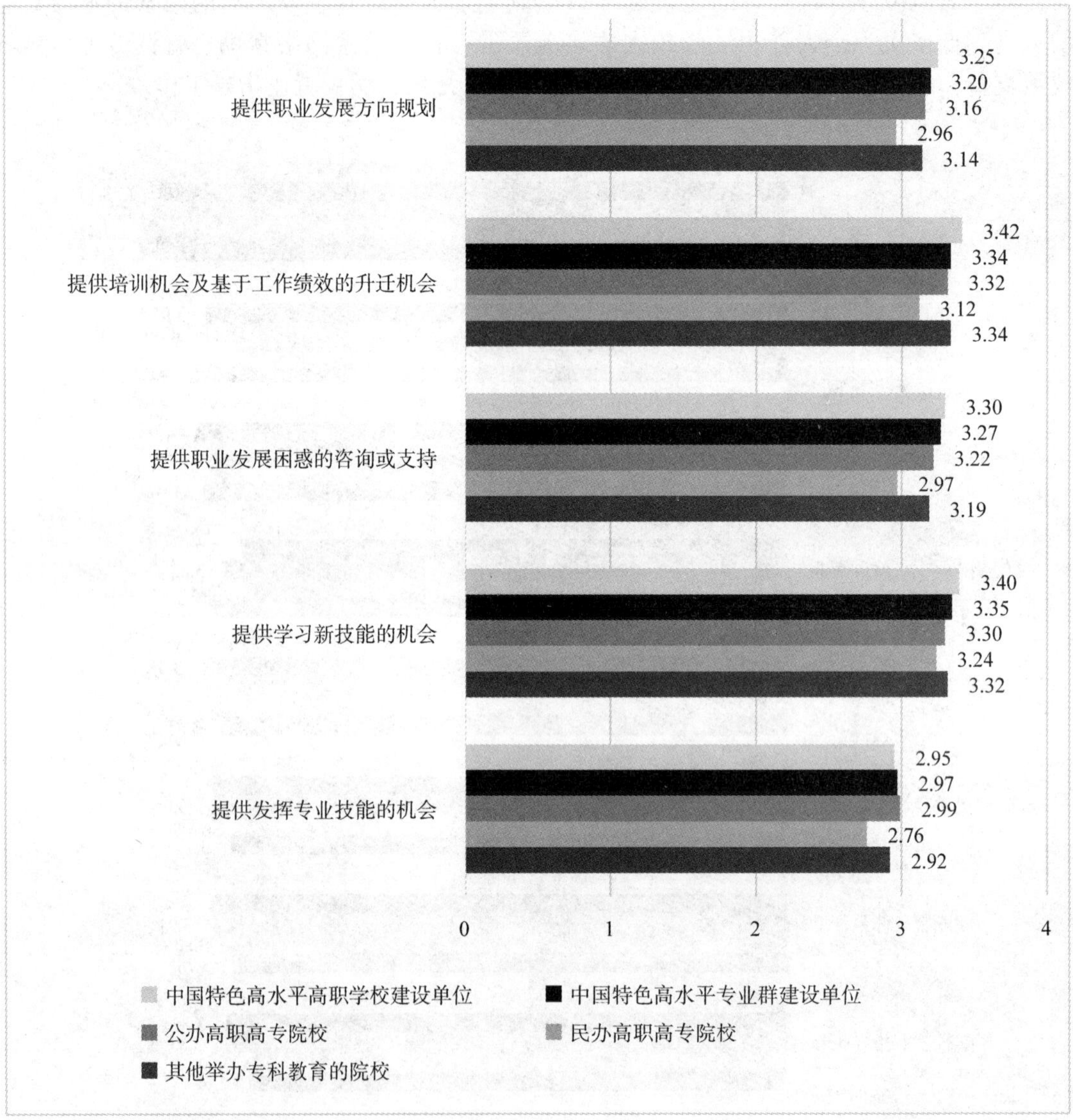

图 2-33　就业单位对不同类型院校专科毕业生提供的职业发展支持情况

第三章 就业质量

本章基于主体性原则、服务性原则、激励性原则、前瞻性原则，主要选取就业率、收入水平、专业匹配度、就业满意度、就业保持率5个评价指标反映毕业生就业质量。

表3-1为不同学历陕西高校毕业生就业质量评价指标的均值状况。陕西高校毕业生就业质量的总体状况稳定，但距离高质量就业的目标仍有差距。从不同层次毕业生的就业质量状况来看，毕业研究生在就业率、收入水平、专业匹配度、就业满意度、就业保持率5个就业质量评价指标上都显著优于本科毕业生与专科毕业生。本科毕业生除就业率略低于专科毕业生外，在收入水平、专业匹配度、就业满意度、就业保持率4个就业质量指标上的状况都好于专科毕业生。由此可见，不同学历毕业生的就业质量状况存在显著差异，毕业研究生的就业质量状况最好，其次是本科毕业生，再次是专科毕业生。这充分说明，陕西高校毕业生的就业质量呈现毕业生的学历越高，毕业生的就业质量状况就越好的发展趋势。

表3-1　不同学历陕西高校毕业生就业质量评价指标的均值状况

学历	就业率/%	收入水平均值/元	专业匹配度均值（最高5分）	就业满意度均值（最高5分）	就业保持率/%
研究生	94.89	8 233.77	3.72	3.72	92.67
本科生	83.39	5 304.85	3.38	3.50	80.75
专科生	84.70	3 888.58	3.13	3.41	56.04
合计	84.91	5 194.51	3.33	3.50	73.59

在此基础上，为进一步探究与评析不同学历陕西高校毕业生就业质量的差异状况与差异程度，本报告应用层次分析法与德尔菲法测算了陕西高校及专业毕业生就业质量指数评价指标权重，按研究生教育、本科教育、专科教育分别计算与评价了不同类别高校及学科专业毕业生的就业质量指数。

一、陕西高校及专业毕业生就业质量指数评价方法

1. 指标体系

陕西高校及专业毕业生就业质量指数评价依据主体性原则、服务性原则、激励性原则、前瞻性原则，主要选取就业率、收入水平、专业匹配度、就业满意度、就业保持率5个反映毕业生就业质量的指标，构建就业质量指数评价指标体系。

一是就业率。就业率的计算公式为：就业率=（高校（专业）已就业毕业生人数/高校（专业）需就业毕业生总人数）·100%。其中计入毕业生已就业的类型包括受雇与专业有关的全职工作、受雇与专业无关的全职工作、受雇兼职工作、自主创业、参军入伍、国内升学、留学（专科毕业生无此项）7种类型。

二是收入水平。收入水平是指高校（专业）毕业生在参加调查时每月平均的工资、奖金、业绩提成、现金福利补贴等所有折现收入。

三是专业匹配度。应用李克特（Likert）式量表编制方法设计相应调查题目，分析高校（专业）毕业生签约的职业岗位与个人所学专业的匹配程度，毕业生对调查题目的回答从“非常不匹配”到“非常匹配”共分为5个等级，分别赋值1、2、3、4、5分。

四是就业满意度。应用李克特（Likert）式量表编制方法设计相应调查题目，分析高校（专业）毕业生对所签就业单位的总体满意度，毕业生对调查题目的回答从“非常不满意”到“非常满意”共分5个等级，分别赋值1、2、3、4、5分。

五是就业保持率。就业保持率主要是指参加工作的高校（专业）毕业生从2019年毕业时到参加调查时仍然保持就业岗位、没有离职的比例。

表3-2为陕西高校及专业毕业生就业质量指数评价指标的描述统计结果。

表3-2　陕西高校及专业毕业生就业质量指数评价指标的描述统计结果

评价指标	全省均值					
	研究生培养高校	研究生学科	本科高校	本科专业	专科教育院校	专科专业
就业率/%	94.89	95.12	83.39	83.42	84.70	86.39
收入水平/元	8 235.19	8 486.87	5 304.76	5 315.15	3 888.58	4 246.89
专业匹配度（最高5分）	3.72	3.72	3.38	3.39	3.13	3.05
就业满意度（最高5分）	3.72	3.73	3.50	3.51	3.41	3.41
就业保持率/%	92.66	93.00	80.75	80.63	56.04	57.56

2. 指标权重

表3-3为陕西高校及专业毕业生就业质量指数的评价指标权重。陕西高校及专业毕业生就业质量指数评价指标的权重设计采用层次分析法与德尔菲法进行测算。具体操作步骤为：第一步，建立递阶层次结构；第二步，构造两两比较判断矩阵；第三步，计算判断矩阵的权重向量；第四步，判断矩阵的一致性检验。以此来分析陕西高校及专业毕业生就业质量指数评价指标判断矩阵是否具有令人满意的一致性。

表 3-3 陕西高校及专业毕业生就业质量指数的评价指标权重

评价指标	计算指标	计算办法	权重/%
就业率	就业率占比	高校（专业）毕业生就业率/全省平均就业率	30
收入水平	平均月收入占比	高校（专业）毕业生平均月收入/全省平均月收入	30
专业匹配度	专业匹配度占比	高校（专业）毕业生专业匹配度/全省平均专业匹配度	16
就业满意度	就业满意度占比	高校（专业）毕业生就业满意度/全省平均就业满意度	16
就业保持率	就业保持率占比	高校（专业）毕业生就业保持率/全省平均就业保持率	8

二、陕西高校及专业毕业生就业质量指数评价结果

（一）研究生培养高校就业质量指数评价结果

1. 调查样本

本报告覆盖了陕西 26 所研究生培养高校毕业研究生的调查数据，其中双一流建设高校 7 所、陕西省高水平大学 11 所、公办普通本科高校 8 所。

2. 评价结果

根据陕西高校及专业毕业生就业质量指数评价指标及其权重，对不同类型研究生培养高校毕业生的就业质量指数进行了测算与排序，具体结果如表 3-4 所示。

表 3-4 研究生培养高校毕业生就业质量指数评价结果

研究生培养高校	排名	标准化就业质量指数	就业质量指数	就业率/%	收入水平/元	专业匹配度（最高 5 分）	就业满意度（最高 5 分）	就业保持率/%
双一流建设高校	1	100.00	103.07	95.83	8 952.15	3.71	3.76	93.06
陕西省高水平大学	2	93.14	95.99	94.50	7 199.94	3.74	3.69	91.99
公办普通本科高校	3	89.06	91.79	88.65	6 705.63	3.69	3.61	92.23

注：某一研究生教育类别高校毕业生标准化就业质量指数=（该研究生教育类别高校毕业生就业质量指数/研究生教育各类高校中最高就业质量指数）×100。

为进一步明确不同高校毕业研究生就业质量的差异状况，本报告以标准化就业质量指数为参数，展示了不同类型高校毕业研究生标准化就业质量指数的变化趋势，具体如图 3-1 所示。

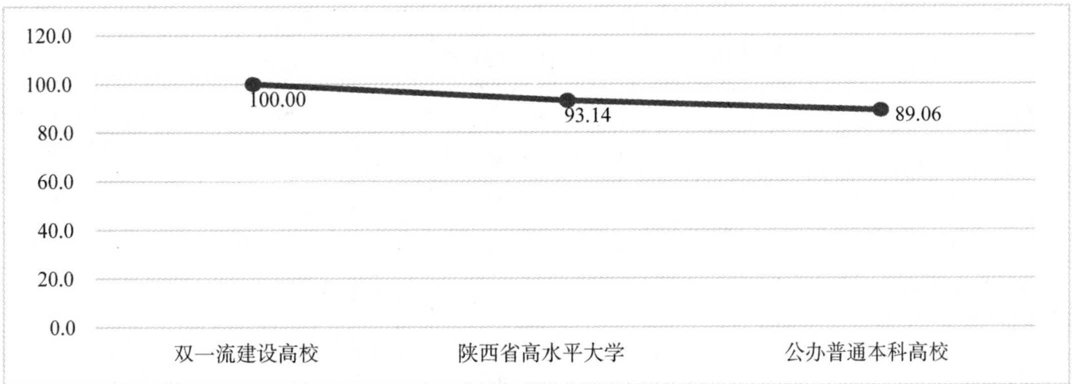

图 3-1 研究生培养高校毕业生标准化就业质量指数趋势

由表3-4与图3-1可知，不同研究生培养高校毕业生的就业质量存在显著差异。双一流建设高校研究生的标准化就业质量指数（100.00）显著高于高水平大学研究生（93.14）与公办普通本科高校研究生（89.06）的就业质量指数。这表明，双一流建设高校研究生的就业质量最高，其次是陕西省高水平大学的研究生，而公办普通本科高校研究生的就业质量最低。

（二）不同学科门类毕业研究生就业质量指数评价结果

1. 调查样本

根据陕西省教育厅的统计数据，2019年陕西高校共有488个研究生学科，本报告调查数据覆盖的陕西高校研究生学科数为444个。为保证陕西高校不同学科毕业研究生就业质量指数测度的科学性与公正性，本报告选取的陕西高校研究生学科为参与调查的毕业研究生人数占该学科毕业研究生总人数的比例不低于15%，且毕业生人数在15人及以上的研究生学科，共计115个。

2. 评价结果

根据陕西高校及专业毕业生就业质量指数评价指标及其权重，对陕西115个不同学科毕业研究生的就业质量指数进行了测算与排序，具体如表3-5所示。由表3-5可见，不同学科毕业研究生的就业质量存在明显差异，标准化就业质量指数得分介于61.40～100.00分。其中，集成电路工程、软件工程、计算机科学与技术、微电子学与固体电子学、材料科学与工程等9个研究生学科的标准化就业质量指数得分在90分及以上，占研究生学科总数的7.83%；动力工程及工程热物理、机械工程、土木工程、控制工程、交通运输规划与管理等25个研究生学科的标准化就业质量指数得分介于80～90分，占研究生学科总数的21.74%；金融、材料工程、岩土工程、公共管理、城市规划等64个研究生学科的标准化就业质量指数得分介于70～80分，占研究生学科总数的55.65%；音乐、社会工作、中西医结合临床、美术学、英语语言文学等17个研究生学科的标准化就业质量指数得分介于60～70分，占研究生学科总数的14.78%。由此可见，就业质量优良的毕业研究生学科的比例接近30%，超过50%的毕业研究生学科的就业质量处于中等偏上的水平，而有近15%的毕业研究生学科的就业质量水平相对较低。

表3-5 不同学科门类毕业研究生就业质量指数评价结果

学科名称	排名	标准化就业质量指数	就业质量指数	就业率/%	收入水平/元	专业匹配度（最高5分）	就业满意度（最高5分）	就业保持率/%
集成电路工程	1	100.00	127.03	100.00	14 458.33	4.09	3.89	100.00
软件工程	2	95.44	121.24	98.18	13 052.50	4.06	3.96	97.40
计算机科学与技术	3	95.42	121.21	92.06	13 508.82	4.04	3.97	100.00
微电子学与固体电子学	4	95.30	121.05	100.00	12 933.21	4.10	3.95	91.67
材料科学与工程	5	94.47	120.01	93.10	14 575.00	3.25	3.73	88.89
控制科学与工程	6	92.76	117.83	97.62	12 518.52	3.77	3.95	96.97
计算机应用技术	7	92.20	117.11	97.22	12 096.00	3.90	3.98	100.00

续表

学科名称	排名	标准化就业质量指数	就业质量指数	就业率/%	收入水平/元	专业匹配度（最高5分）	就业满意度（最高5分）	就业保持率/%
计算机技术	8	92.08	116.96	95.24	12 539.39	3.84	3.92	93.02
电子科学与技术	9	91.85	116.67	100.00	12 423.08	3.53	3.77	100.00
动力工程及工程热物理	10	87.22	110.80	97.83	11 073.66	3.50	3.85	94.12
机械工程	11	86.79	110.24	98.51	10 829.49	3.60	3.68	98.99
土木工程	12	86.45	109.82	100.00	10 083.33	3.94	3.75	100.00
控制工程	13	86.29	109.61	100.00	10 472.22	3.58	3.82	95.12
交通运输规划与管理	14	86.07	109.34	100.00	9 900.00	3.88	3.85	100.00
生物医学工程	15	85.54	108.66	80.95	11 653.85	3.67	3.95	93.33
电气工程	16	84.12	106.86	100.00	8 996.94	4.01	3.91	100.00
车辆工程	17	83.70	106.33	100.00	9 912.50	3.57	3.55	95.24
道路与铁道工程	18	82.94	105.36	100.00	8 532.69	4.04	3.92	100.00
电力电子与电力传动	19	82.50	104.80	100.00	9 352.14	3.43	3.71	100.00
交通运输工程	20	82.37	104.64	100.00	8 681.08	3.94	3.73	100.00
光学工程	21	82.31	104.56	91.67	10 211.54	3.41	3.76	89.66
机械电子工程	22	82.25	104.48	100.00	8 672.58	3.76	3.89	100.00
结构工程	23	82.08	104.27	98.04	8 422.86	4.23	3.82	95.00
管理科学与工程	24	82.02	104.19	97.78	9 243.75	3.78	3.68	89.19
生物学	25	81.98	104.13	92.00	9 473.33	3.72	3.75	100.00
动物遗传育种与繁殖	26	81.70	103.79	81.25	8 950.00	4.36	4.27	100.00
材料加工工程	27	81.38	103.38	86.21	10 342.86	3.40	3.58	100.00
建筑学	28	81.33	103.31	91.67	8 864.19	4.09	3.79	96.67
动力工程	29	81.15	103.08	100.00	9 211.25	3.36	3.58	95.45
人文地理学	30	81.01	102.90	95.00	8 670.00	4.13	3.88	81.82
生物化学与分子生物学	31	80.85	102.71	90.00	9 418.18	3.69	3.64	100.00
金融学	32	80.78	102.61	100.00	8 475.00	3.93	3.70	86.67
材料物理与化学	33	80.73	102.55	96.55	9 638.89	3.17	3.56	95.00
农业工程	34	80.71	102.53	100.00	8 486.67	3.87	3.62	92.86
金融	35	79.83	101.41	100.00	8 144.95	3.56	3.81	100.00
材料工程	36	79.72	101.27	94.74	9 394.95	3.31	3.52	91.84
岩土工程	37	79.06	100.42	100.00	7 793.04	3.92	3.65	93.33
公共管理	38	78.98	100.33	96.05	8 257.09	3.76	3.86	84.75
城市规划	39	78.92	100.25	100.00	7 344.12	4.05	3.73	100.00

续表

学科名称	排名	标准化就业质量指数	就业质量指数	就业率/%	收入水平/元	专业匹配度（最高5分）	就业满意度（最高5分）	就业保持率/%
凝聚态物理	40	78.62	99.87	100.00	8 787.50	3.14	3.53	90.00
矿物学、岩石学、矿床学	41	78.55	99.78	100.00	7 850.77	3.54	3.70	100.00
应用数学	42	78.29	99.45	96.30	7 658.82	3.89	3.88	91.30
机械设计及理论	43	78.06	99.16	94.44	8 550.00	3.18	3.73	100.00
建筑与土木工程	44	78.03	99.12	98.70	7 493.50	3.90	3.73	92.62
农业资源利用	45	78.03	99.12	100.00	7 322.22	3.53	4.01	100.00
安全科学与工程	46	77.99	99.07	100.00	7 278.57	3.94	3.73	94.44
学科教学（历史）	47	77.85	98.89	100.00	6 669.23	4.33	3.70	100.00
地图学与地理信息系统	48	77.70	98.70	86.67	9 500.00	3.22	3.35	100.00
企业管理	49	77.67	98.67	100.00	7 494.44	3.64	3.74	95.00
工程管理	50	77.64	98.63	100.00	7 858.33	3.71	3.85	70.59
材料学	51	77.59	98.56	98.21	8 278.95	3.43	3.53	88.37
桥梁与隧道工程	52	77.48	98.42	100.00	7 788.13	3.71	3.56	85.71
化学	53	77.30	98.19	87.50	9 053.85	3.50	3.77	75.00
植物学	54	77.24	98.11	100.00	7 592.86	3.44	3.74	94.44
安全工程	55	77.10	97.94	100.00	7 458.33	3.71	3.62	90.91
环境科学与工程	56	76.95	97.75	96.55	7 693.75	3.69	3.79	83.33
机械制造及其自动化	57	76.88	97.66	97.37	7 833.33	3.52	3.58	92.86
外国语言学及应用语言学	58	76.68	97.41	100.00	7 219.09	3.65	3.80	88.46
中国史	59	76.63	97.34	92.68	7 552.17	3.75	3.78	96.67
工业设计工程	60	76.60	97.30	85.19	8 984.29	3.47	3.56	88.24
课程与教学论	61	76.26	96.87	96.15	6 981.25	3.95	3.63	100.00
内科学	62	76.10	96.66	100.00	6 753.33	3.83	3.74	93.75
地质工程	63	75.63	96.07	96.49	7 284.15	3.55	3.70	93.33
市政工程	64	75.62	96.06	100.00	6 414.71	3.98	3.80	90.91
环境科学	65	75.28	95.63	100.00	6 300.00	3.68	3.91	100.00
中国现当代文学	66	75.19	95.51	95.65	6 971.43	3.91	3.53	93.75
自然地理学	67	74.85	95.07	100.00	6 545.11	3.69	3.56	100.00
生态学	68	74.80	95.01	90.48	7 336.36	3.69	3.71	93.75
基础数学	69	74.58	94.74	94.74	5 655.56	4.33	3.98	100.00
法律（法学）	70	74.39	94.50	97.92	5 800.00	4.04	3.92	97.44
农业水土工程	71	74.38	94.48	100.00	6 428.57	3.61	3.60	100.00

续表

学科名称	排名	标准化就业质量指数	就业质量指数	就业率/%	收入水平/元	专业匹配度（最高5分）	就业满意度（最高5分）	就业保持率/%
水土保持与荒漠化防治	72	74.34	94.44	90.48	7 061.54	3.58	3.96	91.67
英语笔译	73	74.31	94.40	100.00	6 360.38	3.66	3.86	86.67
化学工程	74	74.29	94.36	86.67	7 800.00	3.45	3.65	95.24
水利工程	75	74.25	94.31	100.00	6 292.31	3.68	3.61	100.00
风景园林	76	74.09	94.12	92.59	6 889.41	3.83	3.66	89.47
中国古代文学	77	73.66	93.57	96.43	5 693.75	4.11	3.86	95.45
统计学	78	73.36	93.18	94.44	7 000.00	3.69	3.51	81.82
会计学	79	73.21	92.99	91.43	6 477.78	3.89	3.75	90.91
油气田开发工程	80	73.13	92.90	100.00	4 887.50	4.20	3.95	100.00
新闻与传播	81	72.99	92.71	97.56	6 828.38	3.33	3.44	93.55
会计	82	72.46	92.04	95.38	6 428.21	3.50	3.65	91.67
思想政治教育	83	72.34	91.89	94.59	5 710.00	4.03	3.86	86.21
体育教育训练学	84	72.32	91.86	93.55	5 481.25	4.20	3.79	94.44
环境工程	85	72.07	91.55	92.16	6 453.57	3.57	3.58	96.88
旅游管理	86	71.93	91.37	88.24	6 615.38	4.00	3.62	78.57
学科教学（思政）	87	71.75	91.14	95.45	4 968.75	4.39	3.84	88.89
作物学	88	71.45	90.76	100.00	6 070.31	3.26	3.48	95.24
汉语国际教育	89	71.33	90.61	90.24	6 595.19	3.53	3.55	90.32
有机化学	90	71.28	90.55	76.47	6 770.00	3.92	3.82	100.00
法律（非法学）	91	71.14	90.37	93.18	5 762.14	3.81	3.81	85.19
食品科学	92	71.09	90.30	92.86	6 900.00	3.42	3.61	66.67
农业昆虫与害虫防治	93	70.94	90.11	86.67	7 110.00	3.36	3.42	90.91
应用化学	94	70.68	89.78	84.00	6 938.46	3.41	3.46	100.00
林业	95	70.40	89.42	93.33	5 454.17	3.71	3.81	91.67
细胞生物学	96	70.35	89.36	93.33	5 780.00	3.57	3.49	100.00
艺术学理论	97	70.27	89.26	94.12	6 045.45	3.68	3.61	73.33
体育教学	98	70.19	89.16	89.19	5 839.76	3.79	3.56	96.00
马克思主义中国化研究	99	69.78	88.64	90.91	5 363.33	3.92	3.73	88.89
矿产普查与勘探	100	69.63	88.45	86.67	6 500.00	3.50	3.67	77.78
设计学	101	69.59	88.40	77.42	6 876.47	3.73	3.69	83.33
马克思主义基本原理	102	69.39	88.14	86.67	5 875.00	3.60	3.59	100.00
分析化学	103	68.73	87.31	85.00	5 772.73	3.78	3.55	93.33

续表

学科名称	排名	标准化就业质量指数	就业质量指数	就业率/%	收入水平/元	专业匹配度（最高5分）	就业满意度（最高5分）	就业保持率/%
食品工程	104	68.68	87.25	90.00	6 262.50	3.06	3.58	88.24
广播电视	105	68.66	87.21	92.00	5 589.47	3.50	3.32	100.00
园艺	106	68.55	87.07	95.45	5 165.38	3.25	3.93	85.71
行政管理	107	68.46	86.96	87.50	6 010.00	3.55	3.50	84.21
民商法学	108	68.17	86.60	87.50	5 875.00	3.45	3.71	80.00
中药学	109	68.14	86.55	84.21	6 863.64	3.50	3.20	72.73
音乐与舞蹈学	110	67.55	85.80	75.00	5 599.29	3.93	3.80	100.00
英语语言文学	111	67.06	85.19	85.71	5 718.75	3.78	3.04	93.75
美术学	112	66.96	85.06	86.67	5 112.50	3.80	3.31	100.00
中西医结合临床	113	66.12	83.98	85.29	5 397.68	3.50	3.54	84.21
社会工作	114	64.53	81.97	84.62	5 476.47	3.17	3.49	78.95
音乐	115	61.40	78.00	79.41	4 382.35	3.21	3.41	100.00

注：某研究生学科毕业生标准化就业质量指数=（该研究生学科毕业生就业质量指数/研究生学科中最高的毕业生就业质量指数）×100。

（三）不同类型院校本科毕业生就业质量指数评价结果

1. 调查样本

在本次调查中，陕西54所本科院校的毕业生参与了调查，其中双一流建设高校7所、陕西省高水平大学11所、公办普通本科高校16所、民办本科院校和独立院校20所。

2. 评价结果

根据陕西高校及专业毕业生就业质量指数评价指标及权重，对陕西四类本科院校毕业生就业质量指数进行了测算与排序，具体结果如表3-6所示。

表3-6　不同类型院校本科毕业生就业质量指数评价结果

院校类型	排名	标准化就业质量指数	就业质量指数	就业率/%	收入水平/元	专业匹配度（最高5分）	就业满意度（最高5分）	就业保持率/%
双一流建设高校	1	100.00	111.78	88.05	6 627.09	3.56	3.62	93.16
陕西省高水平大学	2	91.92	102.75	83.38	5 783.80	3.33	3.48	84.49
公办普通本科高校	3	86.01	96.14	81.68	4 713.38	3.44	3.47	80.22
民办本科院校和独立院校	4	83.06	92.85	80.51	4 549.09	3.25	3.50	68.47

注：某类本科院校毕业生标准化就业质量指数=（该类本科院校毕业生就业质量指数/本科各院校中最高的毕业生就业质量指数）×100。

为进一步明确不同本科高校毕业生就业质量的差异状况，本报告以标准化就业质量指数为参数，展示了不同本科高校毕业生标准化就业质量指数的变化趋势，具体如图 3-2 所示。

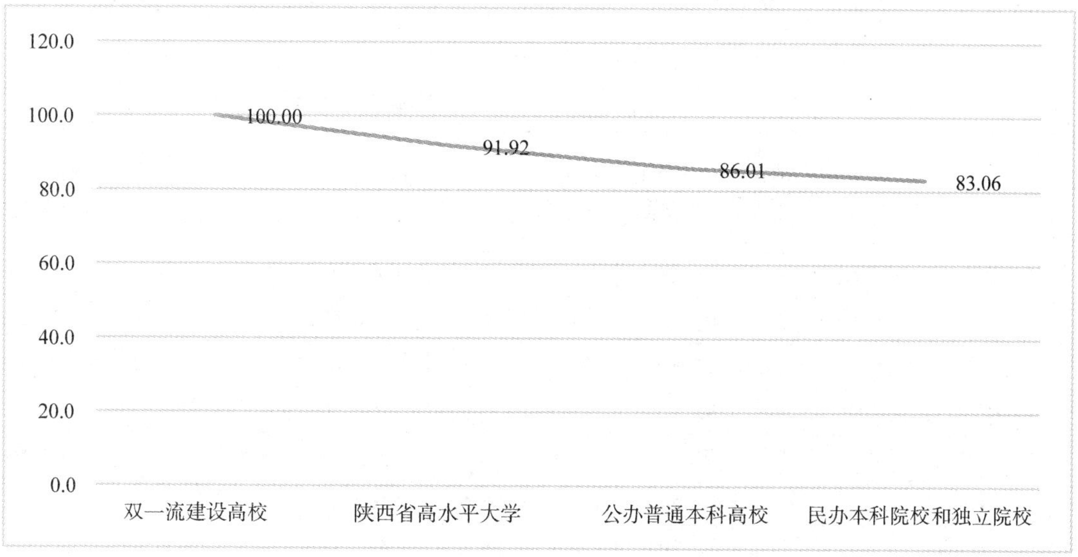

图 3-2　不同类型院校本科毕业生标准化就业质量指数趋势

由表 3-6 与图 3-2 可见，不同本科院校毕业生的就业质量存在显著差异。双一流建设高校、陕西省高水平大学、公办普通本科高校、民办本科院校和独立院校本科毕业生的标准化就业质量指数分别为 100.00、91.92、86.01、83.06。这说明，双一流建设高校本科毕业生的就业质量最高，其次依次是陕西省高水平大学的本科毕业生和公办普通本科高校的本科毕业生，而民办本科院校和独立院校本科毕业生的就业质量最低。

（四）不同专业本科毕业生就业质量指数评价结果

1. 调查样本

根据陕西省教育厅的统计数据，2019 年陕西高校共有 304 个本科专业，本报告调查数据覆盖的陕西高校本科专业数为 303 个。为保证陕西高校本科专业毕业生就业质量指数测度的科学性与公正性，本报告选取了参与调查的陕西高校本科专业毕业生人数占该本科专业毕业生总人数的比例不低于 15%，且毕业生人数在 40 人及以上的本科专业，共计 164 个。

2. 分析结果

根据陕西高校及专业毕业生就业质量指数评价指标及权重，对陕西高校 164 个本科专业毕业生就业质量指数进行了测算与排序，其结果如表 3-7 所示。由表 3-7 可见，不同专业本科毕业生的就业质量存在明显差异，标准化就业质量指数得分介于 62.07～100.00 分。其中，集成电路设计与集成系统、信息安全、飞行器动力工程、道路桥梁与渡河工程、采矿工程等 7 个本科专业毕业生的标准化就业质量指数得分在 90 分以上，约占本科专业总数的 4.27%；电磁场与无线技术、物联网工程、计算机科学与技术、城乡规划、通信工程等 50 个本科专业毕业生的标准化就业质量指数得分介于 80～90 分，约占本科专业总数的 30.49%；金融工程、思想政治教育、电子信息工程、工业工程、水文与水资源工程等 101 个本科专业毕业生的标准化就业质量指数得分介于 70～80 分，约占本科专业总数的

61.59%；文化产业管理、应用心理学、统计学、社会学、药物制剂等6个本科专业毕业生的标准化就业质量指数得分介于60~70分，约占本科专业总数的3.65%。由此可见，就业质量优良的本科专业的比例接近35%，超过60%的本科专业的就业质量处于中等偏上的水平，而有4%左右的本科专业的就业质量水平相对较低。

表3-7　不同专业本科毕业生就业质量指数评价结果

本科专业名称	排名	标准化就业质量指数	就业质量指数	就业率/%	收入水平/元	专业匹配度（最高5分）	就业满意度（最高5分）	就业保持率/%
集成电路设计与集成系统	1	100.00	129.06	86.67	9 460.71	3.74	3.71	100.00
信息安全	2	96.28	124.25	84.48	9 166.67	3.50	3.54	95.45
飞行器动力工程	3	95.62	123.40	93.02	8 500.00	2.90	4.03	100.00
道路桥梁与渡河工程	4	95.12	122.76	91.48	8 076.30	3.83	3.64	96.88
采矿工程	5	94.24	121.63	89.80	8 133.33	3.78	3.44	100.00
软件工程	6	91.58	118.19	85.53	8 004.11	3.70	3.62	83.77
网络工程	7	90.20	116.41	88.41	7 690.19	3.58	3.57	80.81
电磁场与无线技术	8	89.35	115.31	83.33	7 635.89	3.43	3.67	94.12
物联网工程	9	89.22	115.15	92.35	7 130.92	3.51	3.65	85.56
计算机科学与技术	10	88.21	113.84	83.46	7 479.41	3.63	3.63	80.06
城乡规划	11	86.11	111.13	88.89	6 340.16	3.66	3.64	95.92
通信工程	12	85.51	110.36	86.91	6 868.34	3.27	3.65	83.06
西班牙语	13	85.46	110.29	85.94	7 189.66	3.29	3.61	68.57
建筑学	14	85.44	110.26	87.57	6 269.62	3.78	3.69	88.17
意大利语	15	85.34	110.14	86.36	6 829.17	3.30	3.62	85.19
建筑电气与智能化	16	84.99	109.68	93.33	5 688.00	3.86	3.61	93.75
飞行器设计与工程	17	84.85	109.51	84.71	7 170.71	2.78	3.65	88.89
遥感科学与技术	18	84.60	109.18	84.78	6 594.19	3.36	3.62	92.00
水利水电工程	19	84.23	108.71	89.87	6 373.40	3.27	3.49	91.53
地理信息科学	20	83.87	108.24	85.37	6 418.83	3.34	3.68	88.24
微电子科学与工程	21	83.86	108.22	85.29	6 649.97	3.39	3.49	81.82
电子科学与技术	22	83.81	108.16	84.55	6 659.17	3.28	3.64	81.58
过程装备与控制工程	23	83.77	108.12	87.31	6 650.29	3.17	3.49	83.33
安全工程	24	83.65	107.95	86.39	6 210.27	3.61	3.38	94.29
交通工程	25	83.47	107.72	91.74	6 335.37	3.06	3.34	94.12
光电信息科学与工程	26	83.47	107.72	85.88	6 712.50	2.99	3.53	88.16
机械工程	27	83.35	107.57	90.00	6 517.07	3.22	3.27	83.72
信息与计算科学	28	83.11	107.25	77.68	6 940.24	3.41	3.59	77.23

续表

本科专业名称	排名	标准化就业质量指数	就业质量指数	就业率/%	收入水平/元	专业匹配度（最高5分）	就业满意度（最高5分）	就业保持率/%
资源勘查工程	29	83.02	107.14	91.54	6 217.14	3.08	3.38	92.68
土木工程	30	82.98	107.09	89.81	5 717.30	3.70	3.48	93.03
测绘工程	31	82.68	106.71	83.53	6 570.59	3.28	3.28	92.31
俄语	32	82.35	106.28	80.39	6 833.33	3.25	3.31	84.21
电子信息科学与技术	33	82.20	106.08	87.06	6 141.18	3.26	3.48	89.61
法语	34	82.19	106.07	79.41	7 032.76	3.31	3.55	60.61
测控技术与仪器	35	82.12	105.97	87.70	6 401.75	3.00	3.49	82.93
电气工程及其自动化	36	82.02	105.85	87.18	5 878.41	3.43	3.60	87.90
地质学	37	82.01	105.84	89.71	6 381.25	2.90	3.52	78.95
自动化	38	81.95	105.76	87.33	6 215.38	3.20	3.51	82.42
工程力学	39	81.83	105.60	87.18	6 188.88	3.15	3.39	90.63
数字媒体技术	40	81.62	105.34	83.82	6 146.43	3.40	3.55	83.33
动物医学	41	81.51	105.19	88.14	5 508.90	3.55	3.45	100.00
地质工程	42	81.37	105.01	87.50	5 868.18	3.23	3.46	94.74
生物医学工程	43	81.37	105.01	87.23	6 074.44	3.05	3.55	88.89
车辆工程	44	81.36	105.00	88.20	5 805.43	3.33	3.52	88.46
交通运输	45	81.25	104.86	87.30	5 714.24	3.30	3.65	90.82
德语	46	81.19	104.78	80.00	6 304.33	3.41	3.84	68.75
信息管理与信息系统	47	81.01	104.55	85.77	6 281.75	3.10	3.43	80.47
油气储运工程	48	80.87	104.36	87.93	5 544.00	3.59	3.35	92.86
动物科学	49	80.79	104.27	84.48	6 000.00	3.36	3.71	72.73
商务英语	50	80.47	103.86	77.78	6 298.25	3.34	3.64	80.00
石油工程	51	80.33	103.67	88.10	5 688.89	3.23	3.30	96.43
能源与动力工程	52	80.27	103.59	89.02	5 522.68	3.17	3.52	94.62
工程管理	53	80.14	103.43	89.61	5 331.78	3.53	3.48	86.52
生物科学	54	80.13	103.41	85.05	5 323.70	3.73	3.59	88.89
数学与应用数学	55	80.13	103.41	86.23	5 101.42	3.91	3.63	86.73
应用统计学	56	80.04	103.30	89.71	5 752.78	3.01	3.54	82.93
哲学	57	80.01	103.25	83.02	5 833.33	3.32	3.66	81.82
金融工程	58	79.89	103.10	89.80	5 622.73	3.19	3.62	76.00
思想政治教育	59	79.39	102.46	88.29	4 934.57	3.76	3.69	83.65
电子信息工程	60	79.36	102.42	82.52	6 078.05	3.09	3.43	82.94

续表

本科专业名称	排名	标准化就业质量指数	就业质量指数	就业率/%	收入水平/元	专业匹配度（最高5分）	就业满意度（最高5分）	就业保持率/%
工业工程	61	79.29	102.32	85.09	5 705.79	3.19	3.49	86.15
水文与水资源工程	62	79.28	102.32	88.00	5 510.00	3.04	3.54	91.67
朝鲜语	63	79.15	102.14	83.93	5 966.67	3.60	3.42	57.14
地理科学	64	78.81	101.71	87.42	4 797.14	3.88	3.54	88.24
物理学	65	78.78	101.67	82.81	5 063.81	3.89	3.54	88.66
建筑环境与能源应用工程	66	78.64	101.49	84.94	5 348.81	3.39	3.45	91.18
焊接技术与工程	67	78.64	101.49	90.48	5 400.00	3.07	3.37	86.96
给排水科学与工程	68	78.58	101.41	84.17	5 401.68	3.36	3.50	88.81
无机非金属材料工程	69	78.48	101.28	86.02	5 793.27	2.93	3.31	88.10
日语	70	78.46	101.25	86.21	5 684.41	3.20	3.48	72.37
产品设计	71	78.41	101.19	86.93	5 546.61	3.21	3.48	76.54
化学工程与工艺	72	78.40	101.18	87.99	5 467.29	3.06	3.42	87.05
风景园林	73	78.30	101.06	84.78	5 164.08	3.62	3.63	78.57
农学	74	78.22	100.95	84.62	5 225.00	3.38	3.55	90.00
生物技术	75	78.12	100.82	80.85	5 475.00	3.18	3.60	95.00
冶金工程	76	78.06	100.75	85.71	5 163.16	3.44	3.49	86.96
勘查技术与工程	77	78.05	100.73	91.80	5 795.83	2.45	3.25	86.67
应用物理学	78	77.81	100.41	86.59	5 703.33	2.96	3.42	75.76
舞蹈学	79	77.79	100.40	85.19	4 943.02	3.55	3.59	88.00
小学教育	80	77.70	100.27	86.07	4 308.92	4.15	3.64	88.46
化学	81	77.42	99.92	87.01	4 668.36	3.71	3.54	86.89
物流工程	82	77.15	99.57	81.25	5 688.10	3.16	3.39	79.17
学前教育	83	77.12	99.52	93.67	3 836.71	3.98	3.63	89.44
机械电子工程	84	77.04	99.43	82.68	5 536.62	3.00	3.39	88.89
播音与主持艺术	85	76.90	99.24	80.18	5 562.33	3.27	3.68	68.97
机械设计制造及其自动化	86	76.76	99.06	85.62	5 352.96	3.09	3.33	83.73
材料科学与工程	87	76.74	99.04	87.45	5 411.13	2.86	3.27	87.18
工商管理	88	76.71	99.00	80.43	5 629.07	3.18	3.49	74.36
市场营销	89	76.61	98.87	82.09	5 567.64	3.28	3.48	66.35
经济统计学	90	76.51	98.74	79.45	5 655.88	2.97	3.50	83.33
材料物理	91	76.49	98.71	82.56	5 321.05	3.02	3.46	90.00
英语	92	76.47	98.69	80.34	5 165.93	3.57	3.54	77.16

续表

本科专业名称	排名	标准化就业质量指数	就业质量指数	就业率/%	收入水平/元	专业匹配度（最高5分）	就业满意度（最高5分）	就业保持率/%
能源化学工程	93	76.47	98.69	91.38	5 113.46	3.11	3.22	76.67
材料成型及控制工程	94	76.45	98.66	89.27	5 154.58	2.98	3.33	82.95
侦查学	95	76.42	98.62	75.00	5 014.29	3.74	3.86	81.48
医学检验技术	96	76.40	98.60	85.96	4 590.74	3.69	3.43	87.88
环境工程	97	76.23	98.37	85.58	4 940.36	3.26	3.47	85.92
应用化学	98	76.07	98.17	86.19	5 106.30	3.18	3.41	78.43
高分子材料与工程	99	76.05	98.14	84.55	5 424.98	2.85	3.30	86.67
物流管理	100	76.02	98.11	86.78	5 027.80	3.05	3.55	80.00
工程造价	101	75.81	97.84	88.02	4 524.33	3.65	3.46	77.14
秘书学	102	75.73	97.74	85.94	4 844.07	3.13	3.65	81.25
生物工程	103	75.66	97.64	85.48	4 894.74	3.26	3.48	80.95
教育技术学	104	75.61	97.58	84.85	4 496.29	3.38	3.66	91.18
音乐表演	105	75.58	97.54	70.71	4 862.52	3.92	3.79	89.66
翻译	106	75.53	97.47	80.22	5 785.64	3.02	3.41	61.90
财政学	107	75.50	97.44	83.78	5 176.51	3.20	3.48	71.74
金属材料工程	108	75.42	97.34	85.51	5 321.05	2.80	3.31	83.61
金融学	109	75.13	96.96	70.05	5 738.84	3.29	3.52	78.72
行政管理	110	74.96	96.74	86.75	4 732.44	3.18	3.50	79.57
动画	111	74.93	96.70	79.61	5 314.10	3.42	3.58	57.02
网络与新媒体	112	74.90	96.66	79.03	5 412.50	3.19	3.43	70.83
工业设计	113	74.81	96.54	82.09	5 389.20	3.06	3.21	75.86
历史学	114	74.64	96.33	86.36	4 212.90	3.68	3.46	84.44
国际经济与贸易	115	74.63	96.31	79.84	5 401.86	2.97	3.53	70.56
体育教育	116	74.60	96.27	79.75	4 446.04	3.84	3.65	77.55
轻化工程	117	74.53	96.19	78.49	5 150.00	3.15	3.54	79.41
材料化学	118	74.47	96.11	81.71	5 116.67	2.93	3.34	88.89
数字媒体艺术	119	74.34	95.94	82.76	5 182.14	3.22	3.50	58.33
园林	120	74.34	95.94	79.07	5 191.67	3.33	3.51	65.38
绘画	121	74.07	95.59	66.67	5 606.29	3.32	3.54	82.05
人力资源管理	122	73.92	95.40	82.96	4 955.84	3.11	3.43	73.76
音乐学	123	73.89	95.36	78.75	4 561.23	3.70	3.52	78.34
服装与服饰设计	124	73.89	95.36	81.20	4 722.62	3.34	3.46	80.30

续表

本科专业名称	排名	标准化就业质量指数	就业质量指数	就业率/%	收入水平/元	专业匹配度（最高5分）	就业满意度（最高5分）	就业保持率/%
经济学	125	73.84	95.30	77.98	5 484.68	2.88	3.31	76.64
新闻学	126	73.81	95.25	84.71	5 095.69	2.94	3.32	70.89
汉语言文学	127	73.75	95.18	79.19	4 320.02	3.83	3.56	81.13
审计学	128	73.51	94.87	82.65	4 713.42	3.29	3.45	73.08
人文地理与城乡规划	129	73.43	94.76	84.38	5 450.00	2.63	3.21	66.67
社会体育指导与管理	130	73.42	94.75	81.25	4 528.38	3.32	3.53	82.93
公共艺术	131	73.17	94.43	76.74	5 172.73	3.03	3.81	60.00
广告学	132	73.14	94.40	83.06	5 108.77	3.07	3.47	54.05
摄影	133	73.12	94.37	67.27	5 663.08	2.91	3.87	69.23
电子商务	134	73.11	94.36	80.86	5 050.58	3.04	3.54	63.22
制药工程	135	72.83	93.99	82.09	4 554.63	3.31	3.40	77.33
药学	136	72.75	93.89	86.78	4 126.53	3.47	3.46	73.27
食品科学与工程	137	72.72	93.85	82.42	4 726.19	2.91	3.54	77.36
运动训练	138	72.68	93.80	65.74	5 189.83	3.45	3.59	82.98
公共事业管理	139	72.48	93.55	78.67	5 198.69	2.81	3.34	75.00
视觉传达设计	140	72.40	93.43	81.09	4 732.86	3.28	3.51	61.29
广播电视编导	141	72.36	93.38	79.82	4 749.18	3.11	3.71	63.30
包装工程	142	72.22	93.21	86.67	4 730.00	2.86	3.05	80.00
食品质量与安全	143	72.01	92.94	81.82	4 740.00	2.69	3.37	88.00
汉语国际教育	144	71.84	92.72	77.05	4 799.25	3.20	3.47	70.37
环境设计	145	71.76	92.61	78.76	4 631.34	3.26	3.48	69.96
法学	146	71.75	92.60	72.36	4 454.37	3.56	3.60	82.67
旅游管理	147	71.73	92.57	80.72	4 818.59	2.78	3.37	79.27
飞行器制造工程	148	71.67	92.49	91.49	4 300.00	2.68	3.31	76.47
临床医学	149	71.65	92.47	77.22	3 844.50	3.87	3.42	92.42
会计学	150	71.59	92.40	78.54	4 441.34	3.38	3.46	73.98
美术学	151	71.53	92.31	74.82	4 307.31	3.52	3.56	83.21
广播电视学	152	71.07	91.72	75.51	4 859.52	3.10	3.38	71.43
戏剧影视文学	153	71.01	91.65	80.33	4 888.00	2.78	3.59	57.38
中药学	154	70.76	91.33	77.38	4 472.18	3.23	3.45	73.58
环境科学	155	70.54	91.04	77.78	4 335.29	3.33	3.34	77.27
财务管理	156	70.47	90.94	80.30	4 365.26	3.25	3.45	63.76

续表

本科专业名称	排名	标准化就业质量指数	就业质量指数	就业率/%	收入水平/元	专业匹配度（最高5分）	就业满意度（最高5分）	就业保持率/%
服装设计与工程	157	70. 30	90. 73	85. 42	4 333. 33	3. 02	3. 32	62. 50
社会工作	158	70. 29	90. 71	75. 70	4 438. 25	3. 13	3. 68	69. 70
预防医学	159	69. 01	89. 07	78. 87	3 665. 93	3. 51	3. 37	81. 25
药物制剂	160	67. 98	87. 73	80. 00	3 918. 18	3. 21	3. 29	67. 74
社会学	161	67. 42	87. 01	80. 00	4 351. 11	2. 41	3. 31	72. 73
统计学	162	67. 21	86. 73	74. 47	4 292. 42	2. 70	3. 10	88. 89
应用心理学	163	65. 62	84. 68	68. 54	4 235. 00	2. 96	3. 44	65. 22
文化产业管理	164	62. 07	80. 11	76. 47	3 942. 11	2. 43	3. 10	48. 15

注：某本科专业毕业生标准化就业质量指数=（该本科专业毕业生就业质量指数/本科各专业中最高的毕业生就业质量指数）×100。

（五）不同类型院校专科毕业生就业质量指数评价结果

1. 调查样本

本次调查中，陕西有60所从事专科教育的院校毕业生参与了调查，其中中国特色高水平高职院校建设单位3所、中国特色高水平专业群建设单位4所、公办高职高专院校21所、民办高职高专院校9所、其他举办专科教育的院校23所。

2. 评价结果

根据陕西高校及专业毕业生就业质量指数评价指标及权重，对陕西从事专科教育的五类院校毕业生就业质量指数进行了测算与排序，具体结果如表3-8所示。

表3-8 不同类型院校专科毕业生就业质量指数评价结果

专科教育院校类别	排名	标准化就业质量指数	就业质量指数	就业率/%	收入水平/元	专业匹配度（最高5分）	就业满意度（最高5分）	就业保持率/%
中国特色高水平高职学校建设单位	1	100. 00	102. 86	88. 37	4 253. 63	3. 05	3. 46	48. 55
公办高职高专院校	2	97. 99	100. 80	84. 53	3 824. 17	3. 21	3. 40	62. 77
中国特色高水平专业群建设单位	3	97. 26	100. 04	86. 55	3 845. 04	3. 16	3. 42	52. 43
其他举办专科教育的院校	4	96. 65	99. 41	84. 19	3 928. 56	3. 04	3. 41	54. 23
民办高职高专院校	5	90. 78	93. 37	79. 08	3 619. 22	2. 96	3. 33	46. 97

注：某类专科教育院校毕业生标准化就业质量指数=（该类专科教育院校毕业生就业质量指数/专科教育各类院校中最高的毕业生就业质量指数）×100。

为进一步明确不同专科教育院校毕业生就业质量的差异状况，本报告以标准化就业质量指数为参数，展示了不同专科教育院校毕业生标准化就业质量指数的变化趋势，具体如图3-3所示。

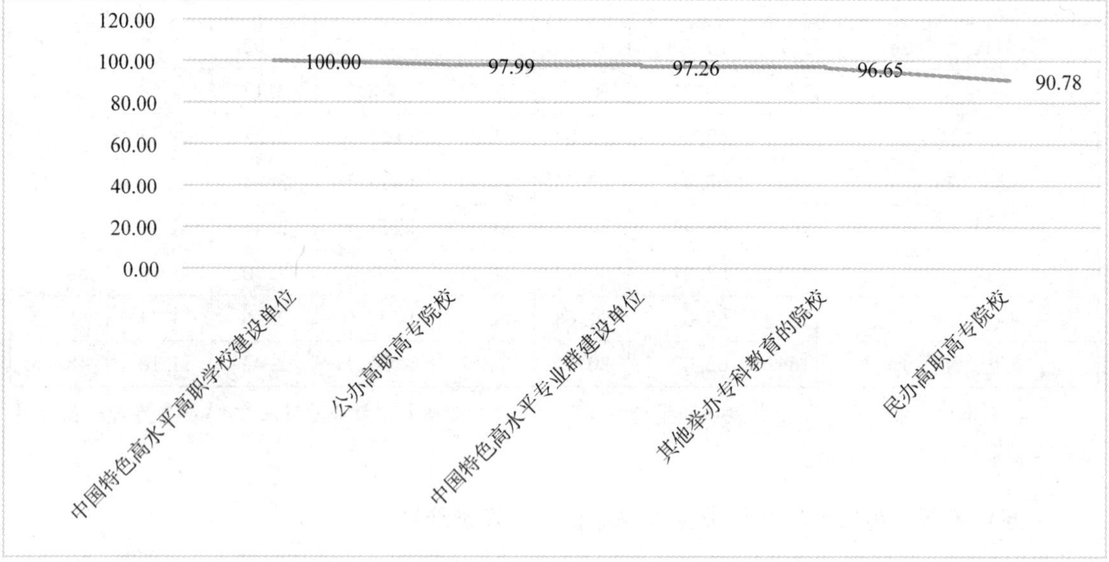

图3-3　专科教育院校毕业生标准化就业质量指数趋势

由表3-8与图3-3可见，不同专科教育院校毕业生的就业质量存在显著差异。中国特色高水平高职学校建设单位、公办高职高专院校、中国特色高水平专业群建设单位、其他举办专科教育的院校、民办高职高专院校专科毕业生的标准化就业质量指数分别为100.00、97.99、97.26、96.65、90.78。这说明，中国特色高水平高职学校建设单位专科毕业生的就业质量最高（100.00），其次依次是公办高职高专院校、中国特色高水平专业群建设单位和其他举办专科教育的院校的专科毕业生，而民办高职高专院校专科毕业生的就业质量最低(90.78)。

（六）不同专业专科毕业生就业质量指数评价结果

1. 调查样本

根据陕西省教育厅的统计数据，2019年陕西高校共有322个专科教育专业，本次调查覆盖的陕西高校专科教育专业数为290个。为保证陕西高校专科教育各类专业毕业生就业质量指数测度的科学性与公正性，本报告选取了参与调查的陕西高校专科教育专业毕业生人数占该专业毕业生总人数的比例不低于15%，且毕业生人数不低于40人的专科教育专业，共计76个。

2. 分析结果

根据陕西高校及专业毕业生就业质量指数评价指标及权重，对陕西高校76个专科教育专业毕业生就业质量指数进行了测算与排序，具体结果如表3-9所示。由表3-9可见，不同专业专科毕业生的就业质量存在一定差异，标准化就业质量指数得分介于70.95～100.00分。其中，动车组检修技术、铁道机车车辆、高速铁道工程技术、土木工程检测技术、安全技术与管理等16个专科专业毕业生的标准化就业质量指数得分在90分以上，占专科专业总数的21.05%；电厂热能动力装置、石油化工生产技术、城市轨道交通工程技术、水利工程、铁道信号自动控制等27个专科专业毕业生的标准化就业质量指数得分介于80～90分，占专科专业总数的35.53%；发电厂及电力系统、旅游英语、园林工程技术、畜牧兽医、人力资源管理等33个专科专业毕业生的标准化就业质量指数得分介于70～80分，占专科专业总数的43.42%。由此可见，就业质量优良的专科专业的比例接近57%，而就业质量处于中等偏上的水平的专科专业比例在43%左右。

表3-9 专科专业毕业生就业质量指数评价结果

专科专业名称	排名	标准化就业质量指数	就业质量指数	就业率/%	收入水平/元	专业匹配度（最高5分）	就业满意度（最高5分）	就业保持率/%
动车组检修技术	1	100.00	121.03	98.00	4 945.76	3.95	3.86	95.12
铁道机车车辆	2	98.51	119.23	95.93	5 017.96	3.93	3.57	94.25
高速铁道工程技术	3	96.42	116.70	96.12	4 946.48	3.70	3.64	85.37
土木工程检测技术	4	96.07	116.27	92.50	5 134.78	3.72	3.38	90.00
安全技术与管理	5	94.54	114.42	93.18	5 120.00	3.38	3.41	87.50
城市轨道交通车辆	6	94.13	113.92	93.58	4 849.12	3.56	3.52	86.15
工程机械运用技术	7	93.94	113.70	94.83	5 221.62	3.07	3.53	80.85
铁道工程技术	8	93.72	113.42	92.06	4 961.88	3.52	3.40	86.21
治安管理	9	93.63	113.31	84.13	4 503.74	4.14	3.73	93.75
铁道通信与信息化技术	10	93.19	112.78	93.18	4 920.00	3.23	3.46	90.00
地下与隧道工程技术	11	92.35	111.77	94.64	5 004.57	3.15	3.28	83.75
道路桥梁工程技术	12	91.88	111.20	90.61	4 981.45	3.49	3.46	71.70
铁道交通运营管理	13	91.02	110.16	90.83	4 224.04	3.50	3.75	92.42
电气化铁道技术	14	90.54	109.57	95.04	4 426.86	3.36	3.42	83.72
供用电技术	15	90.50	109.53	92.00	4 925.00	3.13	3.46	73.08
工程测量技术	16	90.30	109.28	90.29	4 823.11	3.42	3.39	71.91
电厂热能动力装置	17	89.98	108.90	94.37	4 267.86	3.48	3.53	80.36
石油化工生产技术	18	89.71	108.58	91.53	4 831.00	3.19	3.44	70.59
城市轨道交通工程技术	19	88.96	107.66	87.26	4 956.58	3.15	3.32	73.91
水利工程	20	88.48	107.09	96.88	4 519.76	3.17	3.24	69.77
铁道信号自动控制	21	88.18	106.72	89.31	4 383.04	3.45	3.44	75.56
水利水电建筑工程	22	88.00	106.51	90.00	4 373.03	3.15	3.37	86.49
城市轨道交通通信信号技术	23	87.10	105.42	94.34	4 288.53	3.18	3.60	63.16
城市轨道交通控制	24	85.94	104.01	90.48	4 341.94	2.83	3.53	75.61

续表

专科专业名称	排名	标准化就业质量指数	就业质量指数	就业率/%	收入水平/元	专业匹配度（最高5分）	就业满意度（最高5分）	就业保持率/%
建筑工程技术	25	85.36	103.31	87.97	4 223.56	3.37	3.34	69.12
电气自动化技术	26	84.02	101.69	89.88	4 346.29	2.89	3.40	62.05
焊接技术及自动化	27	83.74	101.34	92.42	4 309.14	2.88	3.30	59.18
电子信息工程技术	28	83.22	100.71	84.42	4 310.99	3.02	3.58	59.63
汽车制造与装配技术	29	82.91	100.34	81.03	4 526.67	3.09	3.60	51.52
商务英语	30	82.65	100.03	92.91	4 193.59	3.29	3.63	27.69
数字媒体应用技术	31	82.41	99.74	91.76	4 259.02	3.17	3.46	35.56
应用化工技术	32	82.41	99.74	85.39	4 217.06	3.32	3.30	53.19
通信技术	33	82.32	99.63	89.02	4 401.85	2.95	3.40	44.79
机械设计与制造	34	82.25	99.55	88.24	4 386.32	2.81	3.37	52.98
机电一体化技术	35	82.23	99.53	85.09	4 468.75	2.86	3.39	54.13
工程造价	36	82.21	99.50	90.95	3 896.73	3.19	3.36	56.72
建设工程监理	37	81.72	98.91	91.84	3 883.87	3.13	3.26	56.76
市场营销	38	81.49	98.63	82.41	4 564.05	3.17	3.40	37.37
飞机机电设备维修	39	81.27	98.35	88.03	4 303.85	2.65	3.27	58.46
音乐表演	40	81.06	98.11	79.07	3 950.00	3.19	3.64	64.29
应用电子技术	41	81.02	98.05	90.75	4 014.46	2.86	3.22	58.10
机械制造与自动化	42	80.28	97.17	83.70	4 407.57	2.69	3.30	53.28
飞行器制造技术	43	80.00	96.83	84.21	4 277.59	2.64	3.17	62.50
发电厂及电力系统	44	79.71	96.47	86.44	3 857.31	2.85	3.22	65.71
旅游英语	45	79.61	96.35	82.61	4 615.00	2.50	3.52	39.13
园林工程技术	46	79.50	96.21	83.33	3 563.33	3.27	3.57	59.09
畜牧兽医	47	79.26	95.92	78.63	4 102.68	3.53	3.49	34.33
人力资源管理	48	79.23	95.88	87.95	3 738.46	2.96	3.48	51.11
视觉传播设计与制作	49	79.12	95.76	83.93	3 364.29	3.42	3.47	61.90
材料成型与控制技术	50	78.94	95.54	86.67	4 069.78	2.76	3.32	47.83
软件技术	51	78.89	95.48	82.42	4 103.25	3.04	3.48	40.40
模具设计与制造	52	78.88	95.47	89.47	4 236.54	2.67	3.26	37.50
空中乘务	53	78.86	95.44	83.15	4 259.26	2.78	3.52	38.83
汽车运用与维修技术	54	78.85	95.43	87.96	4 106.00	3.01	3.35	31.25

续表

专科专业名称	排名	标准化就业质量指数	就业质量指数	就业率/%	收入水平/元	专业匹配度（最高5分）	就业满意度（最高5分）	就业保持率/%
数控技术	55	78.31	94.77	82.86	4 207.13	2.68	3.24	50.65
药品经营与管理	56	78.27	94.73	90.24	3 958.82	2.47	3.56	41.18
工商企业管理	57	77.93	94.32	85.43	4 122.50	2.87	3.54	27.63
数学教育	58	77.89	94.27	92.45	2 183.33	4.00	3.27	75.00
汽车检测与维修技术	59	77.52	93.82	83.39	3 916.77	2.97	3.48	38.22
计算机应用技术	60	77.03	93.23	78.15	4 069.28	2.76	3.51	46.15
城市轨道交通运营管理	61	76.95	93.13	80.00	3 916.85	2.61	3.34	59.91
物流管理	62	76.81	92.96	84.82	3 932.72	2.79	3.38	37.64
计算机网络技术	63	76.69	92.81	86.59	3 954.74	2.66	3.28	39.52
刑事侦查技术	64	76.43	92.50	71.68	3 411.22	3.17	3.57	72.92
小学教育	65	76.33	92.38	83.15	2 843.03	3.42	3.32	71.05
服装与服饰设计	66	76.03	92.02	82.61	3 517.29	2.79	3.46	55.00
法律事务	67	75.32	91.15	81.63	2 559.53	3.24	3.69	75.00
汽车电子技术	68	75.22	91.04	89.47	3 843.45	2.49	3.15	35.94
动漫设计与制作	69	74.90	90.65	79.05	4 080.00	2.97	3.18	27.78
数字媒体艺术设计	70	74.88	90.63	77.97	3 686.96	2.87	3.42	46.15
移动通信技术	71	74.87	90.62	82.76	4 020.00	2.64	3.37	27.59
广告设计与制作	72	74.50	90.16	86.81	3 487.10	2.92	3.48	26.83
司法警务	73	74.19	89.79	85.62	2 731.04	3.07	3.36	63.95
针灸推拿	74	74.06	89.64	79.31	3 276.19	3.37	3.29	42.31
计算机信息管理	75	72.91	88.24	79.65	3 694.78	2.58	3.25	40.96
刑事执行	76	70.95	85.87	79.63	2 853.08	2.67	3.19	65.52

注：某专科专业毕业生标准化就业质量指数=（该专科专业毕业生就业质量指数/专科各专业中最高的毕业生就业质量指数）×100。

第四章 创业状况

本章基于对陕西高校2019届毕业生的调查数据，从高校毕业生的创业率、创业教育、创业意向、机会识别、创业行为、自主创业、创业阻力等七个方面全面分析了高校毕业生的创业情况。创业率是指调查样本中自主创业人数占样本总体的比率，反映了高校毕业生选择从事自主创业的人数比例。创业教育是对高校创业教育环境、大学生的创业教育参与和创业教育效果三个方面的信息分析，整体呈现了高校创业教育的过程和结果。高校毕业生的创业意向、创业机会识别和创业行为三方面则考察了高校毕业生的潜在创业活动。自主创业是对高校毕业生从事自主创业的职业和角色、创业组织形式、雇佣人数、科技创新情况、创业行业分布和获得创业支持情况等方面进行综合分析。创业阻力是分析缺乏创业资金、缺少创业团队、缺乏商业经验、缺乏创业教育、缺少导师指导、缺乏社会关系等六个方面对高校毕业生从事自主创业的阻碍作用。

一、创业率分析

（一）创业率及其变化趋势

表4-1为陕西高校2017届至2019届毕业生的创业率。从表4-1中可见，2019届陕西高校毕业生就业调查样本总体63 360人，其中自主创业毕业生823人，毕业生创业率为1.3%。2017届至2019届陕西高校毕业生就业调查统计数据显示，陕西高校毕业生创业率连续三年下降，从2017届的2.0%降至2018届的1.7%，又接着降至2019届的1.3%。

表4-1 陕西高校2017届至2019届毕业生的创业率

届别	总人数/人	创业人数/人	创业率/%
2017	78 064	1 576	2.0
2018	79 401	1 383	1.7
2019	63 360	823	1.3

（二）不同学历毕业生的创业率分析

表4-2为陕西高校2017届至2019届不同学历毕业生的创业率。2019届毕业的研究生

创业率仅为0.6%；本科毕业生创业率略高于研究生，为0.9%；专科毕业生创业率最高，达到了2.2%。从整体上看，2017届专科毕业生的创业率高达3.1%，之后则逐年下降，2018届为2.7%，2019届为2.2%。三届本科毕业生的创业率从2017届的1.5%下降到2018届的1.3%，再到2019届的0.9%，同样呈逐年下降的态势。2017届研究生的创业率为0.8%，2018届、2019届均为0.6%，持续处于低位。

从不同学历毕业生创业率的比较来看，存在明显的低学历毕业生创业率高，而高学历毕业生创业率低的现象。专科毕业生的创业率高于本科毕业生，本科毕业生的创业率又高于毕业研究生。

表4-2 陕西高校2017届至2019届不同学历毕业生的创业率

届别	毕业研究生		本科毕业生		专科毕业生	
	创业人数/人	创业率/%	创业人数/人	创业率/%	创业人数/人	创业率/%
2017	49	0.8	649	1.5	878	3.1
2018	39	0.6	567	1.3	777	2.7
2019	36	0.6	316	0.9	471	2.2

（三）不同类型院校的毕业生创业率分析

1. 不同类型院校的毕业研究生创业率分析

表4-3为不同类型院校的毕业研究生创业率。从表4-3中可见，办学层次低的院校毕业研究生创业率高于办学层次高的院校毕业研究生创业率。从不同类型院校毕业研究生的创业率分布来看，双一流建设高校和陕西省高水平大学的毕业研究生创业率均为0.5%。公办普通本科高校的毕业研究生创业率高达2.1%，远超前两类高校。这表明，低水平高校的毕业研究生更有可能选择自主创业。

表4-3 不同类型院校的毕业研究生创业率

院校类型	总人数/人	创业人数/人	创业率/%
双一流建设高校	3 617	17	0.5
陕西省高水平大学	1 855	10	0.5
公办普通本科高校	423	9	2.1

2. 不同类型院校的本科毕业生创业率分析

表4-4为不同类型院校的本科毕业生创业率。从表4-4中可见，随着办学层次的提高，不同类型院校的本科毕业生创业率呈现逐渐下降的趋势。从不同类型院校本科毕业生的创业率分布来看，民办本科高校和独立院校的本科毕业生创业率最高（1.4%）。其次是公办普通本科高校，本科毕业生创业率为1.2%。陕西省高水平大学、双一流建设高校的本科毕业生创业率分别为0.6%和0.4%。

表 4-4　不同类型院校的本科毕业生创业率

院校类型	总人数/人	创业人数/人	创业率/%
双一流建设高校	8 157	30	0.4
陕西省高水平大学	10 243	65	0.6
公办普通本科高校	10 135	123	1.2
民办本科院校和独立院校	7 181	98	1.4

3. 不同类型院校的专科毕业生创业率分析

表4-5为不同类型院校的专科毕业生创业率。总体来看，民办高职高专院校和其他举办专科教育的院校专科毕业生创业率，远高于公办高职高专院校、中国特色高水平高职学校建设单位、中国特色高水平专业群建设单位的专科毕业生。

从不同类型高校专科毕业生的创业率分布来看，其他举办专科教育的院校（包括公办本科高校、民办本科高校、成人高校）的专科毕业生创业率最高，达3.3%；其次是民办高职高专院校，毕业生创业率为3.1%；公办高职高专院校、中国特色高水平专业群建设单位的毕业生创业率在1.7%左右，中国特色高水平高职学校建设单位的专科毕业生创业率为1.9%，远低于前两类高职院校的专科毕业生创业率。

表 4-5　不同类型院校的专科毕业生创业率

院校类型	总人数/人	创业人数/人	创业率/%
中国特色高水平高职学校建设单位	2 923	55	1.9
中国特色高水平专业群建设单位	3 317	57	1.7
公办高职高专院校	9 175	157	1.7
民办高职高专院校	2 371	73	3.1
其他举办专科教育的院校	3 960	129	3.3

（四）不同学科专业的高校毕业生创业率分析

1. 不同学科门类的毕业研究生和本科毕业生创业率分析

表4-6为不同学科门类的毕业研究生和本科毕业生创业率。分析不同学科门类的毕业研究生创业率发现，首先，艺术学和管理学的毕业研究生创业率最高，分别达2.8%和2.1%；其次，教育学、农学、理学学科的毕业研究生创业率也比较高，分别为1.0%、0.9%和0.8%；再次，经济学和文学学科的研究生创业率均为0.7%。除哲学学科样本量较小之外，工学学科毕业研究生的创业率最低，仅为0.1%。

表 4-6　不同学科门类的毕业研究生和本科毕业生创业率

学科门类	毕业研究生			本科毕业生		
	总人数/人	创业人数/人	创业率/%	总人数/人	创业人数/人	创业率/%
哲学	35	0	0.0	53	0	0.0
经济学	146	1	0.7	1 299	7	0.5

续表

学科门类	毕业研究生			本科毕业生		
	总人数/人	创业人数/人	创业率/%	总人数/人	创业人数/人	创业率/%
法学	328	1	0.3	1 161	7	0.6
教育学	412	4	1.0	1 732	20	1.2
文学	291	2	0.7	3 375	17	0.5
历史学	78	0	0.0	310	2	0.6
理学	476	4	0.8	2 577	9	0.3
工学	2 841	3	0.1	14 433	75	0.5
农学	345	3	0.9	489	4	0.8
医学	217	1	0.5	1 492	5	0.3
管理学	513	11	2.1	5 198	36	0.7
艺术学	216	6	2.8	3 597	134	3.7
合计	5 898	36	0.6	35 716	316	0.9

比较不同学科门类的本科毕业生创业率发现，首先，艺术学科的本科毕业生创业率一枝独秀，高达3.7%，超过本科毕业生总体创业率（0.9%）的4倍；其次，教育学的本科毕业生创业率也比较高，达到1.2%；除哲学学科样本量较小不作考虑之外，理学、医学本科毕业生的创业率最低，均为0.3%。

2. 不同专业大类的专科毕业生创业率分析

表4-7为不同专业大类的专科毕业生创业率。根据高职高专专业大类的划分，文化艺术大类、轻工纺织大类、公共管理与服务大类专业的毕业生创业率居前三，分别为6.8%、5.2%和4.1%。其次，农林牧渔大类、土木建筑大类、生物化工大类、财经商贸大类、旅游大类、新闻传播大类、公安与司法大类等7个大类专业的毕业生创业率，均高于专科毕业生总体创业率2.2%。最后，能源动力与材料大类、教育与体育大类、医药卫生大类的毕业生创业率较低，分别仅为1.0%、1.0%和1.1%；水利大类专业没有自主创业的毕业生。

表4-7　不同专业大类的专科毕业生创业率

专业大类	总人数/人	创业人数/人	创业率/%
农林牧渔大类	248	7	2.8
资源与环境大类	562	10	1.8
能源动力与材料大类	291	3	1.0
土木建筑大类	1 477	34	2.3
水利大类	142	0	0.0
装备制造大类	3 445	69	2.0
生物化工大类	185	5	2.7

续表

专业大类	总人数/人	创业人数/人	创业率/%
轻工纺织大类	382	20	5.2
食品药品与粮食大类	212	8	3.8
交通运输大类	2 679	49	1.8
电子信息大类	1 807	40	2.2
医药卫生大类	2 763	30	1.1
财经商贸大类	3 954	110	2.8
旅游大类	373	10	2.7
文化艺术大类	442	30	6.8
新闻传播大类	367	9	2.5
教育与体育大类	1 823	19	1.0
公安与司法大类	449	12	2.7
公共管理与服务大类	145	6	4.1
合计	21 746	471	2.2

二、创业教育

（一）创业教育环境

本次调查陕西高校2019届毕业生对高校创业教育环境的评价，是从学校的创业教育教学、创业环境氛围、创业支持管理（即学校为支持学生创业采取的管理措施）、创业实训条件（即学校建设的创业园、创客空间、创业训练营等）、创业支持服务（即学校为学生创业提供的创业资金支持、联系创业导师、入驻科技园等）等五个方面，毕业生在“非常差、较差、一般、较好、非常好”等评价等级中做出判断，并对五等级依次赋值为1、2、3、4、5分，用以进行创业教育环境的平均值描述分析。

1. 不同学历毕业生对创业教育环境的评价

（1）不同学历毕业生对创业教育教学的评价。

表4-8为不同学历毕业生对高校创业教育教学的评价。毕业生总体对高校创业教育教学的评价得分为2.96，低于但接近“一般”水平。比较不同学历毕业生对创业教育教学的评价，毕业研究生的评价得分最高，为3.01；其次是专科毕业生，得分2.97；本科毕业生评价得分为2.95。

从评价等级分布来看，毕业生总体中9.2%的毕业生对高校的创业教育教学评价为“非常差”等级，有4.2%的毕业生对高校的创业教育教学评价为“非常好”等级，50.6%的毕业生对高校的创业教育教学评价为“一般”等级。比较不同学历毕业生的评价等级分布发现，毕业研究生、本科毕业生对高校创业教育教学的评价显得更加保守，评价“非常差”和“非常好”的比例都低于专科毕业生，评价为“一般”的比例则高于专科毕业生。专科毕业生对高校创业教育教学的评价两极化趋势更明显，评价为“非常差”和“非常好”的比例分别达11.7%和5.5%，而评价为“一般”的比例为46.5%。

表4-8　不同学历毕业生对高校创业教育教学的评价

评价等级	总体		毕业研究生		本科毕业生		专科毕业生	
	人数/人	占比/%	人数/人	占比/%	人数/人	占比/%	人数/人	占比/%
非常差	1 479	9.2	126	7.5	835	8.4	518	11.7
较差	2 398	14.9	244	14.5	1 556	15.6	598	13.6
一般	8 114	50.6	858	51.1	5 207	52.4	2 049	46.5
较好	3 380	21.1	388	23.1	1 991	20.0	1 001	22.7
非常好	666	4.2	64	3.8	358	3.6	244	5.5
合计	16 037	100.0	1 680	100.0	9 947	100.0	4 410	100.0
平均值	2.96		3.01		2.95		2.97	

注：平均值为按1~5赋分后求得的平均值，此后表格相同。

（2）不同学历毕业生对创业环境氛围的评价。

表4-9为不同学历毕业生对创业环境氛围的评价。总体而言，毕业生对高校创业环境氛围的评价得分均值为2.96，低于但接近“一般”水平。比较不同学历毕业生对创业环境氛围的评价，毕业研究生的评价得分最高，为3.02；其次是本科毕业生，得分2.96；专科毕业生评价得分为2.94。

从评价等级分布来看，毕业生总体中9.0%的毕业生对高校的创业环境氛围评价为“非常差”等级，有4.3%的毕业生对高校的创业环境氛围评价为“非常好”等级，48.1%的毕业生对高校的创业环境氛围评价为“一般”等级。比较不同学历毕业生对创业环境氛围的评价等级分布发现，毕业研究生认为高校创业环境氛围“较好”或“非常好”的比例累计为27.3%，本科毕业生认为高校创业环境氛围“较好”或“非常好”的比例累计为25.3%，专科毕业生认为高校创业环境氛围“较好”或“非常好”的比例累计为28.4%，高于毕业研究生和本科毕业生。

表4-9　不同学历毕业生对创业环境氛围的评价

评价等级	总体		毕业研究生		本科毕业生		专科毕业生	
	人数/人	占比/%	人数/人	占比/%	人数/人	占比/%	人数/人	占比/%
非常差	1 446	9.0	109	6.5	801	8.1	536	12.2
较差	2 640	16.5	268	16.0	1 702	17.1	670	15.2
一般	7 714	48.1	843	50.2	4 923	49.5	1 948	44.2
较好	3 540	22.1	390	23.2	2 137	21.5	1 013	22.9
非常好	685	4.3	68	4.1	376	3.8	241	5.5
合计	16 025	100.0	1 678	100.0	9 939	100.0	4 408	100.0
平均值	2.96		3.02		2.96		2.94	

（3）不同学历毕业生对创业支持管理的评价。

表4-10为不同学历毕业生对创业支持管理的评价。总体而言，毕业生对创业支持管理的评价得分均值为3.08，在“一般”水平以上，但距离“较好”水平尚远。毕业研究生的评价得分为3.11，高于本科毕业生（3.08）和专科毕业生（3.05）。

从评价等级分布情况来看，毕业生总体中7.9%的毕业生对高校的创业支持管理评价为“非常差”等级，有4.9%的毕业生均对高校的创业支持管理评价为“非常好”等级，47.2%的毕业生对高校的创业支持管理评价为“一般”等级。毕业研究生评价创业支持管理为“非常好”的占比为4.3%，本科毕业生为4.5%，专科毕业生则达到了6.0%。研究生评价创业支持管理为“非常差”的占比为6.2%，本科毕业生为7.0%，专科毕业生则达到了10.4%。

表4-10　不同学历毕业生对创业支持管理的评价

评价等级	总体		毕业研究生		本科毕业生		专科毕业生	
	人数/人	占比/%	人数/人	占比/%	人数/人	占比/%	人数/人	占比/%
非常差	1 261	7.9	103	6.2	700	7.0	458	10.4
较差	2 115	13.2	218	13.0	1 329	13.4	568	12.9
一般	7 552	47.2	827	49.3	4 806	48.4	1 919	43.6
较好	4 298	26.8	456	27.2	2 650	26.7	1 192	27.1
非常好	783	4.9	72	4.3	446	4.5	265	6.0
合计	16 009	100.0	1 676	100.0	9 931	100.0	4 402	100.0
平均值	3.08		3.11		3.08		3.05	

（4）不同学历毕业生对创业实训条件的评价。

表4-11为不同学历毕业生对创业实训条件的评价。总体而言，毕业生对高校创业实训条件的评价得分均值为3.06，在“一般”水平以上，但距离“较好”水平尚远。比较不同学历毕业生对创业实训条件的评价，毕业研究生的评价得分最高，为3.11；其次是本科毕业生，得分3.07；专科毕业生评价得分为2.99。

总体而言，毕业生对高校创业实训条件评价“非常差”的占8.9%，评价为“较差”的占14.3%，二者累计为23.2%。评价为“较好”的占26.6%，评价为“非常好”的占比5.5%，二者累计为32.1%。从不同学历的毕业生评价等级来看，毕业研究生对创业实训条件做出差评的累计值为19.5%，好评累计为32.4%。本科毕业生做出差评的累计比例为22.2%，好评累计比例为32.5%。专科毕业生做出差评的累计占26.9%，好评累计31.5%。可见，专科毕业生对高校创业实训条件的评价等级比毕业研究生和本科毕业生更低。

表4-11　不同学历毕业生对创业实训条件的评价

评价等级	总体		毕业研究生		本科毕业生		专科毕业生	
	人数/人	占比/%	人数/人	占比/%	人数/人	占比/%	人数/人	占比/%
非常差	1 424	8.9	107	6.4	777	7.9	540	12.3
较差	2 285	14.3	220	13.1	1 424	14.3	641	14.6

续表

评价等级	总体		毕业研究生		本科毕业生		专科毕业生	
	人数/人	占比/%	人数/人	占比/%	人数/人	占比/%	人数/人	占比/%
一般	7 163	44.7	805	48.0	4 525	45.5	1 833	41.6
较好	4 267	26.6	463	27.6	2 701	27.2	1 103	25.0
非常好	877	5.5	81	4.9	510	5.1	286	6.5
合计	16 016	100.0	1 676	100.0	9 937	100.0	4 403	100.0
平均值	3.06		3.11		3.07		2.99	

（5）不同学历毕业生对创业支持服务的评价。

表4-12为不同学历毕业生对创业支持服务的评价。总体而言，毕业生对高校创业支持服务的评价得分均值为3.03，在“一般”水平以上，但距离“较好”水平尚远。比较不同学历毕业生对创业支持服务的评价，毕业研究生的评价得分最高，为3.09；其次是本科毕业生，得分3.04；专科毕业生评价得分为2.99。

从评价等级来看，毕业生总体对高校创业支持服务的评价“非常差”的占9.1%，评价“非常好”的占5.1%。比较不同学历毕业生的创业支持服务评价等级可见，毕业研究生对创业支持服务做出差评的累计值为20.1%，好评累计为31.1%。本科毕业生做出差评的累计比例为22.7%，好评累计比例为30.4%。专科毕业生做出差评的累计占26.5%，好评累计31.1%。可见，专科毕业生对高校创业支持服务“好”的评价与毕业研究生和本科毕业生相当，但“差”的评价比毕业研究生和本科毕业生高。

表4-12　不同学历毕业生对创业支持服务的评价

评价等级	总体		毕业研究生		本科毕业生		专科毕业生	
	人数/人	占比/%	人数/人	占比/%	人数/人	占比/%	人数/人	占比/%
非常差	1 465	9.1	114	6.8	808	8.1	543	12.4
较差	2 288	14.3	223	13.3	1 445	14.6	620	14.1
一般	7 341	45.9	818	48.8	4 658	46.9	1 865	42.4
较好	4 090	25.6	442	26.4	2 556	25.7	1 092	24.8
非常好	822	5.1	79	4.7	466	4.7	277	6.3
合计	16 006	100.0	1 676	100.0	9 933	100.0	4 397	100.0
平均值	3.03		3.09		3.04		2.99	

2. 不同类型院校毕业生对创业教育环境的评价

本报告将受访毕业生对高校创业教育环境的评价分为“非常差、较差、一般、较好、非常好”五等级，分别赋值1、2、3、4、5分，然后对各类型院校的毕业生评价数据进行描述性统计。

（1）不同类型院校毕业研究生对创业教育环境的评价。

表4-13为不同类型院校毕业研究生创业教育环境评价描述性统计。在创业教育教学、创业环境氛围、创业支持管理、创业实训条件和创业支持服务五个维度上，双一流建设高校的研究生评价得分均最高，其次是陕西省高水平大学；公办普通本科高校的毕业研究生对高校创业教育环境评价得分均最低。这表明，高校办学层次越高，毕业研究生对创业教育环境的评价越高。

表4-13　不同类型院校毕业研究生创业教育环境评价描述性统计

环境维度	院校类型	样本数/个	平均值
创业教育教学	双一流建设高校	1 030	3. 10
	陕西省高水平大学	530	2. 88
	公办普通本科高校	119	2. 81
	合计	1 679	3. 01
创业环境氛围	双一流建设高校	1 030	3. 14
	陕西省高水平大学	529	2. 84
	公办普通本科高校	118	2. 80
	合计	1 677	3. 02
创业支持管理	双一流建设高校	1 028	3. 23
	陕西省高水平大学	529	2. 92
	公办普通本科高校	118	2. 84
	合计	1 675	3. 11
创业实训条件	双一流建设高校	1 028	3. 25
	陕西省高水平大学	529	2. 91
	公办普通本科高校	118	2. 81
	合计	1 675	3. 11
创业支持服务	双一流建设高校	1 028	3. 23
	陕西省高水平大学	529	2. 88
	公办普通本科高校	118	2. 80
	合计	1 675	3. 09

（2）不同类型院校本科毕业生对创业教育环境的评价。

表4-14为不同类型院校本科毕业生创业教育环境评价描述性统计。从表4-14可见，在创业教育教学、创业环境氛围、创业支持管理、创业实训条件和创业支持服务五个维度上，双一流建设高校的本科毕业生评价得分都最高，其次是民办本科院校和独立院校，陕西省高水平大学的本科毕业生评价得分排第三位，公办普通本科高校的本科毕业生对高校创业教育环境评价得分最低。双一流建设高校、民办本科院校和独立院校的本科毕业生对创业教育环境的评价较高，说明这两类高校的创业教育环境质量相对较好。

表 4-14　不同类型院校本科毕业生创业教育环境评价描述性统计

环境维度	院校类型	样本数/个	平均值
创业教育教学	双一流建设高校	2 554	3.08
	陕西省高水平大学	3 131	2.93
	公办普通本科高校	2 495	2.85
	民办本科院校和独立院校	1 767	2.94
	合计	9 947	2.95
创业环境氛围	双一流建设高校	2 552	3.09
	陕西省高水平大学	3 130	2.92
	公办普通本科高校	2 496	2.86
	民办本科院校和独立院校	1 761	2.98
	合计	9 939	2.96
创业支持管理	双一流建设高校	2 550	3.25
	陕西省高水平大学	3 126	3.03
	公办普通本科高校	2 497	2.98
	民办本科院校和独立院校	1 758	3.08
	合计	9 931	3.08
创业实训条件	双一流建设高校	2 552	3.32
	陕西省高水平大学	3 130	3.00
	公办普通本科高校	2 495	2.91
	民办本科院校和独立院校	1 760	3.09
	合计	9 937	3.07
创业支持服务	双一流建设高校	2 552	3.28
	陕西省高水平大学	3 127	2.98
	公办普通本科高校	2 494	2.89
	民办本科院校和独立院校	1 760	3.02
	合计	9 933	3.04

（3）不同类型院校专科毕业生对创业教育环境的评价。

表 4-15 为不同类型院校专科毕业生创业教育环境评价描述性统计。从表 4-15 可见，在创业教育教学、创业环境氛围、创业支持管理、创业实训条件和创业支持服务五个维度上，中国特色高水平高职学校建设单位的专科毕业生评价得分都最高，其次是中国特色高水平专业群建设单位和其他举办专科教育的院校（包括举办高职高专教育的公办本科院校和民办高校），公办高职高专院校排第四位，民办高职高专院校的专科毕业生对高校创业教育环境评价得分最低。这表明，高职高专院校办学水平越高，其创业教育环境质量就越好。

表 4-15　不同类型院校专科毕业生创业教育环境评价描述性统计

环境维度	院校类型	样本数/个	平均值
创业教育教学	中国特色高水平高职学校建设单位	701	3.24
	中国特色高水平专业群建设单位	946	3.09
	公办高职高专院校	1 539	2.84
	民办高职高专院校	320	2.44
	其他举办专科教育的院校	904	3.03
	合计	4 410	2.97
创业环境氛围	中国特色高水平高职学校建设单位	702	3.21
	中国特色高水平专业群建设单位	946	3.08
	公办高职高专院校	1 538	2.81
	民办高职高专院校	321	2.40
	其他举办专科教育的院校	901	3.02
	合计	4 408	2.94
创业支持管理	中国特色高水平高职学校建设单位	700	3.32
	中国特色高水平专业群建设单位	944	3.16
	公办高职高专院校	1 536	2.93
	民办高职高专院校	321	2.53
	其他举办专科教育的院校	901	3.14
	合计	4 402	3.05
创业实训条件	中国特色高水平高职学校建设单位	699	3.29
	中国特色高水平专业群建设单位	945	3.09
	公办高职高专院校	1 537	2.84
	民办高职高专院校	321	2.41
	其他举办专科教育的院校	901	3.10
	合计	4 403	2.99
创业支持服务	中国特色高水平高职学校建设单位	699	3.28
	中国特色高水平专业群建设单位	942	3.11
	公办高职高专院校	1 537	2.84
	民办高职高专院校	321	2.43
	其他举办专科教育的院校	898	3.08
	合计	4 397	2.99

（二）创业教育参与

陕西高校 2019 届毕业生参与创业讲座报告、创业课程、创业培训的频次较高，有 64.0% 的毕业生参加过 1 次及以上的创业讲座报告，有 56.3% 的毕业生参加过 1 门及以上的创业课程，有 42.4% 的毕业生参与过 1 次及以上的创业培训。2019 届毕业生参与创业竞赛和创业实训的频次较低，有 32.7% 的毕业生参加过 1 次及以上的创业竞赛，有 30.2% 的毕业生参加过 1 次及以上的创业实训。

1. 不同学历毕业生的创业讲座报告参与度分析

表 4-16 为不同学历毕业生的创业讲座报告参与度。参加创业讲座报告为 0 次的毕业生占总体的 36.0%，表明 1/3 以上的学生没有参加过创业讲座报告。参加过 1～5 次的毕业生占总体的 53.7%，表明一半的学生参加过少量的创业讲座报告。毕业生参加创业讲座报告为 6～10 次、10 次以上的比例分别为 7.4% 和 2.9%，可见频繁参加创业讲座报告的学生人数并不多。这可能既受到高校组织创业讲座报告的数量影响，又与学生参与创业讲座报告的兴趣有关。

毕业研究生参加 0 次创业讲座报告的比例为 43.4%，高于本科毕业生（34.0%）和专科毕业生（37.5%）。专科毕业生参加 10 次以上讲座报告的比例为 3.9%，高于毕业研究生（2.1%）和本科毕业生（2.6%）。

表 4-16　不同学历毕业生的创业讲座报告参与度

参与频次	总体		毕业研究生		本科毕业生		专科毕业生	
	人数/人	占比/%	人数/人	占比/%	人数/人	占比/%	人数/人	占比/%
0 次	5 895	36.0	750	43.4	3 465	34.0	1 680	37.5
1～5 次	8 814	53.7	838	48.5	5 726	56.2	2 250	50.2
6～10 次	1 216	7.4	103	6.0	737	7.2	376	8.4
10 次以上	478	2.9	36	2.1	267	2.6	175	3.9
合计	16 403	100.0	1 727	100.0	10 195	100.0	4 481	100.0

2. 不同学历毕业生的创业课程参与度分析

表 4-17 为不同学历毕业生的创业课程参与度。43.7% 的毕业生未参加过创业课程，这与教育部的有关要求有较大差距。参加过 1 门和 2 门创业课程的毕业生分别占总体的 36.0%、15.2%。由于部分高校创业课程开设得比较丰富，还有 5.1% 的毕业生参加过 3 门及以上的创业课程。

毕业研究生参加 0 门创业课程的比例为 63.2%，高于本科毕业生（42.0%）和专科毕业生（39.8%）。专科毕业生参加 3 门及以上创业课程的比例为 6.2%，高于毕业研究生（2.7%）和本科毕业生（5.0%）。

表 4-17　不同学历毕业生的创业课程参与度

参与频次	总体		毕业研究生		本科毕业生		专科毕业生	
	人数/人	占比/%	人数/人	占比/%	人数/人	占比/%	人数/人	占比/%
0 门	7 151	43.7	1 090	63.2	4 279	42.0	1 782	39.8
1 门	5 898	36.0	464	26.9	3 775	37.2	1 659	37.1
2 门	2 494	15.2	125	7.2	1 613	15.8	756	16.9
3 门及以上	836	5.1	47	2.7	511	5.0	278	6.2
合计	16 379	100.0	1 726	100.0	10 178	100.0	4 475	100.0

3. 不同学历毕业生的创业培训参与度分析

表 4-18 为不同学历毕业生的创业培训参与度。为促进大学生自主创业，政府和高校组织了针对大学生的创业培训。陕西高校 2019 届毕业生没有参加任何创业培训的占比为 57.6%。参加过 1 次创业培训的大学生占总体的 26.2%，参加过 2 次的占比 10.7%，还有 5.5% 的大学生参加过 3 次及以上的创业培训。

毕业研究生参加 0 次创业培训的比例为 67.7%，高于本科毕业生（58.8%）和专科毕业生（51.0%）。专科毕业生参加 3 次及以上创业培训的比例为 8.0%，高于毕业研究生（2.9%）和本科毕业生（4.8%）。

表 4-18　不同学历毕业生的创业培训参与度

参与频次	总体		毕业研究生		本科毕业生		专科毕业生	
	人数/人	占比/%	人数/人	占比/%	人数/人	占比/%	人数/人	占比/%
0 次	9 428	57.6	1 167	67.6	5 982	58.8	2 279	51.0
1 次	4 294	26.2	381	22.1	2 669	26.2	1 244	27.8
2 次	1 748	10.7	127	7.4	1 034	10.2	587	13.2
3 次及以上	892	5.5	50	2.9	485	4.8	357	8.0
合计	16 362	100.0	1 725	100.0	10 170	100.0	4 467	100.0

4. 不同学历毕业生的创业竞赛参与度分析

表 4-19 为不同学历毕业生的创业竞赛参与度。组织大学生参加创业竞赛是为了激发大学生的创业热情，培养大学生的创业精神和能力。陕西高校 2019 届毕业生中，约有 1/3 参加过不同层次、不同类别的创业竞赛。参加过 1 项比赛的毕业生占总体的 19.5%，参加过 2 项的占 8.4%，还有 4.8% 的毕业生参加过 3 项及以上创业竞赛。

毕业研究生参加 0 项创业竞赛的比例为 72.5%，高于本科毕业生（66.6%）和专科毕业生（67.0%）。专科毕业生参加 3 项及以上创业竞赛的比例为 5.3%，高于毕业研究生（2.7%）和本科毕业生（5.0%）。

表 4-19 不同学历毕业生的创业竞赛参与度

参与频次	总体		毕业研究生		本科毕业生		专科毕业生	
	人数/人	占比/%	人数/人	占比/%	人数/人	占比/%	人数/人	占比/%
0 项	11 025	67.3	1 251	72.5	6 781	66.6	2 993	67.0
1 项	3 188	19.5	311	18.0	2 027	19.9	850	19.0
2 项	1 370	8.4	117	6.8	864	8.5	389	8.7
3 项及以上	788	4.8	46	2.7	505	5.0	237	5.3
合计	16 371	100.0	1 725	100.0	10 177	100.0	4 469	100.0

5. 不同学历毕业生的创业实训参与度分析

表 4-20 所示为不同学历毕业生参加创业实训的频次分布情况。高校为完善和改进创业教育，越来越重视采取创客空间、创业路演、创业实战模拟等多种形式对大学生进行创业实践训练。陕西高校 2019 届毕业生中，有 69.8% 没有参加过创业实训，参加过 1 次创业实训的毕业生占总体的 18.7%，参加过 2 次、3 次及以上的分别占比 7.3% 和 4.2%。

毕业研究生参加 0 次创业实训的比例为 75.6%，高于本科毕业生（71.6%）和专科毕业生（63.6%）。专科毕业生参加 3 次及以上创业实训的比例为 6.8%，高于毕业研究生（2.4%）和本科毕业生（3.3%）。

表 4-20 不同学历毕业生的创业实训参与度

参与频次	总体		毕业研究生		本科毕业生		专科毕业生	
	人数/人	占比/%	人数/人	占比/%	人数/人	占比/%	人数/人	占比/%
0 次	11 420	69.8	1 304	75.6	7 278	71.6	2 838	63.6
1 次	3 056	18.7	283	16.4	1 865	18.3	908	20.3
2 次	1 199	7.3	97	5.6	688	6.8	414	9.3
3 次及以上	683	4.2	42	2.4	337	3.3	304	6.8
合计	16 358	100.0	1 726	100.0	10 168	100.0	4 464	100.0

（三）创业教育效果

为调查陕西高校 2019 届毕业生参加创业教育的效果，本次调查从创业讲座报告、创业课程、创业培训、创业竞赛、创业实训五种形式的创业教育，询问受访毕业生“某种形式创业教育对我帮助很大”，由毕业生从“非常不同意、不同意、不确定、同意、非常同意”等不同认同程度中选择，并对五个认同程度依次赋值 1、2、3、4、5 分，用以进行毕业生参加创业教育效果的平均值描述分析。

1. 不同学历毕业生参加创业教育的效果分析

（1）不同学历毕业生参加创业讲座报告的效果分析

表 4-21 为不同学历毕业生参加创业讲座报告的效果。总体而言，“同意”和“非常同意”创业讲座报告对毕业生帮助很大的分别占比 27.1% 和 3.5%，二者累计占比 30.6%，表明创业讲座报告对大学生发展起到了一定的作用。当然，还有 19.5% 和 8.9% 的毕业生回

答“不同意”和“非常不同意”。

从不同学历的毕业生反馈情况看，专科毕业生参加创业讲座报告的效果得分最高，为3.10。其次是毕业研究生参加创业讲座报告的效果得分，为3.01。本科毕业生参加创业讲座报告的效果得分最低，均值为2.90。

表4-21　不同学历毕业生参加创业讲座报告的效果

认同程度	总体		毕业研究生		本科毕业生		专科毕业生	
	人数/人	占比/%	人数/人	占比/%	人数/人	占比/%	人数/人	占比/%
非常不同意	1 464	8.9	139	8.0	974	9.5	351	7.8
不同意	3 214	19.5	319	18.4	2 167	21.2	728	16.2
不确定	6 737	41.0	716	41.4	4 262	41.6	1 759	39.3
同意	4 461	27.1	497	28.7	2 532	24.7	1 432	31.9
非常同意	578	3.5	60	3.5	305	3.0	213	4.8
合计	16 454	100.0	1 731	100.0	10 240	100.0	4 483	100.0
平均值	2.97		3.01		2.90		3.10	

（2）不同学历毕业生参加创业课程的效果分析

表4-22为不同学历毕业生参加创业课程的效果。从陕西高校2019届毕业生对参加创业课程的效果反馈来看，24.5%的大学生“同意”创业课程对其帮助很大，还有3.4%的大学生选择“非常同意”，二者累计占比27.9%。可见，创业课程对超过1/4的大学生发展起到了促进作用。

从不同学历毕业生参加创业课程的效果看，专科毕业生的得分均值最高，为3.08。其次是毕业研究生，效果得分均值为2.93。本科毕业生参加创业课程的效果最差，得分均值仅为2.85。

表4-22　不同学历毕业生参加创业课程的效果

认同程度	总体		毕业研究生		本科毕业生		专科毕业生	
	人数/人	占比/%	人数/人	占比/%	人数/人	占比/%	人数/人	占比/%
非常不同意	1 559	9.5	143	8.3	1 057	10.3	359	8.0
不同意	3 362	20.4	366	21.1	2 277	22.3	719	16.1
不确定	6 939	42.2	755	43.6	4 363	42.6	1 821	40.6
同意	4 026	24.5	406	23.5	2 256	22.0	1 364	30.4
非常同意	562	3.4	61	3.5	282	2.8	219	4.9
合计	16 448	100.0	1 731	100.0	10 235	100.0	4 482	100.0
平均值	2.92		2.93		2.85		3.08	

（3）不同学历毕业生参加创业培训的效果分析

表4-23为不同学历毕业生参加创业培训的效果。“同意”和“非常同意”创业培训对毕业生帮助很大的占总体的27.9%。这表明，创业培训至少对1/4的大学生发展起到了促

进作用。

从不同学历毕业生创业培训学习效果的差异看，专科毕业生的得分均值最高，为3.07。其次是毕业研究生，效果得分均值为2.93。本科毕业生参加创业培训的效果最差，得分均值仅为2.85。

表4-23 不同学历毕业生参加创业培训的效果

认同程度	总体		毕业研究生		本科毕业生		专科毕业生	
	人数/人	占比/%	人数/人	占比/%	人数/人	占比/%	人数/人	占比/%
非常不同意	1 572	9.6	145	8.4	1 058	10.3	369	8.3
不同意	3 336	20.3	353	20.4	2 265	22.2	718	16.0
不确定	6 938	42.2	766	44.4	4 357	42.6	1 815	40.6
同意	4 008	24.4	403	23.3	2 243	21.9	1 362	30.4
非常同意	574	3.5	61	3.5	302	3.0	211	4.7
合计	16 428	100.0	1 728	100.0	10 225	100.0	4 475	100.0
平均值	2.92		2.93		2.85		3.07	

（4）不同学历毕业生参加创业竞赛的效果分析

表4-24为不同学历毕业生参加创业竞赛的效果。“同意”和“非常同意”创业竞赛对毕业生帮助很大的占毕业生总体的29.4%。这表明创业竞赛在促进大学生发展方面发挥了重要作用。

从不同学历毕业生创业竞赛学习效果的差异看，专科毕业生的得分均值最高，为3.08。其次是毕业研究生，效果得分均值为2.96。本科毕业生参加创业竞赛的效果最差，得分均值为2.91。

表4-24 不同学历毕业生参加创业竞赛的效果

认同程度	总体		毕业研究生		本科毕业生		专科毕业生	
	人数/人	占比/%	人数/人	占比/%	人数/人	占比/%	人数/人	占比/%
非常不同意	1 478	9.0	134	7.8	998	9.8	346	7.7
不同意	3 056	18.6	342	19.8	2 002	19.6	712	15.9
不确定	7 072	43.0	774	44.8	4 434	43.4	1 864	41.6
同意	4 222	25.7	412	23.8	2 462	24.0	1 348	30.1
非常同意	603	3.7	66	3.8	325	3.2	212	4.7
合计	16 431	100.0	1 728	100.0	10 221	100.0	4 482	100.0
平均值	2.96		2.96		2.91		3.08	

（5）不同学历毕业生参加创业实训的效果分析

表4-25为不同学历毕业生参加创业实训的效果。“同意”和“非常同意”创业实训对毕业生帮助很大的占毕业生总体的29.3%。这表明创业实训在促进大学生发展方面发挥了重要作用。

从不同学历毕业生参加创业实训的效果差异看，专科毕业生的得分均值最高，为3.09。其次是毕业研究生，效果得分均值为2.97。本科毕业生参加创业实训的效果最差，得分均值仅为2.89。

表4-25　不同学历毕业生参加创业实训的效果

认同程度	总体		毕业研究生		本科毕业生		专科毕业生	
	人数/人	占比/%	人数/人	占比/%	人数/人	占比/%	人数/人	占比/%
非常不同意	1 535	9.3	141	8.2	1 038	10.2	356	7.9
不同意	3 106	18.9	334	19.4	2 062	20.2	710	15.9
不确定	6 977	42.5	757	43.8	4 428	43.3	1 792	40.0
同意	4 220	25.7	427	24.8	2 391	23.4	1 402	31.3
非常同意	589	3.6	66	3.8	304	2.9	219	4.9
合计	16 427	100.0	1 725	100.0	10 223	100.0	4 479	100.0
平均值	2.95		2.97		2.89		3.09	

陕西高校2019届毕业生参加不同形式的创业教育效果存在细微差别。参加创业讲座报告的效果得分均值最高，为2.97。其次是参加创业竞赛的效果，得分为2.96。再次是参加创业实训的效果，得分为2.95。参加创业课程、创业培训的效果得分最低，均为2.92。

2. 不同类型院校毕业生参加创业教育的效果分析

本报告将受访毕业生对高校创业教育效果的认同程度分为五个等级，即“非常不同意、不同意、不确定、同意、非常同意”，并分别赋值1、2、3、4、5分。然后，对各类型院校的毕业生参加创业教育的效果调查数据进行描述性统计。

表4-26为不同类型院校毕业研究生参加创业教育效果描述性统计。可见，在创业讲座报告、创业课程、创业培训、创业竞赛和创业实训五种创业教育形式上，双一流建设高校、陕西省高水平大学和公办普通本科高校的毕业研究生参加创业教育的效果得分略有浮动，但均值比较没有发现显著性差异。

表4-26　不同类型院校毕业研究生参加创业教育效果描述性统计

教育形式	院校类型	样本数/个	平均值
创业讲座报告	双一流建设高校	1 062	3.04
	陕西省高水平大学	547	2.95
	公办普通本科高校	121	2.99
	合计	1 730	3.01
创业课程	双一流建设高校	1 062	2.95
	陕西省高水平大学	547	2.89
	公办普通本科高校	121	2.89
	合计	1 730	2.93

续表

教育形式	院校类型	样本数/个	平均值
创业培训	双一流建设高校	1 059	2.96
	陕西省高水平大学	547	2.88
	公办普通本科高校	121	2.93
	合计	1 727	2.93
创业竞赛	双一流建设高校	1 060	2.97
	陕西省高水平大学	546	2.93
	公办普通本科高校	121	2.99
	合计	1 727	2.96
创业实训	双一流建设高校	1 058	2.99
	陕西省高水平大学	545	2.93
	公办普通本科高校	121	2.95
	合计	1 724	2.97

表 4-27 为不同类型院校本科毕业生参加创业教育效果描述性统计。在创业讲座报告、创业课程、创业培训、创业竞赛和创业实训五种创业教育形式上，不同类型院校本科毕业生参加创业讲座报告的效果没有显著差异，参加其他四种形式创业教育的效果均有显著差异。民办本科院校和独立院校的本科毕业生参加创业课程、创业培训、创业竞赛、创业实训的效果得分最高，其次是公办普通本科高校的本科毕业生，再次是陕西省高水平大学。双一流建设高校的本科毕业生参加创业教育的效果得分最低。

表 4-27　不同类型院校本科毕业生参加创业教育效果描述性统计

教育形式	院校类型	样本数/个	平均值
创业讲座报告	双一流建设高校	2 638	2.89
	陕西省高水平大学	3 213	2.89
	公办普通本科高校	2 579	2.90
	民办本科院校和独立院校	1 810	2.96
	合计	10 240	2.90
创业课程	双一流建设高校	2 637	2.79
	陕西省高水平大学	3 213	2.83
	公办普通本科高校	2 578	2.87
	民办本科院校和独立院校	1 807	2.91
	合计	10 235	2.85

续表

教育形式	院校类型	样本数/个	平均值
创业培训	双一流建设高校	2 635	2.79
	陕西省高水平大学	3 210	2.84
	公办普通本科高校	2 574	2.88
	民办本科院校和独立院校	1 806	2.92
	合计	10 225	2.85
创业竞赛	双一流建设高校	2 636	2.87
	陕西省高水平大学	3 207	2.93
	公办普通本科高校	2 576	2.93
	民办本科院校和独立院校	1 802	2.94
	合计	10 221	2.91
创业实训	双一流建设高校	2 636	2.83
	陕西省高水平大学	3 207	2.88
	公办普通本科高校	2 573	2.92
	民办本科院校和独立院校	1 807	2.95
	合计	10 223	2.89

表4-28为不同类型院校专科毕业生参加创业教育效果描述性统计。在创业讲座报告、创业课程、创业培训、创业竞赛和创业实训五种创业教育形式上，中国特色高水平专业群建设单位的专科毕业生参加创业讲座报告、创业课程、创业培训的效果得分最高，中国特色高水平高职学校建设单位的专科毕业生参加创业竞赛、创业实训的效果得分最高。其次是其他举办专科教育的院校的专科毕业生参加创业教育的效果。再次是公办高职高专院校的专科毕业生。民办高职高专院校的专科毕业生参加创业教育的效果得分最低。

表4-28　不同类型院校专科毕业生参加创业教育效果描述性统计

教育形式	院校类型	样本数/个	平均值
创业讲座报告	中国特色高水平高职学校建设单位	714	3.21
	中国特色高水平专业群建设单位	955	3.22
	公办高职高专院校	1 573	3.04
	民办高职高专院校	323	2.76
	其他举办专科教育的院校	918	3.09
	合计	4 483	3.10

续表

教育形式	院校类型	样本数/个	平均值
创业课程	中国特色高水平高职学校建设单位	713	3.19
	中国特色高水平专业群建设单位	956	3.20
	公办高职高专院校	1 572	3.02
	民办高职高专院校	323	2.75
	其他举办专科教育的院校	918	3.09
	合计	4 482	3.08
创业培训	中国特色高水平高职学校建设单位	714	3.19
	中国特色高水平专业群建设单位	954	3.20
	公办高职高专院校	1 570	3.02
	民办高职高专院校	322	2.75
	其他举办专科教育的院校	915	3.06
	合计	4 475	3.07
创业竞赛	中国特色高水平高职学校建设单位	713	3.21
	中国特色高水平专业群建设单位	956	3.20
	公办高职高专院校	1 571	3.02
	民办高职高专院校	323	2.77
	其他举办专科教育的院校	919	3.08
	合计	4 482	3.08
创业实训	中国特色高水平高职学校建设单位	713	3.23
	中国特色高水平专业群建设单位	954	3.20
	公办高职高专院校	1 572	3.03
	民办高职高专院校	323	2.82
	其他举办专科教育的院校	917	3.09
	合计	4 479	3.09

三、创业意向、创业机会识别和创业行为

本次调查陕西高校2019届毕业生的创业意向、创业机会识别、创业行为，设计的调查问卷共采用17个调查题目。其中，创业意向的题目有6个，例如“我的目标是成为一名创业者，我会尽一切努力去创业”；创业机会识别的题目有5个，例如“我能发现周围环境的创业机会”；创业行为的题目有6个，例如“我已经制订了可行的创业计划书”。每个题目都要求受访毕业生从“非常不同意、不同意、不确定、同意、非常同意”等不同的认同程度中选择，并对五个认同程度依次赋值1、2、3、4、5分，再分别计算高校毕业生的创业意

向、创业机会识别、创业行为的分值，用以进行平均值描述性统计分析。

（一）创业意向

1. 不同学历毕业生的创业意向分析

表4-29为不同学历毕业生的创业意向描述性统计。就陕西高校2019届毕业生总体而言，创业意向水平均值为2.77，低于中间值3。这表明陕西高校毕业生整体创业意向水平不高，还存在较大的提升空间。

研究发现，不同学历毕业生的创业意向存在显著差异。其中，本科毕业生的创业意向水平最低，得分均值为2.62；其次是毕业研究生的创业意向水平（2.65）；专科毕业生的创业意向水平得分均值最高，达到了3.19。这表明，专科毕业生比毕业研究生、本科毕业生具有更强烈的创业意愿。

表4-29 不同学历毕业生的创业意向描述性统计

学历	样本数/个	平均值
毕业研究生	2 094	2.65
本科毕业生	12 435	2.62
专科毕业生	5 373	3.19
合计	19 902	2.77

2. 不同类型院校毕业生的创业意向分析

表4-30为不同类型院校研究生的创业意向描述性统计。可见，公办普通本科高校的毕业研究生创业意向最高，得分均值达到了2.74。其次是陕西省高水平大学的毕业研究生创业意向水平（2.72）。双一流建设高校的毕业研究生创业意向水平最低，得分均值仅为2.61。

表4-30 不同类型院校研究生的创业意向描述性统计

院校类型	样本数/个	平均值	不同意/%	不确定/%	同意/%
双一流建设高校	1 284	2.61	58.70	13.90	27.40
陕西省高水平大学	659	2.72	51.90	15.60	32.50
公办普通本科高校	151	2.74	48.30	17.30	34.40
合计	2 094	2.65	55.80	14.70	29.50

表4-31为不同类型院校本科毕业生的创业意向描述性统计。总体来看，随着高校层次的提高，本科毕业生的创业意向水平呈下降态势。

具体而言，民办本科院校和独立院校的本科毕业生创业意向水平最高（2.89），其次是公办普通本科高校的本科毕业生创业意向（2.75），再次是陕西省高水平大学的本科毕业生创业意向（2.63），双一流建设高校的本科毕业生创业意向水平最低（2.30）。

表 4-31 不同类型院校本科毕业生的创业意向描述性统计

院校类型	样本数/个	平均值	不同意/%	不确定/%	同意/%
双一流建设高校	3 250	2. 30	71. 30	11. 40	17. 30
陕西省高水平大学	3 883	2. 63	55. 70	15. 10	29. 20
公办普通本科高校	3 143	2. 75	50. 80	16. 40	32. 80
民办本科院校和独立院校	2 159	2. 89	43. 10	16. 60	40. 30
合计	12 435	2. 62	56. 40	14. 70	28. 90

表 4-32 为不同类型院校专科毕业生的创业意向描述性统计。可见，民办高职高专院校的专科毕业生创业意向水平最高，均值达到 3. 30。中国特色高水平高职学校建设单位、中国特色高水平专业群建设单位的专科毕业生创业意向水平高于公办高职高专院校专科毕业生的创业意向（3. 12）。最后，其他举办专科教育的院校培养的专科毕业生创业意向水平也比较高，均值为 3. 22。

表 4-32 不同类型院校专科毕业生的创业意向描述性统计

院校类型	样本数/个	平均值	不同意/%	不确定/%	同意/%
中国特色高水平高职学校建设单位	823	3. 20	28. 20	18. 20	53. 60
中国特色高水平专业群建设单位	1 078	3. 22	26. 40	19. 90	53. 70
公办高职高专院校	1 955	3. 12	31. 40	17. 20	51. 40
民办高职高专院校	416	3. 30	26. 20	15. 10	58. 70
其他举办专科教育的院校	1 101	3. 22	54. 30	14. 90	30. 80
合计	5 373	3. 18	48. 90	15. 50	35. 60

（二）机会识别

1. 不同学历毕业生的机会识别分析

表 4-33 为不同学历毕业生的机会识别描述性统计。陕西高校 2019 届毕业生总体的创业机会识别水平一般，均值为 2. 90，表明陕西高校毕业生对创业机会的敏感性不够。比较不同学历的毕业生创业机会识别水平发现，专科毕业生的创业机会识别水平（3. 13）高于毕业研究生和本科毕业生的创业机会识别水平（分别为 2. 84 和 2. 80）。

表 4-33 不同学历毕业生的机会识别描述性统计

学历	样本数/个	平均值
毕业研究生	1 866	2. 84
本科毕业生	11 059	2. 80
专科毕业生	4 817	3. 13
合计	17 742	2. 90

2. 不同类型院校毕业生的机会识别分析

表 4-34 为不同类型院校毕业研究生的机会识别描述性统计。整体来看，双一流建设高

校的毕业研究生创业机会识别水平（2.82）低于陕西省高水平大学和公办普通本科高校的毕业研究生创业机会识别水平（分别为2.87和2.88），但均值相差不大。

表4-34　不同类型院校毕业研究生的机会识别描述性统计

院校类型	样本数/个	平均值	不同意/%	不确定/%	同意/%
双一流建设高校	1 149	2.82	39.50	28.80	31.70
陕西省高水平大学	589	2.87	39.90	25.80	34.30
公办普通本科高校	128	2.88	35.20	33.50	31.30
合计	1 866	2.84	39.30	28.20	32.50

表4-35为不同类型院校本科毕业生的机会识别描述性统计。总体上，高校层次越高，其本科毕业生的创业机会识别水平越低。

具体而言，双一流建设高校的本科毕业生创业机会识别得分均值最低，为2.62。其次是陕西省高水平大学的本科毕业生机会识别水平（2.80）和公办普通本科高校的机会识别水平（2.88）。民办本科院校和独立院校本科毕业生的创业机会识别水平最高（2.98）。

表4-35　不同类型院校本科毕业生的机会识别描述性统计

院校类型	样本数/个	平均值	不同意/%	不确定/%	同意/%
双一流建设高校	2 886	2.62	48.50	25.20	26.30
陕西省高水平大学	3 463	2.80	38.80	29.60	31.60
公办普通本科高校	2 780	2.88	34.70	32.10	33.20
民办本科院校和独立院校	1 930	2.98	31.70	29.70	38.60
合计	11 059	2.80	39.10	29.10	31.80

表4-36为不同类型院校专科毕业生的机会识别描述性统计。可见，其他举办专科教育的院校和中国特色高水平专业群建设单位培养的专科毕业生创业机会识别水平最高，得分均值分别为3.18和3.17。中国特色高水平高职学校建设单位和民办高职高专院校的专科毕业生创业机会识别水平居中，分别为3.12和3.14。公办高职高专院校的专科毕业生创业机会识别水平最低（3.08）。

表4-36　不同类型院校专科毕业生的机会识别描述性统计

院校类型	样本数/个	平均值	不同意/%	不确定/%	同意/%
中国特色高水平高职学校建设单位	755	3.12	21.70	35.40	42.90
中国特色高水平专业群建设单位	995	3.17	20.30	35.70	44.00
公办高职高专院校	1 708	3.08	24.80	34.40	40.80
民办高职高专院校	368	3.14	25.30	30.20	44.50
其他举办专科教育的院校	991	3.18	37.90	29.10	33.00
合计	4 817	3.13	34.70	30.30	35.00

（三）创业行为

1. 不同学历毕业生的创业行为分析

表4-37为不同学历毕业生的创业行为描述性统计。总体而言，陕西高校2019届毕业生创业行为活动水平较低，得分均值仅为2.22。

比较不同学历毕业生的创业行为发现，专科毕业生的创业行为活动水平最高（2.54），其次是毕业研究生（2.16），而本科毕业生的创业行为活动水平最低（2.09）。

表4-37　不同学历毕业生的创业行为描述性统计

总体/学历	样本数/个	平均值
毕业研究生	1 605	2.16
本科毕业生	9 473	2.09
专科毕业生	4 222	2.54
合计	15 300	2.22

2. 不同类型院校毕业生的创业行为分析

表4-38为不同类型院校毕业研究生的创业行为描述性统计。可见，公办普通本科高校毕业研究生的创业行为活动水平最高，得分均值为2.33。其次是陕西省高水平大学的毕业研究生（2.18）。双一流建设高校的毕业研究生创业行为活动水平最低，得分均值仅为2.13。

表4-38　不同类型院校毕业研究生的创业行为描述性统计

院校类型	样本数/个	平均值	不同意/%	不确定/%	同意/%
双一流建设高校	990	2.13	71.20	19.10	9.70
陕西省高水平大学	507	2.18	69.00	20.30	10.70
公办普通本科高校	108	2.33	60.20	25.00	14.80
合计	1 605	2.16	69.80	19.90	10.30

表4-39为不同类型院校本科毕业生的创业行为描述性统计。可见，高校层次越高，其本科毕业生创业行为活动水平越低。民办本科院校和独立院校本科毕业生的创业行为活动水平最高，得分均值为2.32。双一流建设高校的本科毕业生创业行为活动水平最低，得分均值仅为1.83。

表4-39　不同类型院校本科毕业生的创业行为描述性统计

院校类型	样本数/个	平均值	不同意/%	不确定/%	同意/%
双一流建设高校	2 417	1.83	81.30	14.80	3.90
陕西省高水平大学	2 976	2.09	72.40	19.00	8.60
公办普通本科高校	2 393	2.18	70.00	19.60	10.40
民办本科院校和独立院校	1 687	2.32	63.60	21.90	14.50
合计	9 473	2.09	72.50	18.60	8.90

表4-40为不同类型院校专科毕业生的创业行为描述性统计。可见，中国特色高水平专业群建设单位和中国特色高水平高职学校建设单位的专科毕业生创业行为活动水平最高，得分均值分别为2.60和2.57，其次是其他举办专科教育的院校和公办高职高专院校专科毕业生的创业行为活动水平，得分均值分别为2.52和2.51。民办高职高专院校专科毕业生的创业行为活动水平最低（2.49）。

表4-40　不同类型院校专科毕业生的创业行为描述性统计

院校类型	样本数/个	平均值	不同意/%	不确定/%	同意/%
中国特色高水平高职学校建设单位	674	2.57	52.80	28.60	18.60
中国特色高水平专业群建设单位	912	2.60	52.20	27.70	20.10
公办高职高专院校	1 463	2.51	55.60	24.80	19.60
民办高职高专院校	304	2.49	54.60	24.30	21.10
其他举办专科教育的院校	869	2.52	70.90	19.30	9.80
合计	4 222	2.54	67.30	20.80	11.90

四、自主创业

（一）自主创业毕业生调查样本特征

本次调查获得了来自陕西高校2019届毕业生中的823名自主创业大学生样本，其中男生644人，占78.3%，女生179人，占21.7%。自主创业的大学生样本中，研究生学历的有36人，占总体的4.4%，其中双一流建设高校研究生有17人，陕西省高水平大学研究生10人，公办普通本科高校研究生9人。本科毕业生有316人，占总体的38.3%，其中双一流建设高校本科生最少，有30人，仅占总体的3.6%；公办普通本科高校本科生最多，有123人，占总体的14.9%。专科毕业生共有471人，占总体的57.3%，其中公办高职高专院校毕业生最多，有157人，占总体的19.1%；中国特色高水平高职学校建设单位毕业生最少，有55人，仅占总体的6.7%。表4-41为自主创业的毕业生样本特征。

表4-41　自主创业的毕业生样本特征

组别	分类		人数/人	百分比/%
性别	男生		644	78.3
	女生		179	21.7
学历/院校类型	毕业研究生	双一流建设高校	17	2.1
		陕西省高水平大学	10	1.2
		公办普通本科高校	9	1.1
		小计	36	4.4

续表

组别	分类		人数/人	百分比/%
学历/院校类型	本科毕业生	双一流建设高校	30	3.6
		陕西省高水平大学	65	7.9
		公办普通本科高校	123	14.9
		民办本科院校和独立院校	98	11.9
		小计	316	38.3
	专科毕业生	中国特色高水平高职学校建设单位	55	6.7
		中国特色高水平专业群建设单位	57	6.9
		公办高职高专院校	157	19.1
		民办高职高专院校	73	8.9
		其他举办专科教育的院校	129	15.7
		小计	471	57.3
合计			823	100.0

（二）创业职业和创业角色状态

1. 创业职业状态

表4-42为自主创业毕业生的创业职业状态。本次调查的823名自主创业高校毕业生中，206人报告了自己的创业状态。其中，130人是全职创业，占总体的63.1%，76人是兼职创业，占总体的36.9%。可见，全职创业是自主创业大学生的主流选择，但仍有很大一部分大学生考虑到各种因素，选择兼职创业。

表4-42　自主创业毕业生的创业职业状态

创业职业	人数/人	百分比/%
兼职创业	76	36.9
全职创业	130	63.1
合计	206	100.0

2. 创业角色状态

表4-43为自主创业毕业生的创业角色状态。可见，在创业角色方面，92人以独立发起人的角色创业，占总体的44.7%；62人以共同发起人的角色创业，占30.1%；还有52人以股东合伙人的角色参与创业，占25.2%。可见，大学生创业者在创业活动中的角色状态存在多样性。

表4-43　自主创业毕业生的创业角色状态

创业角色	人数/人	百分比/%
独立发起人	92	44.7

续表

创业角色	人数/人	百分比/%
共同发起人	62	30.1
股东合伙人	52	25.2
合计	206	100.0

(三）创业组织形式和雇佣人数

1. 创业组织形式

表4-44为陕西高校2019届毕业生自主创业的组织形式情况。接受调查的205名毕业生报告了自己的自主创业组织形式，56人表示没有成立创业组织机构，占27.3%；69人成立个体工商户进行创业，占33.7%；71人成立了有限责任公司开展创业活动，占34.6%；还有9人成立股份有限公司，占比4.4%。这表示大学生创业的组织机构形式同样存在多样性的特点。

表4-44　陕西高校2019届毕业生自主创业的组织形式情况

组织形式	人数/人	百分比/%
无组织机构	56	27.3
个体工商户	69	33.7
有限责任公司	71	34.6
股份有限公司	9	4.4
合计	205	100.0

2. 创业雇佣人数

与创业组织形式紧密相关的是创业组织雇佣的人数，接受调查的190名毕业生报告了自己的创业雇佣人数。表4-45为陕西高校2019届毕业生自主创业雇佣人数的情况。雇佣人数为0的大学生创业者人数为31人，占总体的16.3%。雇佣人数为1~5人的有92人，占比48.4%，这一规模雇佣人数最多。雇佣人数为6~10人的有35人，雇佣人数为11~20人的有15人，雇佣人数为21~50人的有12人，这三个规模的雇佣人数相对较多，可见大学生创业仍以小微创业为主。雇佣人数在50人以上的仅有5人，占总体的2.6%。

表4-45　陕西高校2019届毕业生自主创业雇佣人数的情况

雇佣人数	人数/人	百分比/%
0人	31	16.3
1~5人	92	48.4
6~10人	35	18.4
11~20人	15	8.0
21~50人	12	6.3
50人以上	5	2.6
合计	190	100.0

（四）创业的科技创新和行业分布

1. 科技创新创业

表 4-46 为毕业生自主创业是否为科技创新和技术专利创业的情况。接受调查的 193 名毕业生报告了自己的科技创业情况，属于科技创新型创业的人数为 40 人，占比 20.7%，不属于科技创新型创业的有 153 人，占比 79.3%。凭借技术专利创业的人数为 25 人，占比 13.0%，没有技术专利创业的人数为 168 人，占比 87.0%。可见，属于科技创新型创业和凭借技术专利创业的比例都较低，没有充分发挥大学生创业的优势。

表 4-46　毕业生自主创业是否为科技创新与技术专利创业的情况

创业类型	是/否	人数/人	百分比/%
科技创新	是	40	20.7
	否	153	79.3
技术专利	是	25	13.0
	否	168	87.0
合计		193	100.0

2. 创业行业分布

表 4-47 为毕业生自主创业的行业分布情况。接受调查的 193 名毕业生报告了自己的创业行业。从创业的行业分布来看，陕西高校 2019 届毕业生创业行业排在前三位的是教育业，零售业与文化、体育和娱乐业。此外，住宿和餐饮业，信息传输、软件和信息技术服务业，其他服务业（除行政服务）也是高校毕业生自主创业较多的行业。

表 4-47　毕业生自主创业的行业分布情况

创业行业	人数/人	百分比/%
教育业	42	21.8
零售业	28	14.5
文化、体育和娱乐业	25	13.0
住宿和餐饮业	16	8.3
信息传输、软件和信息技术服务业	13	6.7
其他服务业（除行政服务）	10	5.2
建筑业	8	4.2
农、林、牧、渔业	7	3.6
食品、烟草、加工业	6	3.1
各类专业设计与咨询服务业	6	3.1
纺织、服装、皮革制造业	5	2.6

续表

创业行业	人数/人	百分比/%
批发业	5	2.6
金融业	4	2.1
房地产开发及租赁业	4	2.1
化学品、化工、塑胶制造业	3	1.6
电子电气设备制造业（含计算机、通信、家电等）	2	1.0
运输业	2	1.0
行政、商业和环境保护辅助业	2	1.0
医疗和社会护理服务业	2	1.0
玻璃黏土、石灰水泥制品业	1	0.5
机械设备制造业	1	0.5
其他制造业	1	0.5
合计	193	100.0

（五）获得创业支持情况

创业离不开来自各方面创业资源的支持，对大学生创业者而言更是如此。表4-48为自主创业毕业生获得创业支持的情况。接受调查的193名毕业生报告了自己获得创业资源支持的情况。可见，获得家庭支持的自主毕业生比例为61.1%，高于没有获得家庭支持的自主创业毕业生比例（38.9%）。获得学校支持、社会支持、政府支持的情况则相反，没有获得学校支持的自主创业毕业生（84.5%）远高于获得学校支持的自主创业毕业生比例（15.5%）。自主创业毕业生获得政府支持的情况与获得学校支持的情况大体相当。自主创业毕业生获得社会支持的比例为34.7%，低于获得家庭支持的自主创业毕业生比例，但高于获得学校支持和政府支持的自主创业毕业生比例。

表4-48　自主创业毕业生获得创业支持的情况

创业支持	是/否	人数/人	百分百/%
家庭支持	是	118	61.1
	否	75	38.9
学校支持	是	30	15.5
	否	163	84.5
社会支持	是	67	34.7
	否	126	65.3
政府支持	是	31	16.1
	否	162	83.9
合计		193	100.0

五、创业阻力

本次调查陕西高校2019届毕业生的创业阻力情况，从毕业生对缺乏创业资金、缺少创业团队、缺乏商业技能、缺乏创业教育、缺少导师指导、缺乏社会关系等6个方面阻碍创业的认同度，来反映毕业生自主创业的阻力。受访毕业生从“非常不同意、不同意、不确定、同意、非常同意”五个等级中选择作答，并对五个认同等级依次赋值1、2、3、4、5分，用以进行平均值描述性统计分析。为便于分析，本报告将上述创业阻力分别命名为资金短缺阻力、团队短缺阻力、技能短缺阻力、教育短缺阻力、指导短缺阻力、关系短缺阻力。

（一）资金短缺阻力

高校毕业生因缺乏创业资金而创业受阻的情况较为常见。表4-49为不同学历毕业生的资金短缺阻力情况。毕业生总体的资金短缺阻力得分均值为3.44。关于资金短缺阻力，毕业生总体选择“同意”和“非常同意”的分别有38.9%和10.2%，累计接近50%。可见，缺乏创业资金的确是影响大学生创业的重要因素。

比较不同学历毕业生感知的资金短缺阻力发现，学历越高，毕业生的资金短缺阻力越小。专科毕业生的资金短缺阻力得分均值为3.49，高于本科毕业生（3.43）；本科毕业生的资金短缺阻力得分均值又高于毕业研究生（3.39）。因此，随着毕业生学历的提升，毕业生感知的资金短缺阻力会降低。

表4-49　不同学历毕业生的资金短缺阻力情况

认同程度	总体		毕业研究生		本科毕业生		专科毕业生	
	人数/人	占比/%	人数/人	占比/%	人数/人	占比/%	人数/人	占比/%
非常不同意	609	3.8	59	3.5	416	4.2	134	3.1
不同意	1 179	7.4	142	8.5	724	7.3	313	7.1
不确定	6 335	39.7	699	41.8	3 937	39.8	1 699	38.8
同意	6 194	38.9	638	38.2	3 834	38.8	1 722	39.4
非常同意	1 620	10.2	133	8.0	981	9.9	506	11.6
合计	15 937	100.0	1 671	100.0	9 892	100.0	4 374	100.0
平均值	3.44		3.39		3.43		3.49	

（二）团队短缺阻力

现代社会，创业通常需要依靠团队的力量才能取得成功。但是，不少高校毕业生在创业团队组建方面经验不足，直接影响他们的创业行动。表4-50为不同学历毕业生的团队短缺阻力情况。毕业生总体对团队短缺阻力得分均值为3.37。关于团队短缺阻力，毕业生总体选择“同意”和“非常同意”的分别有38.2%和7.5%，累计达45.7%。可见，缺少创业团队是影响大学生创业的另一个重要因素。

比较不同学历的毕业生对团队短缺阻力感知的情况发现，专科毕业生的团队短缺阻力感知最为明显，得分均值为3.41，高于本科毕业生（3.36）和毕业研究生（3.33）。因此，毕业生学历越低，则其感知的团队短缺阻力越大。

表 4-50　不同学历毕业生的团队短缺阻力情况

认同程度	总体		毕业研究生		本科毕业生		专科毕业生	
	人数/人	占比/%	人数/人	占比/%	人数/人	占比/%	人数/人	占比/%
非常不同意	634	4.0	63	3.7	425	4.3	146	3.3
不同意	1 322	8.3	145	8.7	810	8.2	367	8.4
不确定	6 684	42.0	734	43.9	4 161	42.0	1 789	41.0
同意	6 091	38.2	642	38.4	3 766	38.1	1 683	38.6
非常同意	1 203	7.5	88	5.3	735	7.4	380	8.7
合计	15 934	100.0	1 672	100.0	9 897	100.0	4 365	100.0
平均值	3.37		3.33		3.36		3.41	

（三）技能短缺阻力

很多有创业意愿的大学生因不具备从事商业活动的经验和能力，以至于不敢涉足创业。表 4-51 为不同学历毕业生的技能短缺阻力情况。毕业生总体的技能短缺阻力得分均值为 3.39。关于技能短缺阻力，毕业生总体选择“同意”和“非常同意”的分别有 39.2% 和 7.9%，累计达 47.1%。可见，缺乏商业技能会对大学生创业产生重要的阻碍作用。

比较不同学历毕业生的技能短缺阻力发现，本科毕业生得分均值等于总体均值，毕业研究生得分均值低于总体均值，而专科毕业生得分均值高于总体均值。毕业研究生感知技能短缺阻力最低，得分均值仅为 3.33，本科毕业生其次，得分均值为 3.39，专科毕业生感知的技能短缺阻力最高（3.42）。因此，毕业生学历越低，其感知的技能短缺阻力就越大。

表 4-51　不同学历毕业生的技能短缺阻力情况

认同程度	总体		毕业研究生		本科毕业生		专科毕业生	
	人数/人	占比/%	人数/人	占比/%	人数/人	占比/%	人数/人	占比/%
非常不同意	623	3.9	64	3.8	419	4.2	140	3.2
不同意	1 298	8.2	155	9.3	785	8.0	358	8.2
不确定	6 502	40.8	713	42.7	4 024	40.7	1 765	40.4
同意	6 244	39.2	639	38.2	3 892	39.3	1 713	39.2
非常同意	1 264	7.9	101	6.0	773	7.8	390	9.0
合计	15 931	100.0	1 672	100.0	9 893	100.0	4 366	100.0
平均值	3.39		3.33		3.39		3.42	

（四）教育短缺阻力

大学生在校接受创业教育可以帮助其认识创业活动，建立起创业过程的基本概念，初步形成创业技能。表 4-52 为不同学历毕业生的教育短缺阻力情况。毕业生总体的教育短缺阻力得分均值为3.31。关于教育短缺阻力，毕业生总体选择“同意”和“非常同意”的分别有35.8%和6.7%，累计42.5%。可见，高校创业教育对毕业生的创业具有重要影响。

从不同学历的毕业生比较来看，专科毕业生对教育短缺阻力的感知明显高于本科毕业生和毕业研究生。专科毕业生教育短缺阻力得分均值最高，为3.37。其次是本科毕业生，均值为3.30。毕业研究生的教育短缺阻力均值最低，为3.26。因此，毕业生学历越低，其感知的教育短缺阻力就越大。

表4-52　不同学历毕业生的教育短缺阻力情况

认同程度	总体		毕业研究生		本科毕业生		专科毕业生	
	人数/人	占比/%	人数/人	占比/%	人数/人	占比/%	人数/人	占比/%
非常不同意	647	4.1	68	4.1	434	4.4	145	3.3
不同意	1 519	9.5	167	10.0	951	9.6	401	9.2
不确定	6 982	43.9	777	46.5	4 347	44.0	1 858	42.7
同意	5 693	35.8	582	34.8	3 516	35.6	1 595	36.7
非常同意	1 063	6.7	76	4.6	636	6.4	351	8.1
合计	15 904	100.0	1 670	100.0	9 884	100.0	4 350	100.0
平均值	3.31		3.26		3.30		3.37	

（五）指导短缺阻力

考虑到大学生创业的具体特征，政府部门和高校为扶持大学生创业，提高大学生创业的成功率，探索建立了大学生创业导师队伍。大学生自主创业缺乏创业导师的指导，可能阻碍其采取创业的行动。表4-53为不同学历毕业生的指导短缺阻力情况。毕业生总体的指导短缺阻力得分均值为3.29。关于指导短缺阻力，毕业生总体选择“同意”和“非常同意”的分别有34.5%和6.4%，累计为40.9%。可见，创业导师指导是影响大学生创业的重要因素。

从不同学历毕业生的指导短缺阻力比较发现，专科毕业生对指导短缺阻力的感知明显高于本科毕业生和研究生。专科毕业生指导短缺阻力的均值为3.35，为各学历毕业生中最高。其次是本科毕业生，均值为3.27。毕业研究生指导短缺阻力的均值最低，仅为3.23。因此，毕业生学历越低，则其感知的指导短缺阻力就越大。

表4-53　不同学历毕业生的指导短缺阻力情况

认同程度	总体		毕业研究生		本科毕业生		专科毕业生	
	人数/人	占比/%	人数/人	占比/%	人数/人	占比/%	人数/人	占比/%
非常不同意	662	4.1	70	4.2	447	4.5	145	3.3
不同意	1 635	10.3	187	11.2	1 004	10.2	444	10.2
不确定	7 111	44.7	782	46.8	4 460	45.1	1 869	42.8
同意	5 485	34.5	552	33.1	3 384	34.2	1 549	35.5

续表

认同程度	总体		毕业研究生		本科毕业生		专科毕业生	
	人数/人	占比/%	人数/人	占比/%	人数/人	占比/%	人数/人	占比/%
非常同意	1 025	6.4	79	4.7	590	6.0	356	8.2
合计	15 918	100.0	1 670	100.0	9 885	100.0	4 363	100.0
平均值	3.29		3.23		3.27		3.35	

（六）关系短缺阻力

大学生自主创业离不开寻求一定社会关系的支持。表4-54为不同学历毕业生的关系短缺阻力情况。毕业生总体关系短缺阻力的得分均值为3.40。关于关系短缺阻力，毕业生总体选择“同意”和“非常同意”的分别有39.0%和8.5%，累计为47.5%。可见，毕业生缺乏社会关系对其自主创业具有很大的影响。

从不同学历的毕业生比较来看，专科毕业生对关系短缺阻力的感知明显高于本科毕业生和毕业研究生。专科毕业生关系短缺阻力的得分均值最高，为3.42。其次是本科毕业生，均值为3.40。毕业研究生关系短缺阻力的均值最低，为3.35。因此，毕业生学历越低，则其感知的关系短缺阻力就越大。

表4-54　不同学历毕业生的关系短缺阻力情况

认同程度	总体		毕业研究生		本科毕业生		专科毕业生	
	人数/人	占比/%	人数/人	占比/%	人数/人	占比/%	人数/人	占比/%
非常不同意	608	3.8	61	3.6	402	4.1	145	3.3
不同意	1 268	8.0	147	8.8	754	7.6	367	8.4
不确定	6 476	40.7	724	43.4	4 010	40.6	1 742	39.9
同意	6 212	39.0	624	37.4	3 879	39.3	1 709	39.2
非常同意	1 348	8.5	114	6.8	835	8.4	399	9.2
合计	15 912	100.0	1 670	100.0	9 880	100.0	4 362	100.0
平均值	3.40		3.35		3.40		3.42	

第五章

升学与留学

本章主要介绍陕西高校2019届毕业生国内升学（简称“升学”）、国（境）外留学（简称“留学”）情况。升学，包括高校专科毕业生毕业后在国内继续攻读学士学位、本科毕业生毕业后在国内继续读硕士、硕士毕业生毕业后在国内继续读博士。留学，包括高校本科毕业生毕业后在国（境）外留学、硕士研究生毕业后在国（境）外留学、博士研究生毕业后在港澳台或国外留学。升学部分主要从升学率、升学类别、跨校与跨专业升学以及升学动机四个层面对陕西高校毕业生升学情况进行了统计分析与描述；留学部分主要从留学率、留学类别、跨专业留学以及留学动机四个层面对陕西高校毕业生留学情况进行统计分析与描述。

一、毕业生国内升学情况分析

（一）升学率分析

1. 总体升学率分析

表5-1为陕西高校2017—2019届毕业生国内升学率统计结果。从表5-1可知，陕西高校2019届毕业生总体升学率为14.8%，专科毕业生升学率为9.6%，本科毕业生升学率为19.1%，硕士毕业生升学率为7.0%。从2017届、2018届、2019届毕业生升学率比较来看，陕西高校毕业生总体升学率、专科毕业生升学率、本科毕业生升学率呈逐年上升的趋势，但2019届硕士毕业生升学率低于2018届硕士毕业生。

表5-1　陕西高校2017—2019届毕业生国内升学率统计结果

毕业生类别	2017届			2018届			2019届		
	总数/人	升学人数/人	升学率/%	总数/人	升学人数/人	升学率/%	总数/人	升学人数/人	升学率/%
专科毕业生	28 447	1 196	4.2	28 766	1 905	6.6	21 746	2 088	9.6
本科毕业生	43 084	6 864	15.9	44 109	8 036	18.2	35 716	6 820	19.1
硕士毕业生	6 194	306	4.9	5 551	426	7.7	5 472	382	7.0
合计	77 725	8 366	10.8	78 426	10 367	13.2	62 934	9 290	14.8

2\. 不同性别毕业生升学率分析

表5-2为2019届陕西高校不同性别毕业生升学率统计结果。从表5-2可知，专科毕业生中，女生升学率高于男生；本科毕业生与硕士毕业生中，男生升学率均高于女生。

表5-2　2019届陕西高校不同性别毕业生升学率统计结果

性别	专科毕业生			本科毕业生			硕士毕业生		
	总数/人	升学人数/人	升学率/%	总数/人	升学人数/人	升学率/%	总数/人	升学人数/人	升学率/%
男生	13 034	784	6.0	18 481	3 637	19.7	2 849	240	8.4
女生	8 712	1 304	15.0	17 235	3 183	18.5	2 623	142	5.4

3\. 不同类型院校毕业生升学率分析

表5-3为不同类型院校专科毕业生升学率统计结果。从表5-3可知，中国特色高水平高职学校建设单位专科毕业生升学率为8.3%，中国特色高水平专业群建设单位为7.0%，公办高职高专院校为7.0%，民办高职高专院校为6.6%，其他举办专科教育的院校为20.5%。

表5-4为不同类型院校本科毕业生、硕士毕业生升学率统计结果。从表5-4可知，双一流建设高校本科毕业生升学率最高（39.7%），其次依次是陕西省高水平大学（20.6%）、公办普通本科高校（11.7%）、民办本科院校和独立院校（4.0%）。双一流建设高校硕士毕业生升学率最高（8.7%），其次依次是陕西省高水平大学（4.9%）、公办普通本科高校（2.8%）。

表5-3　不同类型院校专科毕业生升学率统计结果

院校类型	总数/人	升学人数/人	升学率/%
中国特色高水平高职学校建设单位	2 923	243	8.3
中国特色高水平专业群建设单位	3 317	231	7.0
公办高职高专院校	9 175	646	7.0
民办高职高专院校	2 371	156	6.6
其他举办专科教育的院校	3 960	812	20.5

表5-4　不同类型院校本科毕业生、硕士毕业生升学率统计结果

院校类型	本科毕业生			硕士毕业生		
	总数/人	升学人数/人	升学率/%	总数/人	升学人数/人	升学率/%
双一流建设高校	8 157	3 242	39.7	3 246	282	8.7
陕西省高水平大学	10 243	2 111	20.6	1 793	88	4.9
公办普通本科高校	10 135	1 182	11.7	423	12	2.8
民办本科院校和独立院校	7 181	285	4.0	11	0	0.0

4. 不同学科门类毕业生升学率分析

表 5-5 为 2019 届陕西高校不同学科与专业大类专科毕业生升学率统计结果。从表 5-5 可知，教育与体育专业大类专科毕业生升学率最高（23.0%），资源与环境专业大类专科毕业生升学率最低（3.0%）。

表 5-5　2019 届陕西高校不同学科与专业大类专科毕业生升学率统计结果

专业与学科大类	升学人数/人	总人数/人	升学率/%
教育与体育	419	1 823	23.0
财经商贸	563	3 954	14.2
旅游	53	373	14.2
文化艺术	53	442	12.0
电子信息	200	1 807	11.1
公安与司法	47	449	10.5
食品药品与粮食	20	212	9.4
医药卫生	241	2 763	8.7
公共管理与服务	12	145	8.3
水利	11	142	7.7
新闻传播	25	367	6.8
土木建筑	85	1 477	5.8
装备制造	179	3 445	5.2
交通运输	120	2 679	4.5
生物化工	8	185	4.3
能源动力与材料	12	291	4.1
农林牧渔	10	248	4.0
轻工纺织	13	382	3.4
资源与环境	17	562	3.0

表 5-6 为 2019 届陕西高校不同学科门类本科与硕士毕业生升学率统计结果。哲学学科门类的本科毕业生升学率最高，为 56.6%；教育学门类的本科毕业生升学率最低，仅为 4.2%。农学学科门类的硕士研究生升学率最高，为 15.3%，艺术学学科门类的硕士研究生升学率最低，为 0.5%。

表 5-6　2019 届陕西高校不同学科门类本科与硕士毕业生升学率统计结果

学科门类	本科毕业生			硕士毕业生		
	总数/人	升学人数/人	升学率/%	总数/人	升学人数/人	升学率/%
哲学	53	30	56.6	32	4	12.5
经济学	1 299	167	12.9	135	13	9.6

续表

学科门类	本科毕业生			硕士毕业生		
	总数/人	升学人数/人	升学率/%	总数/人	升学人数/人	升学率/%
法学	1 161	306	26.4	318	14	4.4
教育学	1 732	73	4.2	409	8	2.0
文学	3 375	416	12.3	281	13	4.6
历史学	310	85	27.4	65	9	13.8
理学	2 577	592	23.0	399	50	12.5
工学	14 433	3 867	26.8	2 620	185	7.1
农学	489	253	51.7	300	46	15.3
医学	1 492	287	19.2	204	25	12.3
管理学	5 198	464	8.9	495	14	2.8
艺术学	3 597	280	7.8	214	1	0.5

（二）毕业生升学类别分析

表5-7为陕西高校2019届毕业生升学类别统计结果。从表5-7可知，在参与调研的2 293名正在国内读研/博的毕业生中，攻读硕士学位的占比为96.5%；攻读博士学位的占比为3.5%。攻读硕士学位的群体中，攻读学术型硕士学位的占比比攻读专业型硕士学位的比例高24.8%；攻读博士学位的群体中，以攻读学术型博士学位为主，占比为95.1%。

表5-7　陕西高校2019届毕业生升学类别统计结果

类别	攻读硕士学位		攻读博士学位	
	人数/人	占比/%	人数/人	占比/%
专业型	832	37.6	4	4.9
学术型	1 380	62.4	77	95.1
合计	2 212	100.0	81	100.0

（三）毕业生跨校、跨专业升学分析

表5-8为陕西高校2019届毕业生跨校、跨专业升学统计结果。从表5-8可知，在2 292名正在国内读研究生的毕业生样本中，跨校攻读硕士学位的比例为59.2%，跨专业攻读硕士学位的比例为18.4%；跨校攻读博士学位的比例为64.2%，跨专业攻读博士学位的比例为27.2%。

表5-8　陕西高校2019届毕业生跨校、跨专业升学统计结果

类别	攻读硕士学位		攻读博士学位	
	人数/人	占比/%	人数/人	占比/%
跨校	1 308	59.2	52	64.2
未跨校	903	40.8	29	35.8

续表

类别	攻读硕士学位		攻读博士学位	
	人数/人	占比/%	人数/人	占比/%
合计	2 211	100.0	81	100.0
跨专业	407	18.4	22	27.2
未跨专业	1 804	81.6	59	72.8
合计	2 211	100.0	81	100.0

（四）毕业生升学动机分析

表 5-9 为陕西高校 2019 届毕业生升学动机统计结果。从表 5-9 可知，在 2 293 名正在国内读研究生的毕业生样本中，攻读硕士学位的第一、第二动机分别是提高就业竞争力、对科研感兴趣，攻读博士学位的主要动机则依次是对科研感兴趣、提高就业竞争力。

表 5-9　陕西高校 2019 届毕业生升学动机统计结果

升学动机	攻读硕士学位		攻读博士学位	
	人数/人	占比/%	人数/人	占比/%
对科研感兴趣	507	22.9	44	54.3
提高就业竞争力	1 470	66.5	31	38.3
受同学/朋友深造的影响	73	3.3	2	2.5
父母的期望	62	2.8	1	1.2
其他原因	99	4.5	3	3.7
合计	2 211	100.0	81	100.0

二、毕业生国（境）外留学情况分析

陕西高校 2019 届毕业生国（境）外留学高校累计 190 所，国家/地区以英国、美国、日本为主，在这三个国家留学的人数分别占留学总人数的 24.6%、13.0% 和 12.6%。国（境）外留学覆盖 190 所高校，其中 2020 年 QS 世界大学排名前 100 的高校共计 78 所，占留学学校总数的 41.1%。

（一）留学率分析

1. 总体留学率分析

表 5-10 为陕西高校 2017—2019 届毕业生留学率统计结果。从表 5-10 可知，陕西高校 2019 届毕业生总体留学率为 1.8%，本科毕业生留学率为 1.9%，硕士毕业生留学率为 1.1%，博士毕业生留学率为 0.7%。从 2017 届、2018 届、2019 届毕业生留学率比较来看，陕西高校毕业生总体留学率、本科毕业生留学率、硕士毕业生留学率、博士毕业生留学率均呈逐年上升的趋势。此外，2017—2019 届毕业生中，本科毕业生留学率高于硕士毕业生，而硕士毕业生留学率高于博士毕业生。

表 5-10　陕西高校 2017—2019 届毕业生留学率统计结果

类别	2017 届			2018 届			2019 届		
	总数/人	留学人数/人	留学率/%	总数/人	留学人数/人	留学率/%	总数/人	留学人数/人	留学率/%
本科毕业生	43 084	506	1.2	44 109	719	1.6	35 716	690	1.9
硕士毕业生	6 194	48	0.8	5 551	57	1.0	5 472	59	1.1
博士毕业生	339	1	0.3	435	2	0.5	426	3	0.7
合计	49 617	555	1.1	50 095	778	1.6	41 614	752	1.8

2. 不同性别毕业生留学率分析

表 5-11 为 2019 届陕西高校不同性别毕业生留学率统计结果。从表 5-11 可知，2019 届本科毕业生、博士毕业生中，女生留学率高于男生；硕士毕业生中，男生留学率高于女生。

表 5-11　2019 届陕西高校不同性别毕业生留学率统计结果

性别	本科毕业生			硕士毕业生			博士毕业生		
	总数/人	留学人数/人	留学率/%	总数/人	留学人数/人	留学率/%	总数/人	留学人数/人	留学率/%
男生	18 481	284	1.5	2 849	36	1.3	279	1	0.4
女生	17 235	406	2.4	2 623	23	0.9	147	2	1.4

3. 不同类型院校毕业生留学率分析

表 5-12 为不同类型院校毕业生留学率统计结果。从表 5-12 可知，双一流建设高校本科毕业生、硕士毕业生、博士毕业生的留学率均为最高，分别为 4.6%、1.5%、0.8%。从陕西省高水平大学到公办普通本科高校再到民办本科院校和独立院校，本科毕业生、硕士毕业生留学率依次降低。

表 5-12　不同类型院校毕业生留学率统计结果

院校类型	本科毕业生			硕士毕业生			博士毕业生		
	总数/人	留学人数/人	留学率/%	总数/人	留学人数/人	留学率/%	总数/人	留学人数/人	留学率/%
双一流建设高校	8 157	372	4.6	3 246	48	1.5	363	3	0.8
陕西省高水平大学	10 243	199	1.9	1 793	10	0.6	63	0	0.0
公办普通本科高校	10 135	104	1.0	423	1	0.2	0	0	0.0
民办本科院校和独立院校	7 181	58	0.8	11	0	0.0	0	0	0.0

4. 不同学科门类毕业生留学率分析

表5-13为不同学科门类毕业生留学率统计结果。从表5-13可知，本科毕业生中，文学留学率最高，为4.1%，教育学留学率最低，为0.1%；硕士毕业生中，理学留学率最高，为2.0%，哲学、艺术学留学率最低，为0.0%；博士毕业生留学主要集中在理学与工学，且理学博士毕业生留学率（1.3%）高于工学（0.9%）。

表5-13 不同学科门类毕业生留学率统计结果

学科门类	本科毕业生			硕士毕业生			博士毕业生		
	总数/人	留学人数/人	留学率/%	总数/人	留学人数/人	留学率/%	总数/人	留学人数/人	留学率/%
哲学	53	2	3.8	32	0	0.0	3	0	0.0
经济学	1 299	43	3.3	135	1	0.8	11	0	0.0
法学	1 161	26	2.2	318	1	0.3	10	0	0.0
教育学	1 732	1	0.1	409	2	0.5	3	0	0.0
文学	3 375	139	4.1	281	1	0.4	10	0	0.0
历史学	310	2	0.6	65	1	1.5	13	0	0.0
理学	2 577	34	1.3	399	8	2.0	77	1	1.3
工学	14 433	246	1.7	2 620	39	1.5	221	2	0.9
农学	489	9	1.8	300	1	0.3	45	0	0.0
医学	1 492	3	0.2	204	4	2.0	13	0	0.0
管理学	5 198	85	1.6	495	1	0.2	18	0	0.0
艺术学	3 597	100	2.8	214	0	0.0	2	0	0.0

（二）毕业生留学类别分析

表5-14为陕西高校2019届毕业生留学类别统计结果。从表5-14可知，在参与调研的210名在国（境）外留学生中，以攻读硕士学位为主，占总数的96.2%。在攻读硕士学位的群体中，学术型硕士研究生要比攻读专业型硕士学位占比高7.0%。攻读博士学位的群体中，以学术型博士研究生为主，占比为87.5%。

表5-14 陕西高校2019届毕业生留学类别统计结果

类别	攻读硕士学位		攻读博士学位	
	人数/人	占比/%	人数/人	占比/%
专业型	94	46.5	1	12.5
学术型	108	53.5	7	87.5
合计	202	100.0	8	100.0

（三）毕业生跨专业留学分析

表5-15为陕西高校2019届毕业生跨专业留学统计结果。从表5-15可知，在参与调研的210名在国（境）外留学的本科毕业生中，跨专业攻读硕士学位的占比为35.6%，跨专业攻读博士学位的比例为25.0%。

表5-15 陕西高校2019届毕业生跨专业留学统计结果

跨专业	攻读硕士学位		攻读博士学位	
	人数/人	占比/%	人数/人	占比/%
是	72	35.6	2	25.0
否	130	64.4	6	75.0
合计	202	100.0	8	100.0

（四）毕业生留学动机分析

表5-16为陕西高校2019届毕业生留学动机统计结果。从表5-16可知，提高就业竞争力、喜欢国外学业环境是本科毕业生国（境）外留学攻读硕士学位的主要动机，喜欢国外学业环境、提高就业竞争力、对科研感兴趣是毕业生国（境）外攻读博士学位的主要动机。

表5-16 陕西高校2019届毕业生留学动机统计结果

留学动机	攻读硕士学位		攻读博士学位	
	人数/人	百分比/%	人数/人	百分比/%
喜欢国外学业环境	146	73.0	6	75.0
提高就业竞争力	147	73.5	6	75.0
喜欢国外的生活环境	90	45.0	1	12.5
喜欢国外的人际关系	30	15.0	1	12.5
喜欢国外的工作环境	50	25.0	3	37.5
父母的期望	51	25.5	3	37.5
对科研感兴趣	35	17.5	5	62.5
朋友的影响	45	22.5	3	37.5
其他原因	16	8.0	0	0.0

分报告

第六章

分报告一：本专科毕业生学习经历特征分析

一、样本特征

本章对2019届陕西高校本专科毕业生的课程学习经历、在校期间的学习投入以及能力发展状况进行分析，以此来反映陕西省高校的教育教学质量。

表6-1为调查样本基本特征。陕西高校2019届毕业生中，参与课程学历经历调查的毕业生有效问卷共57 462份，其中，本科毕业生35 716人，专科毕业生21 746人，分别占62.2%和37.8%。

表6-1 调查样本基本特征

组别	类别	人数	百分比/%
性别	男	31 515	54.8
	女	25 947	45.2
学历类型	本科	35 716	62.2
	专科	21 746	37.8
本科生院校类型	双一流建设高校	8 157	22.8
	陕西省高水平大学	10 243	28.7
	公办普通本科高校	10 135	28.4
	民办本科院校和独立院校	7 181	20.1
专科生院校类型	中国特色高水平高职学校建设单位	2 923	13.4
	中国特色高水平专业群建设单位	3 317	15.3
	公办高职高专院校	9 175	42.2
	民办高职高专院校	2 371	10.9
	其他举办专科教育的学校	3 960	18.2

二、调查问卷设计

（一）课程学习经历调查问卷设计

表6-2为陕西高校本专科毕业生课程学习经历调查问卷结构。课程学习经历的调查包括11个维度共计54个测量题目，毕业生对这些题目的回答分为“非常不同意”“不同意”“不确定”“同意”和“非常同意”5个等级，并分别被赋值1、2、3、4、5分。对该调查问卷进行结构效度及信度检验的结果表明，该调查问卷可以对毕业生课程学习经历进行科学、有效、可靠的测量。

表6-2　陕西高校本专科毕业生课程学习经历调查问卷结构

指标	代码	测量内容	题目数量
学生支持	SSS	学校提供的信息技术资源、学习资源、咨询服务的可获得性	3
学习资源	LRS	学习资源的适当性和有效性	3
清晰的目标与标准	CGS	课程结构是否清晰和有意义	5
课程组织	COS	学校或者教师对课程的规划和形式的情况	5
良好教学	GTS	经历的课程教学特征	7
独立自主性	IS	学生在学习过程中的自主性	6
学习共同体	LCS	学生在大学学习时的社会经历	5
适当的负担	AWS	学习负担水平是否阻碍学生深度学习	4
适当的评价	AAS	评价是否促进学生深度学习	6
动机激发	IMS	课程对学生动机和兴趣的激发状态	4
毕业生质量	GQS	课程学习是否有高阶产出及与终身学习的相关性	6

（二）学习投入调查问卷设计

表6-3为陕西高校本专科毕业生学习投入调查问卷结构。对于本专科毕业生在学期间学习投入的调查包含5个维度共计29个测量题目。毕业生对这些题目的回答分为“从不”“较少”“一般”“很多”和“较多”5个等级，并分别被赋值1、2、3、4、5分。对调查问卷进行效度及信度检验的结果表明，该调查问卷可以对毕业生的学习投入情况进行科学、有效、可靠的测量。

表6-3　陕西高校本专科毕业生学习投入调查问卷结构

指标	题目示例	题目数量
分析理解	解释概念、方法并利用它们解决问题	9
学术挑战	参加课堂讨论	6
师生互动	和教师通过在线工具或面对面进行交流	6
缺乏投入	迟交作业（反向赋值）	4
课外投入	因任课教师的高要求，您提高了自己的努力程度	4

（三）能力发展调查问卷设计

表 6-4 为陕西高校本专科毕业生能力发展调查问卷结构。对于本专科毕业生能力发展的调查包含 3 个维度共计 21 个测量题目。毕业生对这些题目的回答分为“非常不同意”“不同意”“不确定”“同意”和“非常同意”5 个等级，并分别被赋值 1、2、3、4、5 分。对调查问卷进行效度及信度检验的结果表明，该调查问卷可以对毕业生的能力发展情况进行科学、有效、可靠的测量。

表 6-4　陕西高校本专科毕业生能力发展调查问卷结构

指标	题目示例	题目数量
核心技能	大学学习发展了我的批判性思维能力	8
研究能力	大学学习发展了我阅读和理解学术资料的能力	6
自我认知能力与全球化能力	大学学习拓展了我的国际视野和国际交流能力	7

三、本专科毕业生课程学习经历分析

（一）本专科毕业生课程学习经历总体情况

表 6-5 为陕西高校本专科毕业生课程学习经历各维度的描述统计分析结果。毕业生对“清晰的目标与标准”“良好教学”“学习共同体”“适当的负担”“适当的评价”“动机激发”“毕业生质量”等维度的回答倾向于“同意”，对“学生支持”“学习资源”“课程组织”“独立自主性”等维度倾向于“不确定”。这一结果表明，陕西高校毕业生的课程学习经历整体水平较高。

表 6-5　陕西高校本专科毕业生课程学习经历各维度的描述统计分析结果

指标	人数	均值	标准差
学生支持（SSS）	13 703	3.43	0.82
学习资源（LRS）	13 713	3.43	0.81
清晰的目标与标准（CGS）	13 028	3.59	0.72
课程组织（COS）	13 283	3.41	0.83
良好教学（GTS）	13 011	3.52	0.77
独立自主性（IS）	13 011	3.30	0.81
学习共同体（LCS）	13 607	3.56	0.75
适当的负担（AWS）	13 025	3.66	0.72
适当的评价（AAS）	13 010	3.56	0.71
动机激发（IMS）	13 321	3.52	0.77
毕业生质量（GQS）	13 474	3.68	0.76

（二）不同组别毕业生课程学习经历比较

1. 不同学历毕业生课程学习经历比较

表6-6为不同学历毕业生感知的课程学习经历。经T检验可知，本科毕业生与专科毕业生感知的课程学习经历在“课程组织”“良好教学”以及“适当的评价”这三个维度上没有显著性差异；在“独立自主性”这一维度上，专科毕业生感知效果优于本科毕业生；除此之外，本科毕业生感知的课程学习经历的其他维度均优于专科毕业生。

表6-6　不同学历毕业生感知的课程学习经历

维度	学历	均值	标准差
学生支持（SSS）	本科生	3.48	0.79
	专科生	3.30	0.87
学习资源（LRS）	本科生	3.46	0.78
	专科生	3.35	0.86
清晰的目标与标准（CGS）	本科生	3.60	0.70
	专科生	3.56	0.75
课程组织（COS）	本科生	3.41	0.82
	专科生	3.42	0.85
良好教学（GTS）	本科生	3.52	0.75
	专科生	3.50	0.80
独立自主性（IS）	本科生	3.29	0.81
	专科生	3.33	0.82
学习共同体（LCS）	本科生	3.58	0.73
	专科生	3.50	0.77
适当的负担（AWS）	本科生	3.68	0.71
	专科生	3.62	0.74
适当的评价（AAS）	本科生	3.56	0.70
	专科生	3.58	0.72
动机激发（IMS）	本科生	3.64	0.80
	专科生	3.53	0.83
毕业生质量（GQS）	本科生	3.72	0.73
	专科生	3.59	0.80

2. 不同性别毕业生课程学习经历比较

表6-7为不同性别毕业生感知的课程学习经历。除“学生支持”维度外，陕西高校男性毕业生和女性毕业生在课程学习经历其他维度上的得分均存在显著差异，且女性毕业生的

平均得分要显著高于男性毕业生，这说明女性毕业生感知的课程学习经历整体要好于男性毕业生。

表 6-7 不同性别毕业生感知的课程学习经历

维度	性别	均值	标准差
学生支持（SSS）	男生	3.42	0.87
	女生	3.44	0.77
学习资源（LRS）	男生	3.39	0.86
	女生	3.47	0.75
清晰的目标与标准（CGS）	男生	3.56	0.77
	女生	3.63	0.66
课程组织（COS）	男生	3.34	0.88
	女生	3.48	0.76
良好教学（GTS）	男生	3.48	0.82
	女生	3.55	0.70
独立自主性（IS）	男生	3.27	0.86
	女生	3.33	0.75
学习共同体（LCS）	男生	3.53	0.79
	女生	3.58	0.69
适当的负担（AWS）	男生	3.61	0.78
	女生	3.72	0.65
适当的评价（AAS）	男生	3.52	0.76
	女生	3.61	0.65
动机激发（IMS）	男生	3.56	0.86
	女生	3.65	0.76
毕业生质量（GQS）	男生	3.65	0.80
	女生	3.71	0.70

3. 不同类型院校本科毕业生课程学习经历比较

表 6-8 为不同类型院校本科毕业生感知的课程学习经历。双一流建设高校在课程学习经历的所有维度上都显著高于其他高校。在“学生支持”这一维度上，陕西省高水平大学显著高于公办普通本科高校，除此之外，二者在其他维度上无显著差异，可认为这两类院校毕业生感知的课程学习经历基本相同。在课程学习经历的各个维度上，民办本科院校和独立院校的毕业生感知的课程学习经历得分均显著低于其他类型院校毕业生，表明民办本科院校和独立院校的课程教学质量整体堪忧。

表 6-8 不同类型院校本科毕业生感知的课程学习经历

维度	院校类型	均值	标准差
学生支持（SSS）	双一流建设高校	3.70	0.76
	陕西省高水平大学	3.47	0.77
	公办普通本科高校	3.40	0.78
	民办本科院校和独立院校	3.31	0.84
学习资源（LRS）	双一流建设高校	3.61	0.76
	陕西省高水平大学	3.45	0.75
	公办普通本科高校	3.43	0.76
	民办本科院校和独立院校	3.31	0.84
清晰的目标与标准（CGS）	双一流建设高校	3.68	0.70
	陕西省高水平大学	3.60	0.69
	公办普通本科高校	3.59	0.70
	民办本科院校和独立院校	3.53	0.72
课程组织（COS）	双一流建设高校	3.49	0.81
	陕西省高水平大学	3.38	0.81
	公办普通本科高校	3.39	0.82
	民办本科院校和独立院校	3.35	0.84
良好教学（GTS）	双一流建设高校	3.59	0.73
	陕西省高水平大学	3.51	0.74
	公办普通本科高校	3.51	0.74
	民办本科院校和独立院校	3.47	0.77
独立自主性（IS）	双一流建设高校	3.33	0.81
	陕西省高水平大学	3.28	0.80
	公办普通本科高校	3.29	0.79
	民办本科院校和独立院校	3.24	0.83
学习共同体（LCS）	双一流建设高校	3.71	0.72
	陕西省高水平大学	3.56	0.72
	公办普通本科高校	3.56	0.74
	民办本科院校和独立院校	3.47	0.77
适当的负担（AWS）	双一流建设高校	3.74	0.71
	陕西省高水平大学	3.67	0.70
	公办普通本科高校	3.68	0.70
	民办本科院校和独立院校	3.60	0.74

续表

维度	院校类型	均值	标准差
适当的评价（AAS）	双一流建设高校	3.59	0.70
	陕西省高水平大学	3.55	0.70
	公办普通本科高校	3.57	0.69
	民办本科院校和独立院校	3.50	0.72
动机激发（IMS）	双一流建设高校	3.75	0.79
	陕西省高水平大学	3.62	0.80
	公办普通本科高校	3.65	0.79
	民办本科院校和独立院校	3.51	0.83
毕业生质量（GQS）	双一流建设高校	3.86	0.69
	陕西省高水平大学	3.70	0.71
	公办普通本科高校	3.69	0.73
	民办本科院校和独立院校	3.58	0.78

4. 不同类型院校专科毕业生课程学习经历比较

表6-9为不同类型院校专科毕业生感知的课程学习经历。在课程学习经历的所有维度上，公办高职高专院校专科毕业生的得分都显著高于民办高职高专院校，并低于中国特色高水平高职学校建设单位与中国特色高水平专业群建设单位。在“学生支持”和“学习资源”这两个维度上，中国特色高水平高职学校建设单位的毕业生得分显著高于中国特色高水平专业群建设单位，除此之外，二者在其他维度无显著差异，可认为这两大类院校专科毕业生感知的课程学习经历不存在显著差异。

表6-9　不同类型院校专科毕业生感知的课程学习经历

维度	院校类型	均值	标准差
学生支持（SSS）	中国特色高水平高职学校建设单位	3.49	0.77
	中国特色高水平专业群建设单位	3.41	0.81
	公办高职高专院校	3.22	0.92
	民办高职高专院校	2.89	0.93
	其他举办专科教育的院校	3.47	0.80
学习资源（LRS）	中国特色高水平高职学校建设单位	3.55	0.74
	中国特色高水平专业群建设单位	3.46	0.78
	公办高职高专院校	3.27	0.91
	民办高职高专院校	2.91	0.92
	其他举办专科教育的院校	3.45	0.78

续表

维度	院校类型	均值	标准差
清晰的目标与标准（CGS）	中国特色高水平高职学校建设单位	3.67	0.67
	中国特色高水平专业群建设单位	3.64	0.69
	公办高职高专院校	3.55	0.78
	民办高职高专院校	3.21	0.86
	其他举办专科教育的院校	3.60	0.71
课程组织（COS）	中国特色高水平高职学校建设单位	3.59	0.75
	中国特色高水平专业群建设单位	3.52	0.79
	公办高职高专院校	3.40	0.89
	民办高职高专院校	2.94	0.91
	其他举办专科教育的院校	3.40	0.82
良好教学（GTS）	中国特色高水平高职学校建设单位	3.63	0.71
	中国特色高水平专业群建设单位	3.61	0.74
	公办高职高专院校	3.47	0.83
	民办高职高专院校	3.11	0.89
	其他举办专科教育的院校	3.52	0.75
独立自主性（IS）	中国特色高水平高职学校建设单位	3.47	0.74
	中国特色高水平专业群建设单位	3.46	0.75
	公办高职高专院校	3.27	0.85
	民办高职高专院校	2.93	0.87
	其他举办专科教育的院校	3.29	0.81
学习共同体（LCS）	中国特色高水平高职学校建设单位	3.63	0.68
	中国特色高水平专业群建设单位	3.59	0.74
	公办高职高专院校	3.46	0.81
	民办高职高专院校	3.17	0.82
	其他举办专科教育的院校	3.57	0.74
适当的负担（AWS）	中国特色高水平高职学校建设单位	3.73	0.67
	中国特色高水平专业群建设单位	3.69	0.68
	公办高职高专院校	3.62	0.77
	民办高职高专院校	3.35	0.84
	其他举办专科教育的院校	3.67	0.71

续表

维度	院校类型	均值	标准差
适当的评价（AAS）	中国特色高水平高职学校建设单位	3.69	0.66
	中国特色高水平专业群建设单位	3.66	0.67
	公办高职高专院校	3.55	0.75
	民办高职高专院校	3.26	0.79
	其他举办专科教育的院校	3.56	0.70
动机激发（IMS）	中国特色高水平高职学校建设单位	3.65	0.74
	中国特色高水平专业群建设单位	3.62	0.76
	公办高职高专院校	3.50	0.87
	民办高职高专院校	3.19	0.92
	其他举办专科教育的院校	3.63	0.81
毕业生质量（GQS）	中国特色高水平高职学校建设单位	3.72	0.69
	中国特色高水平专业群建设单位	3.66	0.73
	公办高职高专院校	3.54	0.84
	民办高职高专院校	3.24	0.92
	其他举办专科教育的院校	3.71	0.74

5. 不同学科门类本科毕业生课程学习经历比较

表6-10为不同学科门类本科毕业生感知的课程学习经历各维度均值。在课程学习经历的11个维度上，管理学、经济学学科门类的本科毕业生的平均得分均低于全体毕业生的平均值，法学、历史学、教育学专业的本科毕业生平均得分均高于全体毕业生的平均值。

6. 不同专业大类专科毕业生课程学习经历比较

表6-11为不同专业大类专科毕业生感知的课程学习经历各维度均值。从表6-11中可见，在课程学习经历的11个维度上，公共管理与服务、新闻传播、公安与司法、土木建筑等专业大类毕业生的平均得分均高于全体毕业生的平均值，轻工纺织、文化艺术、医药卫生、电子信息、食品药品与粮食等专业大类毕业生的平均得分则低于全体毕业生的平均值。

表6-10 不同学科门类本科毕业生感知的课程学习经历各维度均值

学科门类	人数/人	学生支持	学习资源	清晰的目标与标准	课程组织	良好教学	独立自主性	学习共同体	适当的负担	适当的评价	动机激发	毕业生质量
哲学	53	3.47	3.60	3.61	3.54	3.48	3.23	3.50	3.55	3.60	3.78	3.79
经济学	1 299	3.37	3.35	3.57	3.29	3.46	3.18	3.50	3.67	3.49	3.57	3.67
法学	1 161	3.50	3.53	3.71	3.56	3.63	3.39	3.71	3.79	3.64	3.80	3.85
教育学	1 732	3.56	3.64	3.79	3.66	3.70	3.53	3.74	3.87	3.77	3.84	3.88

续表

学科门类	人数/人	学生支持	学习资源	清晰的目标与标准	课程组织	良好教学	独立自主性	学习共同体	适当的负担	适当的评价	动机激发	毕业生质量
文学	3 375	3.44	3.46	3.65	3.45	3.62	3.35	3.62	3.76	3.65	3.72	3.76
历史学	310	3.50	3.56	3.66	3.54	3.58	3.38	3.69	3.73	3.65	3.81	3.80
理学	2 577	3.52	3.50	3.61	3.43	3.52	3.29	3.63	3.70	3.56	3.69	3.76
工学	14 433	3.55	3.48	3.58	3.39	3.50	3.26	3.57	3.64	3.52	3.60	3.71
农学	489	3.59	3.53	3.68	3.44	3.62	3.35	3.67	3.71	3.56	3.76	3.82
医学	1 492	3.45	3.52	3.61	3.51	3.47	3.32	3.55	3.66	3.56	3.71	3.75
管理学	5 198	3.40	3.39	3.51	3.34	3.42	3.18	3.48	3.62	3.48	3.51	3.61
艺术学	3 597	3.32	3.31	3.61	3.27	3.54	3.32	3.55	3.66	3.58	3.64	3.66
总计	35 716	3.48	3.46	3.60	3.41	3.52	3.29	3.58	3.68	3.56	3.64	3.72

表 6-11 不同专业大类专科毕业生感知的课程学习经历各维度均值

专业大类	人数/人	学生支持	学习资源	清晰的目标与标准	课程组织	良好教学	独立自主性	学习共同体	适当的负担	适当的评价	动机激发	毕业生质量
农林牧渔	248	3.23	3.41	3.54	3.45	3.45	3.33	3.49	3.65	3.59	3.60	3.58
资源与环境	562	3.31	3.35	3.46	3.37	3.42	3.30	3.46	3.56	3.53	3.43	3.52
能源动力与材料	291	3.36	3.41	3.64	3.47	3.55	3.36	3.50	3.64	3.58	3.50	3.57
土木建筑	1 477	3.33	3.38	3.65	3.47	3.60	3.38	3.51	3.67	3.62	3.58	3.61
水利	142	3.41	3.40	3.58	3.46	3.48	3.32	3.45	3.70	3.53	3.52	3.57
装备制造	3 445	3.32	3.34	3.52	3.36	3.47	3.32	3.51	3.61	3.56	3.47	3.55
生物化工	185	3.59	3.61	3.53	3.57	3.49	3.35	3.65	3.60	3.58	3.55	3.62
轻工纺织	382	2.93	3.08	3.04	3.07	3.07	2.95	3.06	3.11	3.21	3.10	3.15
食品药品与粮食	212	3.26	3.30	3.34	3.28	3.23	3.10	3.32	3.44	3.42	3.45	3.43
交通运输	2 679	3.22	3.27	3.60	3.39	3.53	3.30	3.49	3.65	3.56	3.48	3.55
电子信息	1 807	3.25	3.20	3.45	3.23	3.38	3.23	3.42	3.53	3.48	3.46	3.51
医药卫生	2 763	3.22	3.28	3.51	3.39	3.43	3.24	3.41	3.57	3.52	3.48	3.52
财经商贸	3 954	3.36	3.41	3.61	3.49	3.56	3.42	3.55	3.67	3.63	3.58	3.65
旅游	373	3.34	3.38	3.57	3.44	3.55	3.42	3.59	3.65	3.62	3.46	3.64
文化艺术	442	3.11	3.17	3.51	3.23	3.42	3.17	3.40	3.52	3.49	3.41	3.48
新闻传播	367	3.52	3.51	3.80	3.64	3.69	3.53	3.63	3.88	3.84	3.84	3.83

续表

专业大类	人数/人	学生支持	学习资源	清晰的目标与标准	课程组织	良好教学	独立自主性	学习共同体	适当的负担	适当的评价	动机激发	毕业生质量
教育与体育	1 823	3. 29	3. 42	3. 59	3. 50	3. 49	3. 42	3. 52	3. 62	3. 59	3. 62	3. 65
公安与司法	449	3. 36	3. 45	3. 67	3. 54	3. 60	3. 45	3. 67	3. 71	3. 64	3. 69	3. 68
公共管理与服务	145	3. 67	3. 68	3. 87	3. 82	3. 87	3. 68	3. 87	3. 90	3. 90	3. 86	3. 95
总计	21 746	3. 30	3. 35	3. 56	3. 42	3. 50	3. 33	3. 50	3. 62	3. 58	3. 53	3. 59

（三）课程学习经历变化趋势分析

图 6-1 为陕西高校 2017—2019 届本专科毕业生课程学习经历的变化趋势。从图 6-1 可见，除“适当的负担”“适当的评价”维度外，2019 届、2018 届高职高专毕业生在课程学习经历所有维度上的平均得分均低于 2017 届毕业生；2019 届毕业生在“动机激发”“学生支持”两个维度上的平均得分略低于 2018 届毕业生，在“适当的负担”“适当的评价”两个维度上得分一致，在其余维度上的平均得分高于 2018 届毕业生。

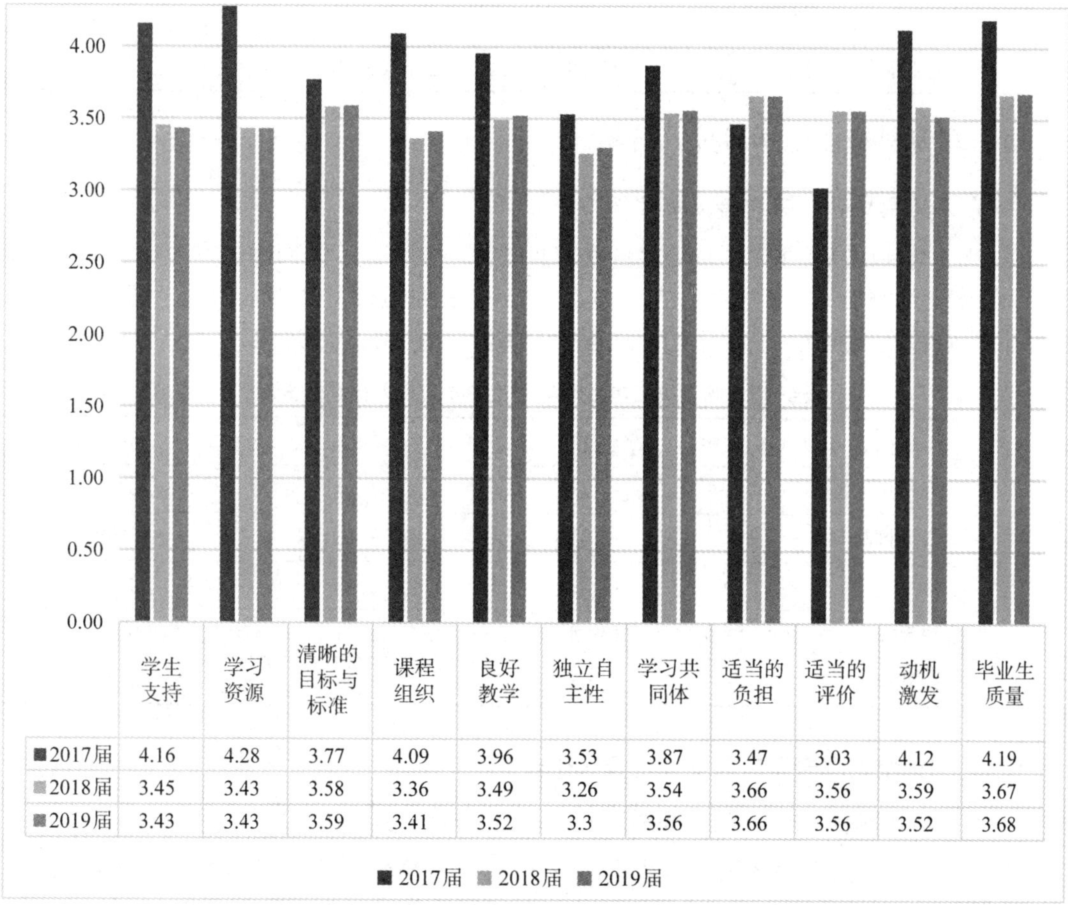

图 6-1　陕西高校 2017—2019 届本专科毕业生课程学习经历的变化趋势

表6-12为陕西高校2017—2019届本专科毕业生课程学习经历各维度的同意百分比变化趋势。从表6-12可以看出，课程学习经历各维度同意百分比的变化情况大致呈现出了与各维度均值变化类似的结果。

表6-12　陕西高校2017—2019届本专科毕业生课程学习经历各维度的同意百分比变化趋势　%

维度	2017届	2018届	2019届
学生支持（SSS）	76.20	57.90	55.70
学习资源（LRS）	79.90	57.13	56.33
清晰的目标与标准（CGS）	59.05	63.52	63.38
课程组织（COS）	58.93	53.04	54.90
良好教学（GTS）	68.13	59.30	59.67
独立自主性（IS）	51.98	49.65	50.53
学习共同体（LCS）	64.67	62.58	62.46
适当的负担（AWS）	50.30	69.40	68.70
适当的评价（AAS）	34.03	63.32	62.83
动机激发（IMS）	73.50	63.98	64.28
毕业生质量（GQS）	77.28	69.18	68.47

四、本专科毕业生学习投入分析

（一）本专科毕业生学习投入总体情况

表6-13为陕西高校本专科毕业生的学习投入描述性分析。陕西高校毕业生在学习投入的五个维度上均倾向于“一般”，在“缺乏投入（反向赋值）”这一维度上倾向于“较多”，说明陕西高校毕业生在大学学习过程中的学习投入状况不够理想。

表6-13　陕西高校本专科毕业生的学习投入描述性分析

维度	人数	均值	标准差
分析理解	12 789	3.19	0.72
学术挑战	13 019	3.16	0.80
师生互动	12 823	2.99	0.85
缺乏投入	13 053	3.94	0.89
课外投入	13 053	3.25	0.82

（二）不同组别本专科毕业生学习投入比较

1. 不同学历毕业生学习投入比较

表6-14为不同学历本专科毕业生学习投入分析。经检验可知，本科毕业生的学习投入在“分析理解”“课外投入”两个维度上均显著高于专科毕业生，在“学术挑战”“缺乏投入”两个维度上显著低于专科毕业生，在“师生互动”维度上无显著差异。

表 6-14　不同学历本专科毕业生学习投入分析

维度	学历	均值	标准差
分析理解	本科生	3.23	0.69
	专科生	3.10	0.76
学术挑战	本科生	3.15	0.78
	专科生	3.20	0.83
师生互动	本科生	2.99	0.83
	专科生	2.98	0.89
缺乏投入	本科生	3.91	0.79
	专科生	4.01	0.86
课外投入	本科生	3.28	0.79
	专科生	3.18	0.86

2. 不同性别毕业生学习投入比较

表 6-15 为不同性别本专科毕业生学习投入分析。经检验可知，男性毕业生的学习投入在“分析理解”“学术挑战”维度上均显著高于女生，在“课外投入”“缺乏投入”两个维度上显著低于女性毕业生，在“师生互动”维度上无显著差异。

表 6-15　不同性别本专科毕业生学习投入分析

维度	性别	均值	标准差
分析理解	男生	3.21	0.76
	女生	3.17	0.67
学术挑战	男生	3.18	0.85
	女生	3.15	0.74
师生互动	男生	3.00	0.90
	女生	2.98	0.80
缺乏投入	男生	3.77	0.95
	女生	4.12	0.79
课外投入	男生	3.20	0.88
	女生	3.29	0.74

3. 不同类型院校本科毕业生学习投入比较

表 6-16 为不同类型院校本科毕业生的学习投入比较。经检验可知，在“分析理解”维度上，双一流建设高校、陕西省高水平大学毕业生显著优于公办普通本科高校、民办本科院校与独立院校；在“课外投入”维度上，双一流建设高校本科毕业生显著优于其他高校；在“缺乏投入”维度上，公办普通本科高校本科毕业生显著优于双一流建设高校与陕西省

高水平大学；在“师生互动”与“学术挑战”这两个维度上，不同层次高校本科毕业生之间没有显著差异。

表 6-16 不同类型院校本科毕业生的学习投入比较

维度	院校类型	均值	标准差
分析理解	双一流建设高校	3. 36	0. 68
	陕西省高水平大学	3. 22	0. 68
	公办普通本科高校	3. 16	0. 69
	民办本科院校和独立院校	3. 17	0. 72
学术挑战	双一流建设高校	3. 16	0. 78
	陕西省高水平大学	3. 13	0. 78
	公办普通本科高校	3. 15	0. 77
	民办本科院校和独立院校	3. 16	0. 80
师生互动	双一流建设高校	3. 01	0. 84
	陕西省高水平大学	2. 97	0. 83
	公办普通本科高校	2. 98	0. 82
	民办本科院校和独立院校	3. 00	0. 85
缺乏投入	双一流建设高校	3. 89	0. 82
	陕西省高水平大学	3. 87	0. 85
	公办普通本科高校	3. 97	0. 84
	民办本科院校和独立院校	3. 92	0. 93
课外投入	双一流建设高校	3. 38	0. 79
	陕西省高水平大学	3. 27	0. 79
	公办普通本科高校	3. 23	0. 78
	民办本科院校和独立院校	3. 24	0. 80

4. 不同类型院校专科毕业生学习投入比较

表6-17为不同类型院校专科毕业生的学习投入。经检验可知，在“分析理解”“师生互动”“学术挑战”“课外投入”这四个维度上，中国特色高水平高职学校建设单位、中国特色高水平专业群建设单位、公办高职高专院校以及其他举办专科教育的院校的专科毕业生显著优于民办高职高专院校。在“缺乏投入”维度上，中国特色高水平高职学校建设单位、中国特色高水平专业群建设单位专科毕业生显著优于公办高职高专院校。

表 6-17　不同类型院校专科毕业生的学习投入

维度	院校类型	均值	标准差
分析理解	中国特色高水平高职学校建设单位	3. 14	0. 72
	中国特色高水平专业群建设单位	3. 17	0. 75
	公办高职高专院校	3. 09	0. 77
	民办高职高专院校	2. 90	0. 75
	其他举办专科教育的院校	3. 08	0. 79
学术挑战	中国特色高水平高职学校建设单位	3. 26	0. 80
	中国特色高水平专业群建设单位	3. 27	0. 80
	公办高职高专院校	3. 21	0. 84
	民办高职高专院校	2. 88	0. 84
	其他举办专科教育的院校	3. 19	0. 85
师生互动	中国特色高水平高职学校建设单位	3. 04	0. 85
	中国特色高水平专业群建设单位	3. 09	0. 88
	公办高职高专院校	2. 98	0. 90
	民办高职高专院校	2. 69	0. 84
	其他举办专科教育的院校	2. 94	0. 90
缺乏投入	中国特色高水平高职学校建设单位	3. 94	1. 00
	中国特色高水平专业群建设单位	3. 97	1. 01
	公办高职高专院校	4. 07	0. 96
	民办高职高专院校	4. 06	0. 86
	其他举办专科教育的院校	4. 00	0. 94
课外投入	中国特色高水平高职学校建设单位	3. 24	0. 83
	中国特色高水平专业群建设单位	3. 23	0. 85
	公办高职高专院校	3. 18	0. 86
	民办高职高专院校	2. 77	0. 86
	其他举办专科教育的院校	3. 19	0. 86

5. 不同学科门类本科毕业生学习投入比较

表 6-18 为不同学科门类本科毕业生学习投入各维度均值。从表 6-18 可以看出，法学、教育学、文学、历史学、艺术学、农学专业本科毕业生的平均得分均高于全体毕业生的平均值；工学门类本科毕业生的平均得分除“分析理解”这一维度外，其他维度得分低于全体毕业生的平均值。

表 6-18　不同学科门类本科毕业生学习投入各维度均值

学科门类	分析理解	学术挑战	师生互动	缺乏投入	课外投入
哲学	3.11	3.29	2.91	4.43	3.48
经济学	3.25	3.16	2.96	3.95	3.35
法学	3.35	3.29	3.08	4.04	3.42
教育学	3.27	3.34	3.14	4.08	3.46
文学	3.27	3.27	3.06	4.03	3.43
历史学	3.33	3.24	3.13	4.00	3.41
理学	3.20	3.05	2.92	3.98	3.20
工学	3.23	3.08	2.95	3.78	3.22
农学	3.29	3.28	3.08	3.87	3.43
医学	3.14	3.06	2.87	3.94	3.10
管理学	3.15	3.10	2.90	3.96	3.25
艺术学	3.28	3.30	3.18	4.02	3.36
总计	3.23	3.15	2.99	3.91	3.28

6. 不同专业大类专科毕业生学习投入比较

表 6-19 为不同专业大类专科毕业生学习投入各维度均值。生物化工、财经商贸、新闻传播、公安与司法、公共管理与服务等专业大类的专科毕业生的平均得分均高于全体毕业生的平均值，资源与环境、轻工纺织、电子信息等专业大类的专科毕业生的平均得分均低于全体毕业生的平均值。

表 6-19　不同专业大类专科毕业生学习投入各维度均值

专业大类	分析理解	学术挑战	师生互动	缺乏投入	课外投入
农林牧渔	3.14	3.36	2.97	4.00	3.38
资源与环境	3.00	3.15	2.93	3.93	3.14
能源动力与材料	2.97	3.13	2.99	3.95	3.17
土木建筑	3.17	3.27	3.01	3.89	3.20
水利	3.16	3.23	2.98	3.81	3.26
装备制造	3.12	3.19	2.96	3.90	3.11
生物化工	3.12	3.24	3.01	4.08	3.23
轻工纺织	2.71	2.64	2.60	3.91	2.47
食品药品与粮食	3.23	3.07	3.03	4.16	3.14
交通运输	3.10	3.21	3.01	4.01	3.19
电子信息	3.07	3.10	2.94	3.91	3.11

续表

专业大类	分析理解	学术挑战	师生互动	缺乏投入	课外投入
医药卫生	3.07	3.10	2.90	4.17	3.01
财经商贸	3.12	3.27	3.03	4.01	3.25
旅游	3.02	3.21	3.03	4.15	3.24
文化艺术	3.10	3.09	3.04	3.76	3.04
新闻传播	3.13	3.47	3.01	4.26	3.37
教育与体育	3.03	3.17	2.87	4.16	3.20
公安与司法	3.27	3.43	3.28	4.22	3.40
公共管理与服务	3.41	3.72	3.42	4.30	3.78
总计	3.10	3.20	2.98	4.01	3.18

五、本专科毕业生能力发展比较

（一）毕业生能力发展总体情况

表6-20为陕西高校本专科毕业生的能力发展描述性分析。毕业生对能力发展各个测量题目的回答分为“非常不同意”“不同意”“不确定”“同意”和“非常同意”5个等级，并分别被赋值1、2、3、4、5分。陕西高校毕业生在“核心技能”“研究能力”“自我认知能力与全球化能力”三个维度上均倾向于“同意”，说明陕西高校毕业生能力发展情况良好。

表6-20　陕西高校本专科毕业生的能力发展描述性分析

维度	人数	均值	标准差
核心技能	12 697	3.65	0.69
研究能力	12 766	3.65	0.71
自我认知能力与全球化能力	12 726	3.66	0.71

（二）不同组别毕业生能力发展比较

1. 不同学历毕业生能力发展比较

表6-21为不同学历毕业生能力发展分析。经检验可知，本科毕业生的能力发展在三个维度上均显著高于专科毕业生。

表6-21　不同学历毕业生能力发展分析

学历类型	核心技能		研究能力		自我认知能力与全球化能力	
	均值	标准差	均值	标准差	均值	标准差
本科生	3.68	0.67	3.71	0.68	3.70	0.68
专科生	3.58	0.73	3.54	0.75	3.56	0.75
总计	3.65	0.69	3.65	0.71	3.66	0.71

2. 不同性别毕业生能力发展比较

表6-22为不同性别毕业生能力发展分析。经检验可知，在“核心技能”与“研究能力”这两个维度上，男女毕业生之间并无显著性差异；在“自我认知能力与全球化能力”这一维度上，女性毕业生能力发展的均值略高于男性毕业。

表6-22　不同性别毕业生能力发展分析

性别	核心技能		研究能力		自我认知能力与全球化能力	
	均值	标准差	均值	标准差	均值	标准差
女生	3.66	0.64	3.64	0.66	3.69	0.65
男生	3.64	0.74	3.66	0.76	3.63	0.76
总计	3.65	0.69	3.65	0.71	3.66	0.71

3. 不同类型院校本科毕业生能力发展比较

表6-23为不同类型院校本科毕业生能力发展比较。经T检验可知，在能力发展的各个维度上，双一流建设高校、陕西省高水平大学、公办普通本科高校、民办本科院校与独立院校的毕业生能力发展情况依次减弱。其中，在“核心技能”这一维度上，陕西省高水平大学与公办普通本科高校的差异不具有显著性。

表6-23　不同类型院校本科毕业生能力发展比较

高校层次	核心技能		研究能力		自我认知能力与全球化能力	
	均值	标准差	均值	标准差	均值	标准差
双一流建设高校	3.78	0.66	3.86	0.65	3.81	0.66
陕西省高水平大学	3.67	0.66	3.69	0.67	3.71	0.67
公办普通本科高校	3.65	0.67	3.65	0.67	3.65	0.67
民办本科院校和独立院校	3.59	0.70	3.58	0.73	3.60	0.72
总计	3.68	0.67	3.71	0.68	3.70	0.68

4. 不同类型院校专科毕业生能力发展比较

表6-24为不同类型院校专科毕业生能力发展比较。对于“核心技能”而言，中国特色高水平高职学校建设单位、其他举办专科教育的院校、中国特色高水平专业群建设单位、公办高职高专院校、民办高职高专院校的专科毕业生得分均值依次递减；对于“研究能力”和“自我认知能力与全球化能力”而言，其他举办专科教育的院校、中国特色高水平高职学校建设单位、中国特色高水平专业群建设单位、公办高职高专院校、民办高职高专院校的专科毕业生得分均值依次递减。

表 6-24　不同类型院校专科毕业生能力发展比较

高校类型	核心技能		研究能力		自我认知能力与全球化能力	
	均值	标准差	均值	标准差	均值	标准差
中国特色高水平高职学校建设单位	3.68	0.64	3.64	0.66	3.65	0.65
中国特色高水平专业群建设单位	3.61	0.72	3.58	0.74	3.60	0.73
公办高职高专院校	3.56	0.75	3.52	0.77	3.51	0.76
民办高职高专院校	3.36	0.76	3.28	0.79	3.35	0.79
其他举办专科教育的院校	3.67	0.68	3.69	0.69	3.69	0.69
总计	3.65	0.69	3.65	0.71	3.66	0.71

5. 不同学科门类本科毕业生能力发展比较

表 6-25 为不同学科门类本科毕业生能力发展比较。在能力发展的各个维度上，哲学、医学、管理学专业的本科毕业生平均得分均低于全体本科毕业生的平均值，历史学、教育学、法学、理学、农学等专业的本科毕业生平均得分均高于全体本科毕业生的平均值。

表 6-25　不同学科门类本科毕业生能力发展比较

学科门类	核心技能		研究能力		自我认知能力与全球化能力	
	均值	标准差	均值	标准差	均值	标准差
哲学	3.51	0.82	3.49	0.74	3.58	0.81
经济学	3.68	0.66	3.70	0.71	3.76	0.67
法学	3.82	0.67	3.76	0.67	3.80	0.68
教育学	3.77	0.62	3.78	0.63	3.76	0.63
文学	3.76	0.66	3.67	0.67	3.87	0.66
历史学	3.75	0.61	3.73	0.58	3.77	0.65
理学	3.69	0.61	3.80	0.63	3.72	0.66
工学	3.66	0.67	3.75	0.68	3.68	0.68
农学	3.72	0.68	3.81	0.71	3.74	0.70
医学	3.59	0.61	3.57	0.61	3.59	0.62
管理学	3.60	0.71	3.61	0.71	3.60	0.70
艺术学	3.68	0.72	3.59	0.75	3.66	0.73
总计	3.68	0.67	3.71	0.68	3.70	0.68

6. 不同专业大类专科毕业生能力发展比较

表 6-26 为不同专业大类专科毕业生能力发展比较。在能力发展的各个维度上，轻工纺织大类、食品药品与粮食大类、能源动力与材料大类、文化艺术大类、医药卫生大类、资源与环境大类、电子信息大类专业的专科毕业生平均得分均低于全体专科毕业生的平均值，公

安与司法大类、财经商贸大类、土木建筑大类、旅游大类、水利大类、新闻传播大类、公共管理与服务大类等专业的专科毕业生平均得分均高于全体专科毕业生的平均值。

表 6-26　不同专业大类专科毕业生能力发展比较

专业大类	核心技能		研究能力		自我认知能力与全球化能力	
	均值	标准差	均值	标准差	均值	标准差
农林牧渔	3.71	0.48	3.55	0.56	3.55	0.58
资源与环境	3.50	0.78	3.52	0.79	3.50	0.76
能源动力与材料	3.45	0.84	3.42	0.87	3.38	0.85
土木建筑	3.66	0.70	3.61	0.69	3.63	0.71
水利	3.65	0.83	3.72	0.78	3.67	0.79
装备制造	3.58	0.76	3.55	0.78	3.54	0.78
生物化工	3.64	0.57	3.58	0.70	3.53	0.56
轻工纺织	3.16	1.07	3.17	1.10	3.21	1.11
食品药品与粮食	3.40	0.78	3.23	0.81	3.35	0.77
交通运输	3.59	0.73	3.53	0.77	3.56	0.76
电子信息	3.50	0.81	3.51	0.83	3.49	0.83
医药卫生	3.48	0.75	3.42	0.74	3.48	0.74
财经商贸	3.64	0.69	3.61	0.71	3.62	0.71
旅游	3.63	0.66	3.57	0.70	3.66	0.65
文化艺术	3.47	0.82	3.39	0.84	3.46	0.81
新闻传播	3.75	0.54	3.60	0.52	3.70	0.52
教育与体育	3.58	0.62	3.51	0.65	3.57	0.64
公安与司法	3.67	0.81	3.63	0.82	3.61	0.83
公共管理与服务	3.83	0.63	3.72	0.75	3.77	0.68
总计	3.58	0.73	3.54	0.75	3.56	0.75

第七章

分报告二：毕业研究生科研经历和能力发展分析

毕业研究生的科研经历及其能力发展情况是从学生的角度出发，对其读研读博期间的科研经历和自身能力发展状况进行评估，反映了研究生教育的质量。本章主要分析陕西高校毕业研究生的科研经历和能力发展情况，研究生科研经历调查共包含导师指导、研究氛围、技能发展、研究设施、论文评审、目标和期望、总体满意度等 7 个维度 33 道题目，如表 7-1 所示；对毕业研究生能力发展的调查共包含核心技能、研究能力、自我认知能力与全球化能力等 3 个维度 20 道题目，如表 7-2 所示。

表 7-1　科研经历调查问卷结构

维度	关注内容	题目数
导师指导	读研期间学生获得导师指导的难易程度和认真程度	7
研究氛围	读研期间学校提供的科研氛围和科研机会等	5
技能发展	读研期间学生的解决问题、逻辑分析等通用技能的发展程度	8
研究设施	读研期间学校在科研设备、空间和财政等方面的支持程度	6
论文评审	读研期间学生对学生论文评审的过程的及时性、公平性等满意程度	5
目标和期望	读研期间学生对学习的结构、要求和标准的清晰度	1
总体满意度	学生对读研经历的整体满意程度	1

表 7-2　毕业研究生能力发展调查问卷结构

维度	关注内容	题目数
核心技能	表达、写作、思维、理解等能力	7
研究能力	利用计算机、网络、图书馆等进行研究的能力	6
自我认知能力与全球化能力	对自我的认知和对全球文化的欣赏、沟通	7

科研经历和能力发展两部分调查问卷均采用李克特 5 分量表，回答的选项有“非常不同意”“不同意”“不确定”“同意”“非常同意”，并分别赋值 1、2、3、4、5 分。另外，根

据回答的选项，“非常同意”和“同意”属于同意的范围，因此可以计算出选择同意的人数比例，计算公式的分子是回答同意范围的人数，分母是回答问题的总人数。这个比例下文统一称为“赞同百分比”。

一、样本特征

陕西高校2019届毕业研究生中，参与科研经历调查的毕业研究生有效样本共5 887人，样本分布情况如表7-3所示。

表7-3　科研经历样本分布情况

组别	类别	人数/人	百分比/%
性别	男	3 119	53.0
	女	2 768	47.0
学历	博士	426	7.2
	硕士	5 461	92.8
院校类别	双一流建设高校	3 609	61.3
	陕西省高水平大学	1 855	31.5
	公办普通本科高校	423	7.2
学科门类	哲学	35	0.6
	经济学	144	2.4
	法学	328	5.6
	教育学	412	7.0
	文学	291	4.9
	历史学	78	1.3
	理学	476	8.1
	工学	2 833	48.1
	农学	345	5.9
	医学	217	3.7
	管理学	513	8.7
	艺术学	215	3.7

二、陕西高校2017—2019届毕业研究生科研经历分析

（一）毕业研究生科研经历总体情况

表7-4为陕西高校2017—2019届毕业研究生科研经历各维度的基本情况。由表7-4可知，2019届毕业研究生对科研经历各方面的总体评价良好。七个维度得分均接近或超过4分。但是，2019届毕业研究生的科研经历整体比2018届差，每一个维度的评价得分都低于

2018 届毕业研究生。

表 7-4　陕西高校 2017—2019 届毕业研究生科研经历各维度的基本情况

科研经历	2017 届			2018 届			2019 届		
	人数/人	均值	标准差	人数/人	均值	标准差	人数/人	均值	标准差
导师指导	2 497	4.00	0.87	1 548	3.91	0.80	1 616	3.81	0.88
研究氛围	2 496	3.73	0.85	1 540	3.75	0.85	1 620	3.67	0.84
技能发展	2 494	3.88	0.73	1 525	4.03	0.60	1 601	3.95	0.64
研究设施	2 497	3.84	0.71	1 504	3.94	0.60	1 603	3.87	0.62
论文评审	2 499	4.14	0.70	1 494	4.18	0.53	1 592	4.13	0.57
目标和期望	2 489	4.06	0.80	1 482	4.14	0.62	1 591	4.08	0.65
总体满意度	2 487	4.02	0.84	1 482	4.09	0.73	1 578	4.05	0.73

图 7-1 为陕西高校 2017—2019 届毕业研究生科研经历赞同百分比趋势。由图 7-1 可知，2017—2019 届毕业研究生对其科研经历中的“论文评审”“目标和期望”“总体满意度”的赞同百分比均为最高，说明连续三届的毕业生对这三方面的科研经历赞同度最高。其中 2018 届在“论文评审”与“目标和期望”两个方面突破了 90%。

2018 届毕业研究生对其科研经历各个方面的赞同百分比是三届最高，相较于 2017 届升幅明显，其中提高幅度最大的是“技能发展”方面，升幅达到 18.6%。而相较于 2018 届，2019 届各数据呈现下降趋势，降幅最大的是“导师指导”方面，下降了 4.4%。

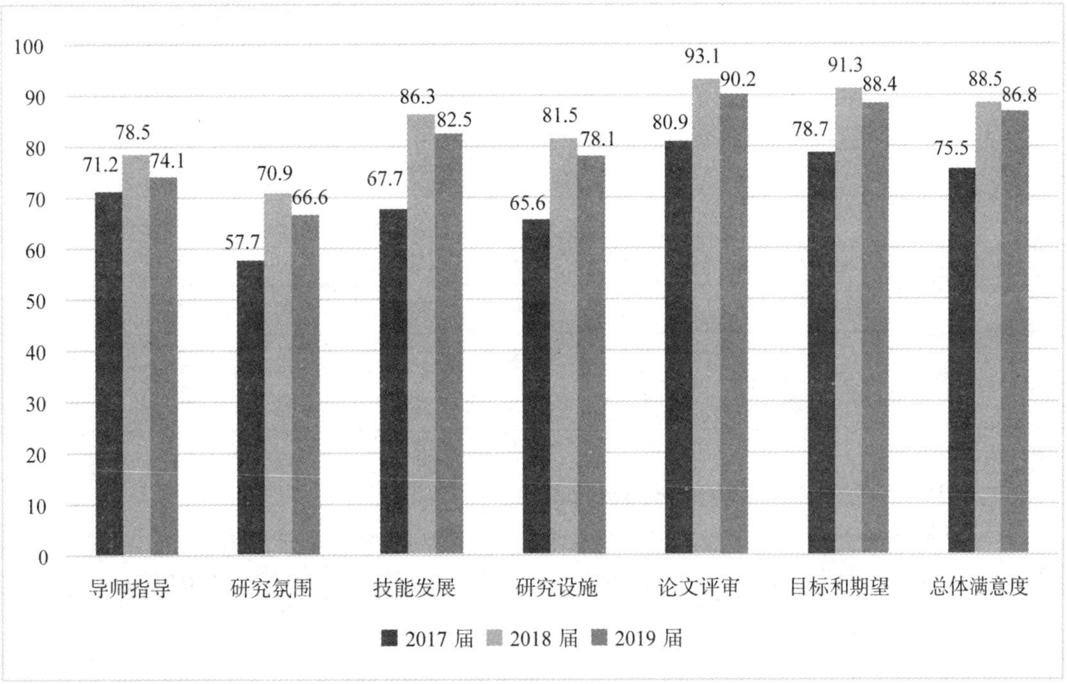

图 7-1　陕西高校 2017—2019 届毕业研究生的科研经历赞同百分比趋势（%）

（二）不同组别毕业研究生科研经历比较

1. 不同性别毕业研究生的科研经历比较

表7-5为陕西高校2017—2019届不同性别毕业研究生科研经历的比较。由表7-5可知，2019届女性毕业研究生对“技能发展”“研究设施”的评价显著低于男性毕业研究生，而在“导师指导”“研究氛围”“论文评审”及“总体满意度”的评价上没有显著差异。

2017届的女性毕业研究生在“导师指导”“论文评审”和“总体满意度”三个方面显著高于男性毕业研究生；在2018届毕业研究生中，在“研究氛围”“导师指导”两个维度上女生略高于男生。由此可见，女性研究生的科研经历在近三届的表现中呈下降趋势。

表7-5　陕西高校2017—2019届不同性别毕业研究生科研经历的比较

科研经历	性别	2017届		2018届		2019届	
		人数/人	均值	人数/人	均值	人数/人	均值
导师指导	男	1 176	3.94	775	3.88	844	3.79
	女	1 321	4.05	773	3.94	772	3.84
研究氛围	男	1 176	3.71	771	3.75	847	3.69
	女	1 320	3.74	769	3.76	773	3.65
技能发展	男	1 175	3.89	763	4.07	839	3.99
	女	1 319	3.88	762	3.99	762	3.91
研究设施	男	1 176	3.85	746	3.96	840	3.91
	女	1 321	3.83	758	3.92	763	3.82
论文评审	男	1 176	4.10	743	4.19	833	4.14
	女	1 323	4.17	751	4.17	759	4.13
目标和期望	男	1 171	4.03	736	4.18	833	4.09
	女	1 318	4.09	746	4.10	758	4.08
总体满意度	男	1 169	3.98	736	4.13	830	4.04
	女	1 318	4.06	746	4.05	757	4.05

2. 不同学历毕业研究生的科研经历比较

表7-6为陕西高校2017—2019届不同学历层次毕业研究生科研经历比较。由表7-6可知，2019届陕西高校的博士毕业生在科研经历的每个维度上均显著高于硕士毕业生。

表 7-6 陕西高校 2017—2019 届不同学历层次毕业研究生科研经历比较

科研经历	学历层次	2017 届		2018 届		2019 届	
		人数/人	均值	人数/人	均值	人数/人	均值
导师指导	博士毕业生	152	4.11	146	3.91	138	4.02
	硕士毕业生	2 345	3.99	1 402	3.91	1 478	3.79
研究氛围	博士毕业生	152	4.04	144	3.95	138	3.95
	硕士毕业生	2 344	3.70	1 396	3.73	1 482	3.64
技能发展	博士毕业生	151	4.24	139	4.20	136	4.22
	硕士毕业生	2 343	3.86	1 386	4.01	1 465	3.92
研究设施	博士毕业生	152	4.14	137	4.10	137	4.18
	硕士毕业生	2 345	3.82	1 367	3.92	1 466	3.84
论文评审	博士毕业生	152	4.35	137	4.30	137	4.33
	硕士毕业生	2 347	4.12	1 357	4.17	1 455	4.12
目标和期望	博士毕业生	150	4.27	146	3.91	138	4.02
	硕士毕业生	2 339	4.05	1 402	3.91	1 478	3.79
总体满意度	博士毕业生	150	4.25	144	3.95	138	3.95
	硕士毕业生	2 337	4.00	1 396	3.73	1 482	3.64

3. 不同类型院校毕业研究生的科研经历比较

表 7-7 为陕西高校 2017—2019 届不同类型院校毕业研究生科研经历比较。其中，在 2017 届毕业研究生的评价中，双一流建设高校的优势体现在除“导师指导”的其他六个方面。在 2018 届毕业研究生的评价中，双一流建设高校的优势体现在除“导师指导”和“总体满意度”的其他五个方面。在 2019 届毕业研究生的评价中，这样的优势仅保持四个方面，分别为“研究氛围”“技能发展”“研究设施”“论文评审”，而在“导师指导”“目标和期望”“总体满意度”方面不存在优势。

从 2017—2019 届毕业研究生的评价趋势可以看出，双一流建设高校毕业研究生在科研经历方面的优势变得越来越弱。尤其在“导师指导”方面，连续三届均未超过其他两类型的院校，另外在“总体满意度”方面，其优势从 2018 届开始也未能继续保持。与本科毕业生课程学习经历相比，双一流建设高校的优势并未保持到研究生教育阶段，该结果应引起各高校的重视。

表 7-7 陕西高校 2017—2019 届不同类型院校毕业研究生科研经历比较

科研经历	院校类型	2017 届		2018 届		2019 届	
		人数/人	均值	人数/人	均值	人数/人	均值
导师指导	双一流建设高校	1 360	3.98	1 011	3.87	1 000	3.80
	陕西省高水平大学	940	4.02	463	3.97	510	3.80
	公办普通本科高校	107	3.93	58	4.03	106	3.97

续表

科研经历	院校类型	2017 届		2018 届		2019 届	
		人数/人	均值	人数/人	均值	人数/人	均值
研究氛围	双一流建设高校	1 359	3.78	1 006	3.77	1 001	3.70
	陕西省高水平大学	940	3.67	460	3.74	513	3.61
	公办普通本科高校	107	3.46	58	3.64	106	3.67
技能发展	双一流建设高校	1 358	3.93	995	4.04	987	3.96
	陕西省高水平大学	939	3.84	457	4.03	509	3.93
	公办普通本科高校	107	3.78	57	3.94	105	3.94
研究设施	双一流建设高校	1 361	3.89	982	3.97	989	3.90
	陕西省高水平大学	929	3.79	451	3.91	508	3.81
	公办普通本科高校	107	3.71	56	3.84	106	3.82
论文评审	双一流建设高校	1 363	4.16	975	4.19	983	4.16
	陕西省高水平大学	939	4.12	448	4.17	505	4.09
	公办普通本科高校	107	4.02	56	4.13	104	4.11
目标和期望	双一流建设高校	1 356	4.09	969	4.16	982	4.11
	陕西省高水平大学	936	4.03	442	4.13	505	4.03
	公办普通本科高校	107	3.95	56	3.93	104	4.12
总体满意度	双一流建设高校	1 355	4.06	968	4.09	980	4.05
	陕西省高水平大学	935	3.98	443	4.10	503	4.01
	公办普通本科高校	107	3.86	56	4.02	104	4.13

三、2019 届陕西高校毕业研究生能力发展情况分析

（一）毕业研究生能力发展总体情况

表 7-8 为 2019 届陕西高校毕业研究生能力发展的评价得分。从表 7-8 可以看出，毕业研究生对其“核心技能”和“研究能力”发展的评价较满意，评价得分为 4.02 和 4.06 分，而对“自我认知能力与全球化能力”的发展评价得分略低，为 3.94 分。

表 7-8　2019 届陕西高校毕业研究生能力发展的评价得分

能力发展	人数/人	均值	标准差
核心技能	1 587	4.02	0.58
研究能力	1 586	4.06	0.57
自我认知能力与全球化能力	1 588	3.94	0.62

图 7-2 为 2019 届陕西高校毕业研究生能力发展的赞同百分比。毕业研究生“对专业的

理解”的赞同百分比最高，为92.5%；对“领导能力”的赞同百分比最低，为72.6%。

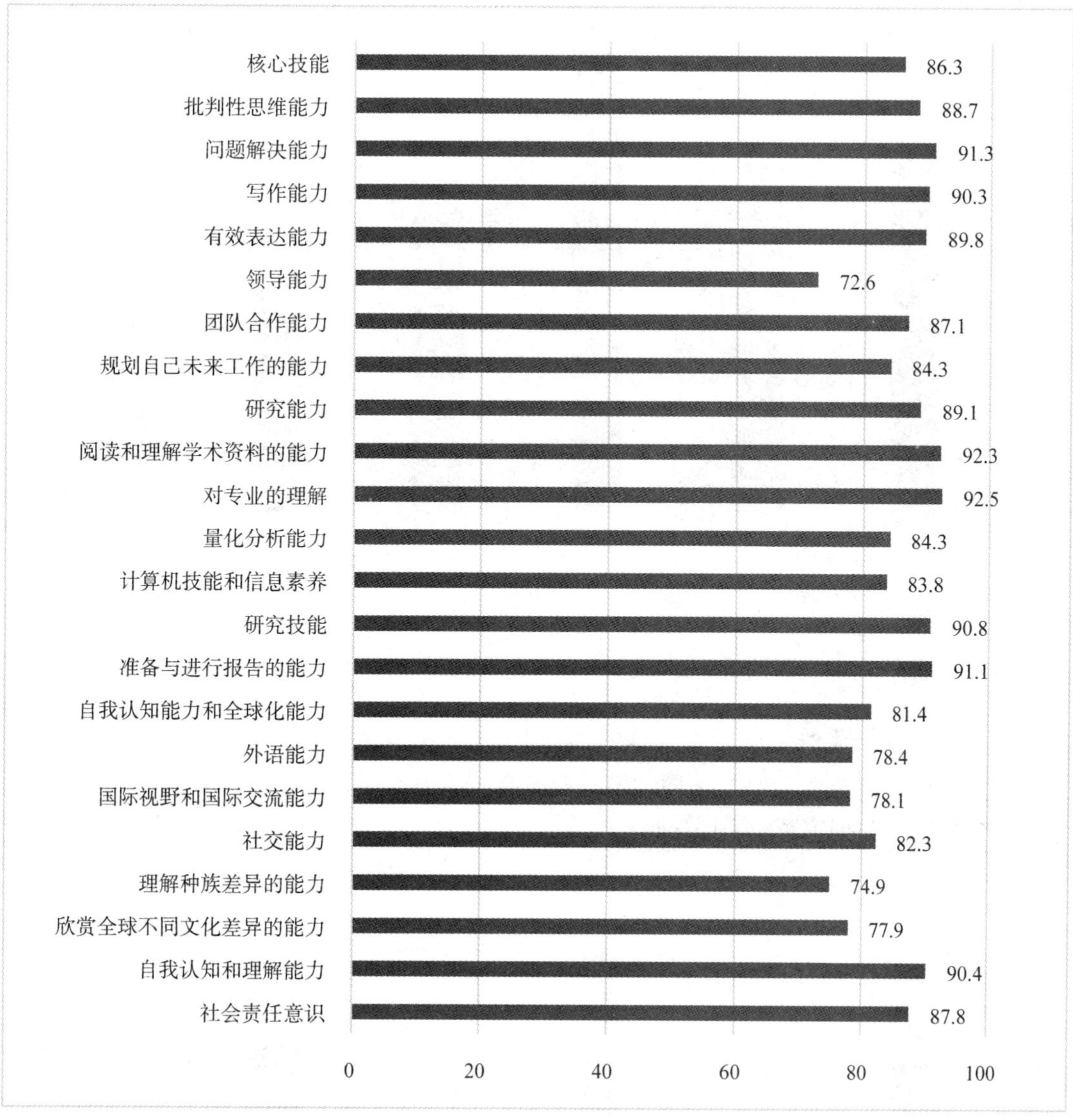

图7-2　2019届陕西高校毕业研究生能力发展的赞同百分比（%）

（二）不同组别毕业研究生的能力发展比较

1. 不同性别毕业研究生能力发展的比较

图7-3为2019届陕西高校不同性别毕业研究生能力发展的状况。由图7-3可知，不同性别毕业研究生中，女生在“核心技能”“研究能力”“自我认知和全球化能力”维度上的能力发展评价均低于男生。经T检验，男生对“核心技能”和“研究能力”的评价显著高于女生，而在“自我认知能力和全球化能力”的评价上，不同性别毕业研究生不存在显著差异。

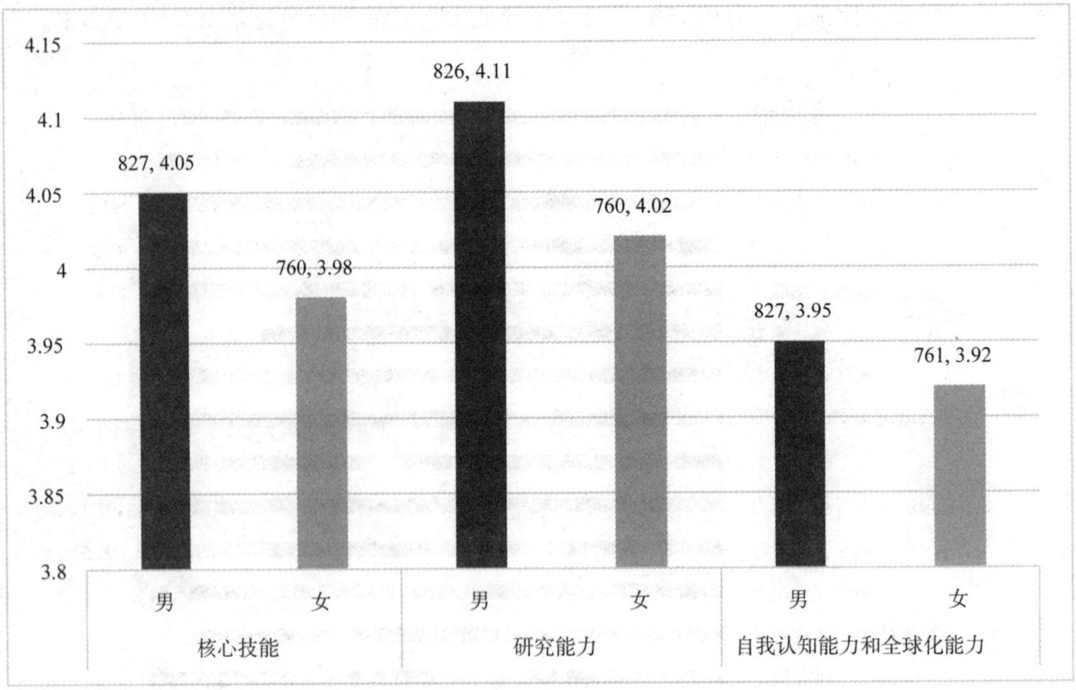

图 7-3　2019 届陕西高校不同性别毕业研究生能力发展的状况（人数，均值）

2. 不同学历毕业研究生能力发展的比较

图 7-4 为 2019 届陕西高校不同学历毕业研究生能力发展状况。由图 7-4 可知，博士毕业生的各项能力发展均优于硕士毕业生。

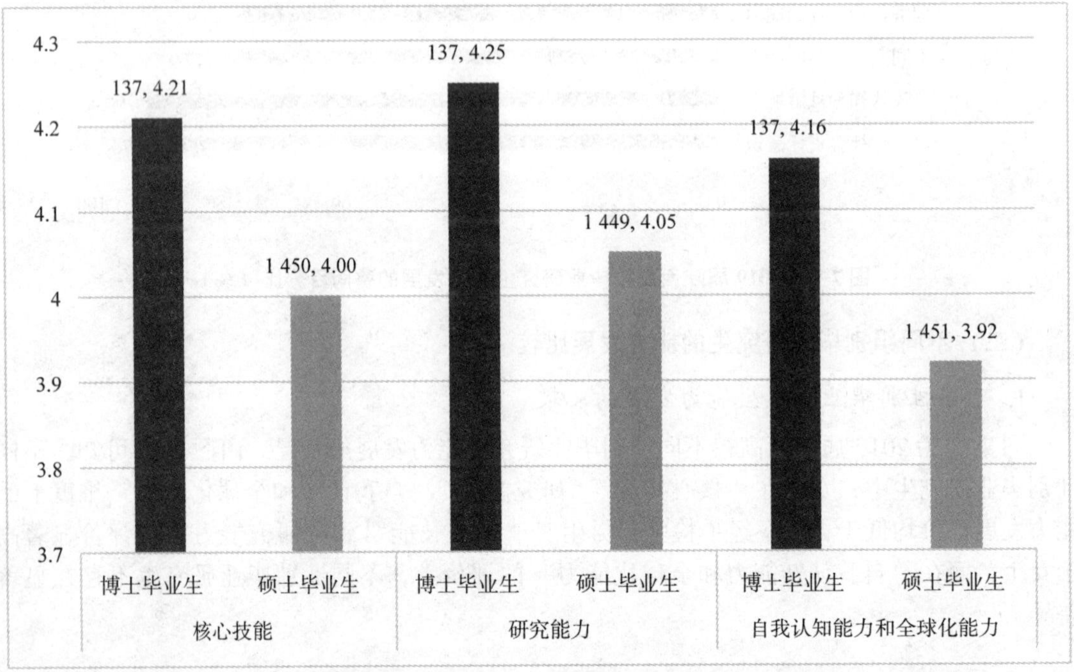

图 7-4　2019 届陕西高校不同学历毕业研究生能力发展状况（人数，均值）

3. 不同类型院校毕业研究生能力发展的比较

图 7-5 为 2019 届陕西高校不同类型院校毕业研究生的能力发展状况。双一流建设高校在核心技能方面的平均得分与公办普通本科高校持平，并高于陕西省高水平大学；在其他两个方面的平均得分均高于另外两类型院校，具有明显优势。

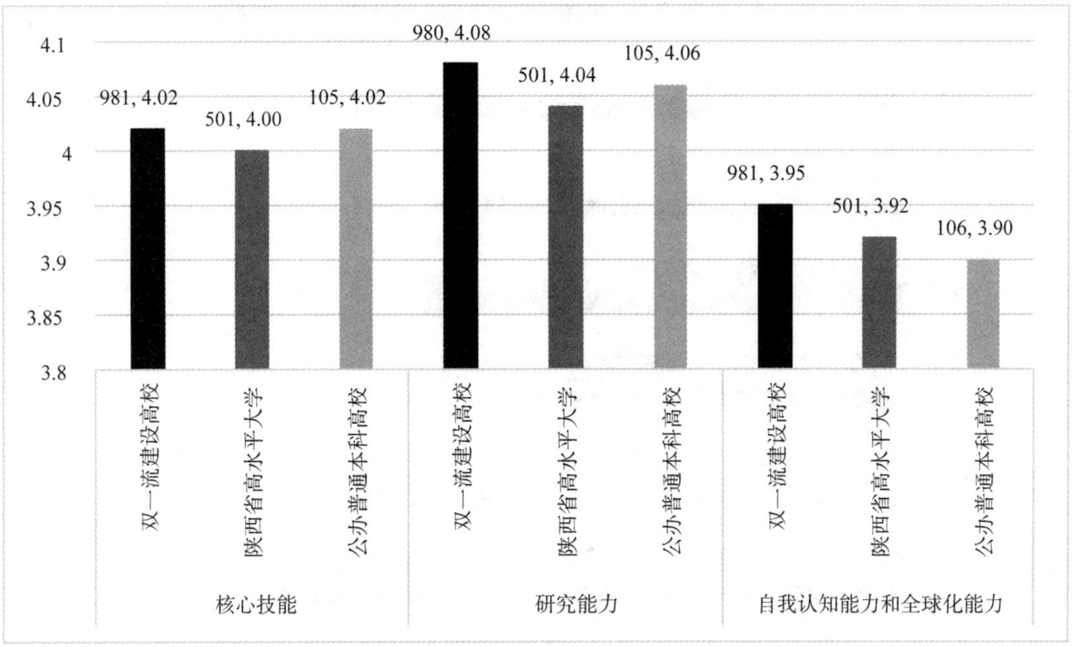

图 7-5 2019 届陕西高校不同类型院校毕业研究生的能力发展状况（人数，均值）

4. 不同学科门类毕业研究生能力发展的比较

图 7-6 所示为 2019 届陕西高校不同学科门类毕业研究生的能力发展情况。总体来看，历史学、理学、农学学科门类的毕业研究生对其各方面的能力发展的评价均高于陕西省平均水平；而法学和工学两个学科门类的毕业研究生对其各方面能力发展的评价均低于陕西省平均水平；其他学科则在三个方面呈现出参差不同的水平，均至少在某一维度高于全省水平或至少在某一维度上低于全省水平或与之持平，具体如下。

（1）在“核心技能”方面，哲学、经济学、历史学、理学、农学、管理学学科门类的毕业研究生对其能力发展的评价优于全省平均状态，艺术学学科门类毕业研究生与全省状态持平，而法学、教育学、文学、工学、医学学科门类毕业研究生的评价相比全省平均状态较差。

（2）在“研究能力”方面，哲学、历史学、理学、农学、管理学学科门类的毕业研究生对其能力发展评价优于全省平均状态，而经济学、法学、教育学、文学、工学、医学、艺术学学科门类的毕业研究生则相较全省平均评价较差。

（3）在“自我认知能力和全球化能力”方面，文学、历史学、理学、农学、医学学科门类的毕业研究生对其能力发展的评价优于全省平均状态，教育学、管理学、艺术学学科门类毕业研究生与全省状态持平，而哲学、经济学、法学、工学学科门类的毕业研究生则略逊于全省平均状态。

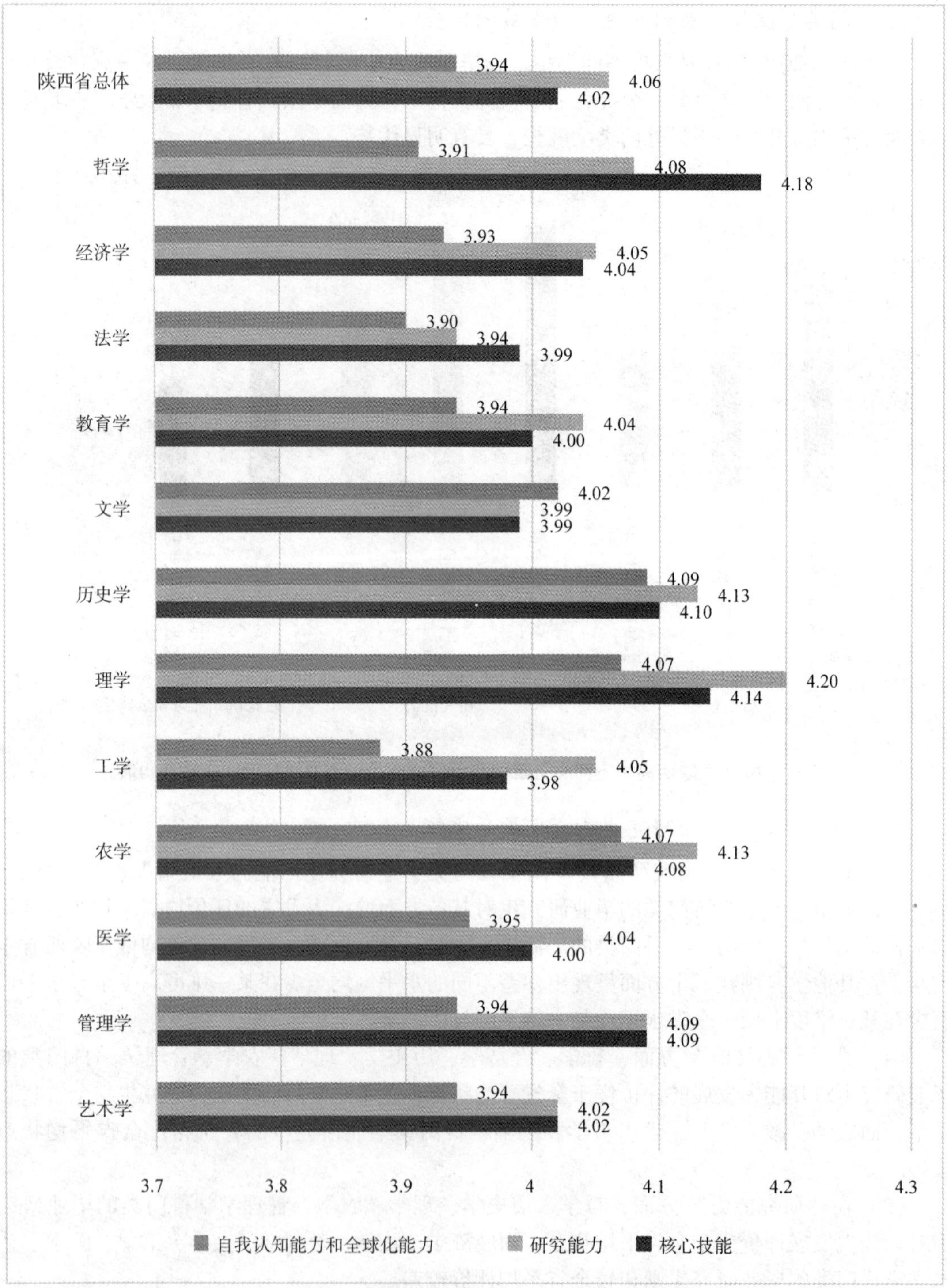

图7-6　2019届陕西高校不同学科门类毕业研究生的能力发展情况

第八章

分报告三：毕业生学校满意度分析

学校满意度是指毕业生对大学学习与生活整体质量的认知与评价，是直接反映高校毕业生学习和发展的重要指标。高校毕业生作为高校教育的主体，是教育过程的参与者和体验者。随着人们对学生主体性认识的增强，高校毕业生学校满意度评价从学生主观层面反映教育教学质量，有利于建立微观主体和宏观质量的有效关联，充分体现了“以学生为中心”的评价理念。

本报告对高校毕业生学校满意度的测量，从总体满意度、教学质量满意度、学生工作满意度、生活服务满意度、身心健康咨询服务满意度、就业指导服务满意度六个维度，采用李克特量表的形式，分“非常满意”“比较满意”“不确定”“比较不满意”“非常不满意”五个等级，“非常满意”赋值为 5 分，“比较满意”赋值为 4 分，“不确定”赋值为 3 分，“比较不满意”赋值为 2 分，“非常不满意”赋值为 1 分。基于此展开对陕西高校 2019 届毕业生学校满意度的分析。

一、陕西高校毕业生学校满意度的基本状况

（一）2019 届毕业生学校满意度情况分析

表 8-1 为陕西高校 2019 届毕业生学校满意度情况。2019 届毕业生的学校满意度较高，学校总体满意度均值为 3. 80，满意百分比（选择“非常满意”与“比较满意”的人数比例）为 76. 30%；生活服务满意度次之，均值为 3. 70；教学质量满意度居第三，均值为 3. 69；学生工作满意度居第四，均值为 3. 60；身心健康咨询服务满意度居第五，均值为 3. 59；就业指导服务满意度最低，均值为 3. 54。陕西省高校就业指导服务需要进一步改善。

表 8-1 陕西高校 2019 届毕业生学校满意度情况

学校满意度维度	人数/人	均值	满意百分比/%
总体满意度	14 479	3.80	76.30
教学质量满意度	14 467	3.69	69.80
学生工作满意度	14 467	3.60	65.00
生活服务满意度	14 470	3.70	70.30
身心健康咨询服务满意度	14 460	3.59	62.80
就业指导服务满意度	14 455	3.54	61.00

（二）2017—2019 届毕业生学校满意度情况分析

1. 历届毕业生学校总体满意度情况分析

表 8-2 为陕西高校 2017—2019 届毕业生学校满意度情况。2017 届毕业生学校总体满意度为 3.64，2018 届毕业生学校总体满意度为 3.76，2019 届毕业生总体满意度为 3.80。满意百分比也从 58.90% 上升到 76.30%。总体而言，2017—2019 届陕西高校毕业生对母校的总体满意度逐渐提升。

表 8-2 陕西高校 2017—2019 届毕业生学校满意度情况

届别	人数/人	均值	满意百分比/%
2017 届	23 265	3.64	58.90
2018 届	12 725	3.76	74.30
2019 届	14 479	3.80	76.30

2. 2017—2019 届毕业生学校满意度各维度情况分析

表 8-3 为陕西高校 2017—2019 届毕业生学校满意度各维度统计结果。陕西省在 2017—2019 年，学校满意度各维度情况有显著变化，所有维度均呈上升趋势。上升最明显的是教学质量满意度与就业指导服务满意度两个维度，2017 届毕业生教学质量满意度为 3.53，2018 届为 3.63，2019 届上升到 3.69。2017 届毕业生就业指导服务满意度为 3.37，2018 届为 3.47，2019 届上升到 3.54。

表 8-3 陕西高校 2017—2019 届毕业生学校满意度各维度统计结果

学校满意度维度	届别	人数/人	均值	满意百分比/%
总体满意度	2017 届	23 265	3.64	59.00
	2018 届	12 725	3.76	74.30
	2019 届	14 479	3.80	76.30
教学质量满意度	2017 届	23 260	3.53	52.40
	2018 届	12 712	3.63	67.10
	2019 届	14 467	3.69	69.80

续表

学校满意度维度	届别	人数/人	均值	满意百分比/%
学生工作满意度	2017 届	23 203	3. 44	47. 50
	2018 届	12 713	3. 56	63. 40
	2019 届	14 467	3. 60	65. 00
生活服务满意度	2017 届	23 208	3. 59	54. 50
	2018 届	12 708	3. 66	68. 50
	2019 届	14 470	3. 70	70. 30
身心健康咨询服务满意度	2017 届	—	—	—
	2018 届	12 719	3. 54	60. 80
	2019 届	14 460	3. 59	62. 80
就业指导服务满意度	2017 届	23 199	3. 37	44. 20
	2018 届	12 714	3. 47	58. 20
	2019 届	14 455	3. 54	61. 00

二、不同组别毕业生学校满意度情况分析

对陕西高校 2019 届毕业生按照性别、学历、院校类型、学科专业进行分组，并对不同群体的学校满意度进行描述分析，比较不同群体在不同学校满意度维度上的差异。

（一）不同性别毕业生学校满意度情况

表 8-4 为陕西高校 2019 届不同性别毕业生学校满意度情况。2019 届毕业生中，女生各维度的满意度均值集中在 3. 58～3. 85，男生各维度的满意度均值集中在 3. 49～3. 76。总体满意度均值最高，男生为 3. 76，女生为 3. 85。就业指导服务满意度最低，男生为 3. 49，女生为 3. 58。总体而言，男女生在不同维度上的满意度情况较为一致，且女生的各维度学校满意度均高于男生。

表 8-4　陕西高校 2019 届不同性别毕业生学校满意度情况

学校满意度维度	性别	人数/人	均值	满意百分比/%
总体满意度	男	7 413	3. 76	73. 50
	女	7 066	3. 85	79. 30
教学质量满意度	男	7 408	3. 63	66. 30
	女	7 059	3. 75	73. 40
学生工作满意度	男	7 046	3. 55	62. 20
	女	7 061	3. 66	68. 00
生活服务满意度	男	7 411	3. 65	67. 00
	女	7 059	3. 76	73. 70

续表

学校满意度维度	性别	人数/人	均值	满意百分比/%
身心健康咨询服务满意度	男	7 402	3.53	59.80
	女	7 058	3.65	66.10
就业指导服务满意度	男	7 402	3.49	59.00
	女	7 053	3.58	63.20

（二）不同学历毕业生学校满意度情况

表 8-5 为陕西高校 2019 届不同学历毕业生学校满意度情况。毕业研究生各维度满意度在 3.79～4.04，本科毕业生各维度的满意度在 3.51～3.81，专科毕业生各维度满意度介于 3.48～3.68。毕业研究生学校满意度最高，本科毕业生次之，专科毕业生最低。不同学历毕业生对学校满意度有较大差异。

表 8-5　陕西高校 2019 届不同学历毕业生学校满意度情况

学校满意度维度	学历	人数/人	均值	满意百分比/%
总体满意度	研究生	1 573	4.04	88.00
	本科生	8 917	3.81	76.90
	专科生	3 989	3.68	70.40
教学质量满意度	研究生	1 574	3.94	82.30
	本科生	8 910	3.68	69.60
	专科生	3 983	3.60	65.30
学生工作满意度	研究生	1 573	3.89	79.30
	本科生	8 914	3.59	63.90
	专科生	3 980	3.53	61.70
生活服务满意度	研究生	1 573	3.92	81.10
	本科生	8 912	3.71	70.70
	专科生	3 985	3.60	65.10
身心健康咨询服务满意度	研究生	1 572	3.79	71.60
	本科生	8 907	3.58	62.20
	专科生	3 981	3.53	60.80
就业指导服务满意度	研究生	1 571	3.81	72.90
	本科生	8 907	3.51	59.70
	专科生	3 977	3.48	59.40

（三）不同类型院校毕业生学校满意度情况

1. 不同类型院校毕业研究生学校满意度分析

表 8-6 为 2019 届陕西高校不同类型院校毕业研究生学校满意度情况。双一流建设高校毕业研究生学校满意度的五个维度平均值与满意百分比均高于其他院校毕业研究生，其学校总体满意度均值为 4.11，满意百分比为 90.6%。陕西省高水平大学研究生与公办普通本科高校毕业研究生满意度差别较小。公办普通本科高校毕业研究生在学校满意度不同维度间的差异最大，各维度满意度均值在 3.56～3.90 之间，陕西省高水平大学毕业研究生各维度满意度在 3.64～3.93，双一流建设高校毕业研究生各维度满意度在 3.87～4.11。

表 8-6　2019 届陕西高校不同类型院校毕业研究生学校满意度情况

学校满意度维度	院校类型	人数/人	均值	满意百分比/%
学校总体满意度	双一流建设高校	972	4.11	90.60
	陕西省高水平大学	497	3.93	84.10
	公办普通本科高校	104	3.90	82.70
教学质量满意度	双一流建设高校	973	4.01	85.20
	陕西省高水平大学	497	3.81	77.90
	公办普通本科高校	104	3.80	76.00
学生工作满意度	双一流建设高校	972	3.96	81.80
	陕西省高水平大学	497	3.78	75.70
	公办普通本科高校	104	3.79	74.00
生活服务满意度	双一流建设高校	973	4.01	84.30
	陕西省高水平大学	497	3.79	76.70
	公办普通本科高校	103	3.76	71.80
身心健康咨询服务满意度	双一流建设高校	971	3.87	75.10
	陕西省高水平大学	497	3.64	66.00
	公办普通本科高校	104	3.67	66.30
就业指导服务满意度	双一流建设高校	970	3.90	77.10
	陕西省高水平大学	497	3.68	67.60
	公办普通本科高校	104	3.56	59.60

2. 不同类型院校本科毕业生学校满意度分析

表 8-7 为 2019 届陕西高校不同类型院校本科毕业生学校满意度情况。双一流建设高校本科毕业生的学校满意度各维度均值与满意百分比均居于首位，在学校总体满意度方面，双一流建设高校最高，为 4.00；陕西省高水平大学次之，为 3.82；公办普通本科高校居第三，为 3.75；民办本科院校和独立院校最低，为 3.61。不同类型院校之间差异较大，特别是民办本科院校和独立院校，还有较大的提升空间。

表 8-7　2019 届陕西高校不同类型院校本科毕业生学校满意度情况

学校满意度维度	院校类型	人数/人	均值	满意百分比/%
学校总体满意度	双一流建设高校	2 250	4.00	84.80
	陕西省高水平大学	2 822	3.82	77.00
	公办普通本科高校	2 265	3.75	75.30
	民办本科院校和独立院校	1 580	3.61	67.90
教学质量满意度	双一流建设高校	2 249	3.87	79.40
	陕西省高水平大学	2 820	3.68	68.90
	公办普通本科高校	2 263	3.61	66.60
	民办本科院校和独立院校	1 578	3.50	61.20
学生工作满意度	双一流建设高校	2 249	3.72	70.00
	陕西省高水平大学	2 822	3.58	63.70
	公办普通本科高校	2 266	3.54	62.50
	民办本科院校和独立院校	1 577	3.46	57.80
生活服务满意度	双一流建设高校	2 249	3.89	79.10
	陕西省高水平大学	2 823	3.70	70.20
	公办普通本科高校	2 265	3.64	68.70
	民办本科院校和独立院校	1 575	3.55	62.40
身心健康咨询服务满意度	双一流建设高校	2 243	3.74	69.30
	陕西省高水平大学	2 823	3.59	61.80
	公办普通本科高校	2 264	3.50	59.60
	民办本科院校和独立院校	1 577	3.46	56.40
就业指导服务满意度	双一流建设高校	2 249	3.67	65.80
	陕西省高水平大学	2 819	3.53	60.00
	公办普通本科高校	2 264	3.44	57.60
	民办本科院校和独立院校	1 575	3.37	53.50

3. 不同类型院校专科毕业生学校满意度分析

表 8-8 为 2019 届陕西高校不同类型院校专科毕业生学校满意度情况。专科毕业生各维度满意度均值与满意百分比均较低。在各维度学校满意度评价中，中国特色高水平高职学校建设单位专科毕业生的均值最高，其学校满意度各维度均值在 3.74～3.92；中国特色高水平专业群建设单位专科毕业生学校满意度次之，学校满意度各维度均值在 3.62～3.78；公办高职高专院校满意度居第三，学校满意度各维度均值在 3.45～3.65，其他举办专科教育的学校专科毕业生学校满意度第四，学校满意度各维度均值在 3.38～3.64，该类院校不同维度满意度均值差异最大；民办高职高专院校专科毕业生均值最低，学校满意度各维度均值在 2.86～3.09。民办高职

高专院校专科毕业生学校满意度较低，与其他类型院校毕业生有较大差距。

表 8-8　2019 届陕西高校不同类型院校专科毕业生学校满意度情况

学校满意度维度	院校类型	人数/人	均值	满意百分比/%
学校总体满意度	中国特色高水平高职学校建设单位	654	3.92	80.40
	中国特色高水平专业群建设单位	882	3.78	74.20
	公办高职高专院校	1 351	3.65	69.10
	民办高职高专院校	283	3.09	45.20
	其他举办专科教育的学校	819	3.64	69.00
教学质量满意度	中国特色高水平高职学校建设单位	653	3.86	76.50
	中国特色高水平专业群建设单位	881	3.70	69.40
	公办高职高专院校	1 351	3.58	64.90
	民办高职高专院校	281	3.00	40.30
	其他举办专科教育的学校	817	3.54	61.30
学生工作满意度	中国特色高水平高职学校建设单位	653	3.75	71.20
	中国特色高水平专业群建设单位	880	3.62	65.10
	公办高职高专院校	1 349	3.52	61.50
	民办高职高专院校	282	3.04	40.10
	其他举办专科教育的学校	816	3.47	58.20
生活服务满意度	中国特色高水平高职学校建设单位	654	3.81	73.50
	中国特色高水平专业群建设单位	880	3.69	68.80
	公办高职高专院校	1 352	3.57	61.40
	民办高职高专院校	282	3.11	45.80
	其他举办专科教育的学校	817	3.57	62.70
身心健康咨询服务满意度	中国特色高水平高职学校建设单位	653	3.75	69.60
	中国特色高水平专业群建设单位	879	3.64	65.50
	公办高职高专院校	1 351	3.49	59.20
	民办高职高专院校	282	2.99	39.40
	其他举办专科教育的学校	816	3.48	59.00
就业指导服务满意度	中国特色高水平高职学校建设单位	653	3.74	69.50
	中国特色高水平专业群建设单位	876	3.62	64.80
	公办高职高专院校	1 351	3.45	58.40
	民办高职高专院校	281	2.86	36.30
	其他举办专科教育的学校	816	3.38	54.90

（四）不同学科专业毕业生学校满意度情况

1. 不同学科门类毕业研究生学校满意度分析

图 8-1 为陕西高校 2019 届不同学科门类毕业研究生学校满意度情况。农学、哲学、教育学专业的研究生在各维度中满意度均值较高，有三个或三个以上维度满意度均值高于 4.00，且各维度均值差异较小。医学、工学、管理学等学科门类毕业研究生各维度满意度均值较低，哲学、历史学、艺术学等学科门类毕业研究生学校满意度差异较大，其中，艺术学学科门类研究生各维度满意度差异最大，学校总体满意度达到 4.09，但就业指导服务满意度仅为 3.47。

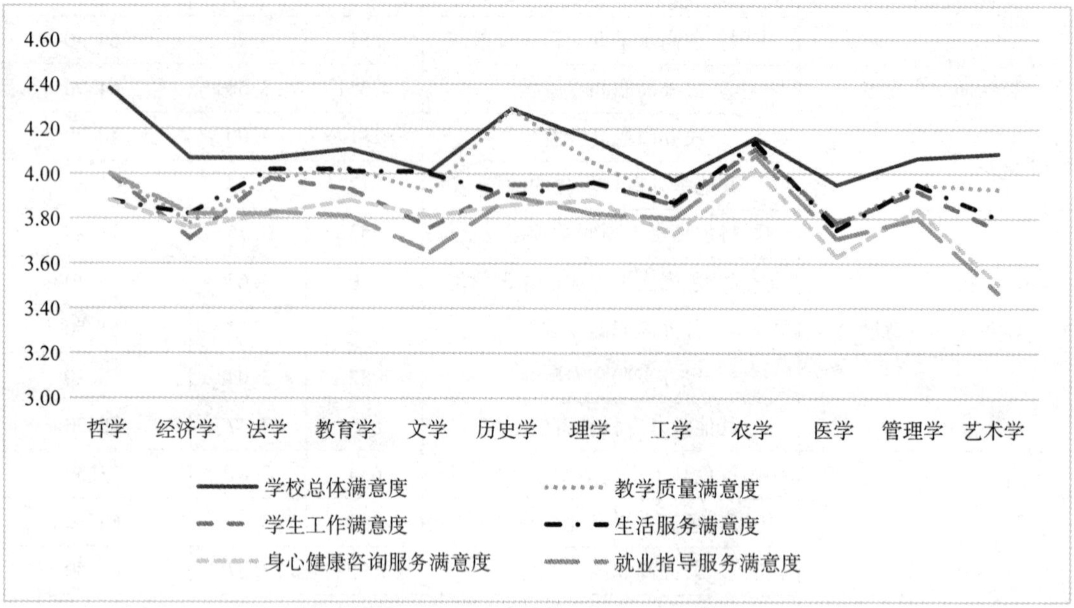

图 8-1　陕西高校 2019 届不同学科门类毕业研究生学校满意度情况

2. 不同学科门类本科毕业生学校满意度分析

图 8-2 为陕西高校 2019 届不同学科门类本科毕业生学校满意度情况。哲学和农学学科门类本科毕业生各维度满意度较高，均有两个维度满意度在 3.9 以上，法学、教育学和理学学科门类本科毕业生仅有学校总体满意度这一维度均值在 3.9 以上。经济学和艺术学学科门类本科毕业生各维度满意度较低，各维度满意度均值在 3.3 ~ 3.8，各维度满意度差异较大。

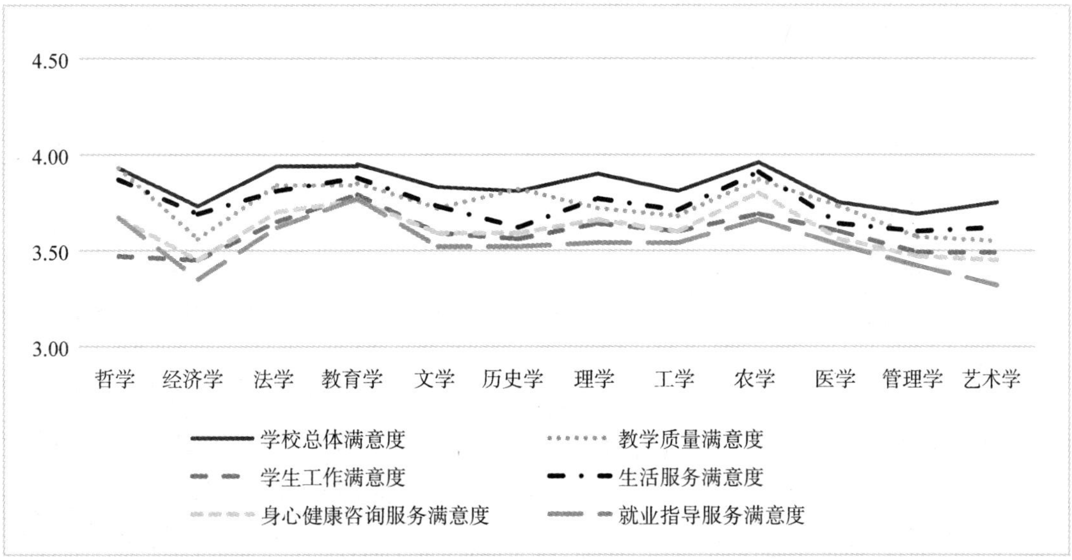

图 8-2 陕西高校 2019 届不同学科门类本科毕业生学校满意度情况

3. 不同专业大类专科毕业生学校满意度分析

图 8-3 为陕西高校 2019 届不同专业大类专科毕业生学校满意度情况。新闻传播、公共管理与服务大类专科毕业生各维度满意度情况较好，轻工纺织、食品药品与粮食、电子信息、文化艺术四个专业大类专科毕业生满意度较低，各维度满意度均低于 3.4。

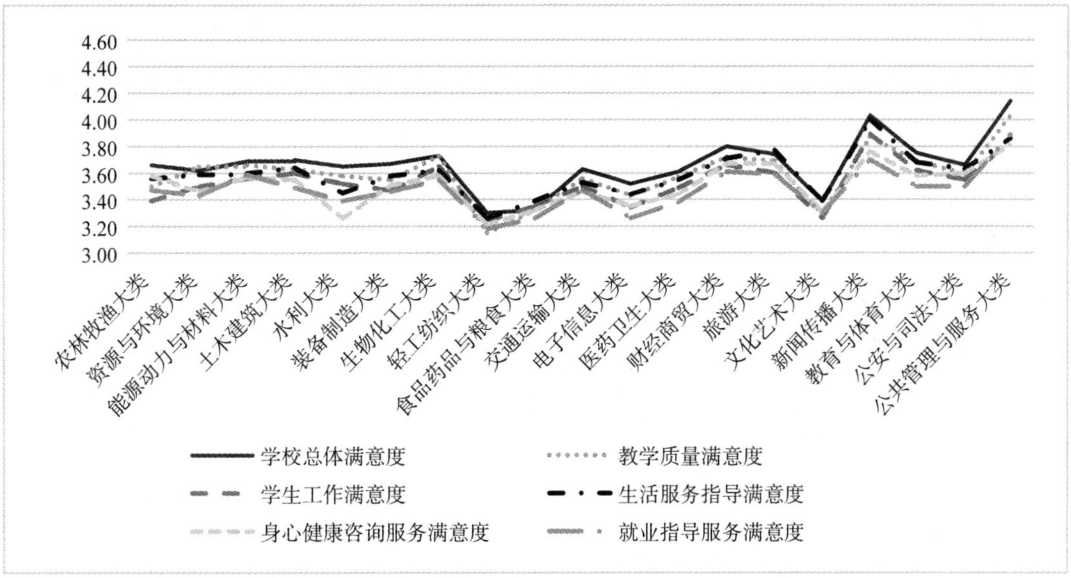

图 8-3 陕西高校 2019 届不同专业大类专科毕业生学校满意度情况